纪念余绪缨诞辰100周年系列丛书

一绪长缨

余绪缨传记

《余绪缨传记》编写组 著

南方传媒
广东经济出版社
·广州·

图书在版编目（CIP）数据
一绪长缨：余绪缨传记 /《余绪缨传记》编写组著.
—广州：广东经济出版社，2022.9
（纪念余绪缨诞辰100周年系列丛书）
ISBN 978-7-5454-8441-0

Ⅰ.①一… Ⅱ.①余… Ⅲ.①余绪缨–传记 Ⅳ.①K825.31

中国版本图书馆CIP数据核字（2022）第142689号

责任编辑：周伊凌　魏　维
责任校对：李玉娴　黄思健　罗玉琪　陈运苗
责任技编：陆俊帆
封面设计：柏拉图

一绪长缨——余绪缨传记
YI XU CHANG YING —— YU XUYING ZHUANJI

出版人	李　鹏
出　版 发　行	广东经济出版社（广州市环市东路水荫路11号11～12楼）
经　销	全国新华书店
印　刷	珠海市国彩印刷有限公司 （珠海市金湾区红旗镇永安一路国彩工业园）
开　本	787毫米×1092毫米　1/16
印　张	22
字　数	308千字
版　次	2022年9月第1版
印　次	2022年9月第1次
书　号	ISBN 978-7-5454-8441-0
定　价	118.00元

图书营销中心地址：广州市环市东路水荫路11号11楼
电话：（020）87393830　邮政编码：510075
如发现印装质量问题，影响阅读，请与本社联系
广东经济出版社常年法律顾问：胡志海律师

编写说明

2021年4月6日，厦门大学隆重举行百年庆典。一篇题为《这是我们要追的星！百年厦大，群贤璀璨》的文章瞬间“刷屏”整个微信圈。著名会计学家、管理学家、经济学家和教育家，中国管理会计学科的开拓者和奠基人，厦门大学资深教授余绪缨先生就是其中一颗璀璨之星。

1922年8月，余绪缨先生出生于江西靖安。1945年，余绪缨先生以优异的成绩毕业并受聘于母校厦门大学，从此开始了其一生从事的教学与科研相结合的漫长学术生涯。

2007年9月23日，余绪缨先生永远告别其毕生挚爱的会计学教育与科研事业。

2022年是余绪缨先生诞辰100周年。缅怀余绪缨先生的最好方式就是理解其学术思想，并加以继承和发扬光大。为纪念余绪缨先生诞辰100周年，余绪缨先生的亲属和学生们决定出版：（1）《余绪缨经典文集》，选编余绪缨先生不同时期、不同主题的经典论文30篇；（2）《一绪长缨——余绪缨传记》，记录余绪缨先生“多彩”的学术人生。

根据余绪缨先生的亲属和学生们的意见，成立了《余绪缨传记》编写组。编写组负责提供素材和访谈名单、商定写作大纲并对初稿提出修改意见。邓宇晨先生根据这些素材，通过实地或线上深入访谈，在时间紧、任务急的情况下，夜以继日地消化相关素材并加以创作，生动地展现了余绪缨先生“多彩”的学术人生。特别感谢邓宇晨先生所作的艰辛努力。

在《一绪长缨——余绪缨传记》的编写和出版过程中，余绪缨先生的亲属、同事、朋友和学生提供素材，接受访谈，群策群力。感谢厦门大学、广东省出版集团、广东经济出版社和广东时代传媒集团的大力支持。感谢广东经济出版社周伊凌女士和魏维女士的精心编辑。

谨以《一绪长缨——余绪缨传记》一书缅怀余绪缨先生！

《余绪缨传记》编写组

2022年8月5日

目录/CONTENTS

第三章

烽火连天忧国难　南天一柱鹭江滨

第四章

无惑无惧亦无忧　茫茫学海勇探求

第五章

满纸文章何足论　芬芳桃李蔚成荫

第六章

道德文章众敬仰　鹭江内外大师成

第一章

天之骄子贵心灵
出世入世见真情

第一节

绪延南北 兆起家邦

从江西省会南昌出发，驱车一路向西，不过半个小时便能到宜春市靖安县地界。

“白云深处，靖安人家”，靖安县占地面积1300余平方公里，人口仅16万人。层峦叠嶂，薄雾氤氲，有几分世外桃源的味道。

唐人刘昚虚因此地山水秀美、民风淳厚，定居于此，构筑深柳读书堂，著书自娱。刘昚虚在此地作诗《阙题》（原来题目为《归桃源乡》），可谓是靖安诗意生活的最好写照：

道由白云尽，春与青溪长。
时有落花至，远随流水香。
闲门向山路，深柳读书堂。
幽映每白日，清辉照衣裳。

人不多，史不浅。靖安地处吴头楚尾，春秋时属吴地，战国时越灭吴后属越，周显王三十五年（前334年）楚并越后属楚。据明刻本《郡县释名》记载，“靖安”在唐代以前本是里名，唐代因里名乡，因乡名镇；五代十国时期因镇名场，因场名县。自南唐升元元年（937年）始，建县至今已有1000余年历史。

靖安有个旧称，叫“双溪”，因九岭山脉北潦河的南北两条溪水近乎平行横贯县境而得名。溪水姿态迂回，附山而走，在山谷峭崖间奔流不息，最终汇九江入鄱阳湖。

名山胜水之地，自然也是人才辈出。靖安人文厚重，从新石器时代的遗址到明清时期的宗祠故居遍布全县。唐代所建的宝峰寺和马祖石塔虽被焚毁，但肃穆壮观的古柏林，以及宋代所建之马祖石塔仍存。漫步其中，昔日巍巍气象可见一斑。

靖安钟灵毓秀、山水形胜，自然会酝酿出足可言传的诗情画意。唐宋八大家之一的曾巩游历靖安县的幽谷亭，见此地山水秀美，虽有人烟，但景致颇具清新脱俗之态，在此地赞曰：

横江舍轻楫，对面见青山。行尽车马尘，豁见水石寰。
地气方以洁，崖声落潺潺。虽为千家县，正在清华间。
风烟凛人心，世虑自可删。况无讼诉嚣，得有觞咏闲。
常疑此中吏，白首岂思还。人情贵公卿，烨烨就玉班。
光华虽一时，忧悸或满颜。鸡鸣已争驰，骅骝振镳镮。
岂如此中吏，日高未开关。一不谨所守，名声别妖奸。
岂如此中吏，一官老无瘝。愔愔谋谟消，汩汩气象孱。
岂如此中吏，明心慑强顽。况云此中居，一亭众峰环。
崖声梦犹闻，谷秀坐可攀。倚天巉岩姿，青苍云斒斓。
对之精神恬，可谢世网艰。人生慕虚荣，敛收意常悭。
诚思此忧愉，自应喜榛菅。

靖安出了诸多历史文化名人，如明代尚书李叔正、“况青天”况钟、《白香词谱》作者舒梦兰等，陆九渊、王阳明也都曾在这里游历挥毫。

漫步靖安，满眼都是悠悠古意。一位作家曾这样描述靖安的生活：“靖安的美没有惊心动魄的情节，慵懒而周全。这，正是家园的样子。”

更为难得的是，时至今日，靖安仍然诗韵流淌、文脉绵延，诗词爱好者之众，远超其他地区，因此被冠以“中华诗词之乡”之名。

山水如画、人文厚重、诗风久远，正是这样的靖安，才能孕育出一位学贯中西、治学严谨而又不失天真的会计学大家。

他的故事，也正是从这县城开始。他拜别故乡青山，负笈求学东南，问道古今中外，白发未易其志，终成大师风范。

> 江都故地，厌原西陲，曰靖曰安，卜邑于兹。昔隶建昌，蔚矣海昏之村落；今属洪郡。叶于奉武之埙篪。地不介乎中逵，舟车寥阒；秀特钟于岩邑，城郭参差。升高而望，众山环峙，云深绣谷。缥缈吴憩，山头花簇。桃源掩映，子虚宅里。访葛仙之丹井，药灶依然；寻谌母之芳踪，苔痕宛尔……允矣，水秀山明；展也，地灵人杰。振古已然，于今犹烈。其小人乐耕耘，芟岭月，锄陇云，贫生于瘠，善生于勤。其妇女娴机杼，饥不餐，寒不絮，为缔为绤，载寒载暑。至于胶庠之彦，衣冠之流，诗书晨夕，弦诵优游，不雕而璞。藏器待售。尔乃佳辰良夜，娱物赏心。（高克藩《双溪揽胜赋》）

有赖于“诗书晨夕，弦诵优游”的历史传统，自古以来，靖安便有不少耕读传家的家族。靖安余氏在其中并不算显眼，但却以家风严正闻名乡里。

靖安县城位于靖安县东南部，素有“千家县”之名。如同一颗闪亮的明珠，它袒露在靖安县的青山秀水间，精巧宁静，景致天成，很早便有人类活动痕迹。在北部寨下山，有新石器时代晚期的人类文化遗址，在东郊登高山上，有西周时期的甬钟出土。历代文化昌盛、名人辈出。

文化繁荣之地，教育自然不可或缺。

据《靖安县志》记载，早在南唐时期，在县城法药寺左侧，便有学宫矗立，这是靖安官家办学之地。乾隆十四年（1749年），原设在县城北门的义学被更名为“双溪书院”，在江西境内颇有名气。书院教学内容同科举考试紧密联系，以考课为中心，知县每月会对生徒进行考查，每年做一次全面考核，成绩优秀者甚至会被给予经济奖励。

民国十一年（1922年），靖安县城算不上太平。地方政治局势也并不稳固，常常有盗匪、流寇出没。这一年，靖安县政府宣布，重新恢复地方保卫团的编制，重新从附近村镇中招收青壮年，保卫家园。但这尚未影响到临近的香田等乡。秋分刚过，水田里蟹肥鱼鲜、稻谷飘香，正是农忙时节。

八月初五这天，在靖安县城内的一座小学内，语文老师余昌灏正在私塾里为余家幼童们传授着《三字经》《千字文》等古文。

“寒来暑往，秋收冬藏。闰余成岁，律吕调阳……”幼童们的琅琅书声从族学传出，飞至很远很远。

靖安县的新学之风已兴起多时。民国初年，国民政府便已颁布法令，废止读经科，众多大部头的经史子集开始被众多学堂放弃。据《靖安县志》记载，靖安县内最大的氏族舒家早在县内建立了族立高等小学堂，教授国文、算术、历史、地理等新派学科内容。

安贞女子学校、国语讲习所、师范讲习所等新学课堂在整个靖安县城内轰轰烈烈地开展起来，一时间，古文似乎已无人问津。

在民国六七年间，靖安县内则兴起一股大办国民学校之风。两年内，全县6个区共设学校50余所，其中多是自筹经费，选聘教师。民国九年（1920年），县城曾开办模范国民小学，附设在劝学所内，分4个年级。民国十五年（1926年）停办时共毕业4届，毕业学生72人。民国十一年（1922年）增办义务小学，每区3所学校。

余昌灏此前在省城南昌的一所私塾任教。受同为教师的好友邀请，余昌灏回到老家靖安，成为当地小学的一名语文教师。

民国二十二年（1933年），靖安县政府遵照教育厅令，不分“国民”“义务”，一律改称初级小学，私立小学则用专名。全县有小学95所（其中私立6所），教学班210个，学生2478人，教职员168人。

每到周末，余昌灏便会回到距离县城南门外4公里的香田乡石冈村。那里亦是靖安余氏家族的所在地。

香田乡位于靖安县的东南部，北潦河双溪中的南溪纵贯全境，奔腾不息的溪水不仅给香田带来了丰富的渔产，还造就了地势平坦的河谷。在南溪两岸，有大片肥田沃土、河洲草场，这也是香田物产丰富、水土养人说法的由来。

由于经济发达，香田历来重视教育，文化昌盛。民国年间，在从靖安县走出去的名人里，竟有大半是香田人。从民国初年曾出任江西省咨议局副议长的陈筱梅，到后来在南昌金融行业颇具分量的潜玉斋、张树斋和陈卓堂等人，还有造纸专家张天荣、著名导演陈方千……香田乡在外地经商和从事科学研究的人数，可谓全县全乡之冠。

说起来，余家在香田乡虽算不上名门望族，但却是当地颇为罕见的书香门第。据余家宗族耆老相传，靖安余家是清朝乾隆年间从邻县奉新县迁入的，而石冈村的这一脉，最早可以追溯到号称“天下余氏出长茅”的长茅余氏。

长茅余氏自古以“晴耕雨读”传家，宋代大家黄庭坚曾这样评价长茅余氏：“衣冠之荣甲于修水”“名节之高甲于江西”“姓氏之繁甲于天下”。

作为长茅余氏的支脉，靖安余家虽然名声不显，但仍然恪守着耕读的传统，对子女教育极为严格。余昌灏的父亲余炳南曾在清朝参加过科举考试，并一举拿下“拔贡”头衔，是当地少见的贡生。

在清代，贡生有6种：恩贡、拔贡、副贡、优贡、岁贡和例贡。其中，拔贡是贡生、监生中素质最高、最受朝野重视的人，当时号称“六贡之首”。

根据顺治元年（1644年）上谕，各地推荐拔贡，每府学贡两人，州、县学各贡一人，一般从各直省科试的一、二等生员中选拔。雍正时期，每六年选拔一次，乾隆七年（1742年），改为每十二年（逢酉年）选拔一次。所以前人说：“举人无数，拔贡有数。”言其人数之异常稀少。

在省级的拔贡考试中，对拔贡的综合素质要求之高、选拔之严，近乎苛刻。不仅要求应试者文章好、书法好、品行优，还要家世清白、体貌端正、体无残疾、仪表堂堂。非一表人才者，即便才高八斗，也只得去考选举人、进士或其他贡生、监生，而不能够考拔贡。

为防止所选非人，朝廷规定，各地所荐拔贡到京后要再考一次，如文句不通顺，则将该省学政按渎职罪惩处，因此学政对此丝毫不敢徇私舞弊，从而确保了拔贡的质量。时人指出：举人、进士中文句不通的很多，可是拔贡中文句不通的却极少。可见，对于拔贡的考选，其严格程度要高于举人、进士。

余炳南被外派后，在多地做过官吏，但始终寂寂无名，加上清末民初的中国战乱不休，余炳南的一腔抱负最终付之流水。余炳南罢官回到靖安老家，郁郁寡欢，后因病去世。

正是在父亲余炳南的严格要求下，余昌灏成为靖安县城罕有的秀才，熟读古学，才华过人。不仅如此，余昌灏还对新学颇有研究。在南昌私塾教书时，余昌灏便已感受到新学不可阻挡之势，于是痛下苦功研究新学。有着极好的古学作为底子，余昌灏的教学颇有成色。曾有学生称赞余先生的教学“语义明晰、文理通识”。

作为清末的最后一批秀才之一，余昌灏早在青年时期便饱读诗书，古文造诣深厚。对他和其他众多余氏族人来说，从小便吟咏传颂的国学经典是不可割舍的根系脉络，无法斩断。

余昌灏深知古学对于孩童启蒙的重要性。在他的支持下，专门传授国学的余氏私塾正式成立，由余昌灏亲自进行开蒙教育。除了余氏族人的子弟可以免费就读外，周围村落的幼童缴纳一定的学费，也可以在此上学。

在当时，并不是所有宗族都开得了私塾、请得起私塾先生。根据当时江西地方政府的规定，私塾设立要在开学一个月前呈请核准，许可设立后须于一个月内呈请主管教育行政机关备案；呈文上要写明塾名、地点、设立年月、塾东及塾师履历、学生一览表、教学科目、塾内设备、征收学费办法及数量等。

对私塾先生的要求也颇高，要“文理通顺，常识丰富而有志充任塾师”者。靖安县要求：“塾师之登记及检定，由所在地主管教育行政机关办理，举行检定时，应组织塾师检定委员会。”

在当时的靖安，利用假日和晚上上私塾的情况十分普遍。包括余昌灏在内的不少知识分子都认为，古学为底、新学为用才是正途。因此，孩童们的古学启蒙一定不可或缺。直至民国二十二年（1933年），整个靖安县有小学95所，私塾89所，私塾学生1068人，足见当地留存的古朴之风。

余昌灏是石冈村里学识最丰富的人，年纪轻轻便已考上秀才，做起私塾先生的工作自然是驾轻就熟。

余昌灏身材纤瘦、面容白净、相貌端正，正是一副读书人的派头。他在小学学堂里踱步，看似心无旁骛地聆听幼童们的诵读，但实际上，思绪早已飞回家中，飞到即将临盆的妻子身上。

余昌灏的妻子钱采菊是从隔壁石境乡明媒正娶过来的。钱氏虽不算是饱读诗书的大家闺秀，但也性格温婉，料理家务更是一把好手。平日里，余昌灏在外教书授业，钱氏在家侍奉公婆，两人恩爱有加，也颇有些琴瑟和鸣的味道。

心思飘忽间，只听见小学外有个声音由远及近，来人速度飞快，边跑边喊："昌灏哥！昌灏哥！你快回家去看看吧，嫂子快生了！我妈正在那边看着呢，她让我赶紧过来告诉你一声。"

来人正是余昌灏的远房表弟，因家里与余昌灏一家住得颇近，两家关系平时极好，时常走动串门。

余昌灏听罢又惊又喜，连忙请相熟的老师帮忙代课，交代好今日需温习的功课。安顿好学生后，余昌灏与表弟一同回家。平日里短短的回家路，此时在余昌灏看来却如此漫长。他不禁加快了脚步，竟在乡间小路上带起了一路烟尘。

回到家里时，看着父母及相熟的族亲都在现场，一切有条不紊，余昌灏的心里才算有了底，在门外等候的同时也在心里默默祈祷。

那时的医疗卫生尚不完善，整个县城内还没有一家诊所医院，接生依然要靠着村镇里的大夫和经验丰富的稳婆。直至民国二十六年（1937年），靖安县才开始有新法接生的婴儿。因此，对普通人家而言，孕妇生产仍是个要游走在鬼门关前的事情。

作为娘家人的钱家兄嫂也早早地赶来，根据靖安当地的风俗，他们带了面条、红糖和母鸡，这是为产妇补身子用的。余昌灏赶忙接过礼物，将亲友迎进屋来。

经过众多波折，临近黄昏时分，残阳染红了半片天空，余家房屋内终于响起了响亮的婴儿啼哭声。钱氏诞下一名男婴，母子平安。

此时左邻右舍也前来祝贺道喜。余昌灏赶忙迎上去，请各位邻居、族亲落座，并奉上茶水点心，邀请大家三天后来家中为婴儿迎"三朝”。在靖安，新生儿有“三朝”“满月”“周岁”贺喜的仪式，在婴孩出生三天、满月和满周岁时，亲朋好友会拿着做好的小衣物、小被子、小毛毯前来探视，以示贺喜之意。

送走亲友后，余昌灏回到内屋，看着精疲力竭的妻子和妻子怀里平静睡着的婴孩，他内心微微一颤，一股难以言说的喜悦涌上心头。

这是余家这一辈的第5个子女，亦是第二个男丁。大姐、二姐如今都已10岁有余，大哥余绪绂如今4岁，正是淘气的年龄。此时的余绪绂，正睁着眼睛看着母亲怀里的弟弟，满脸的好奇。三姐余菱英尚不懂事，见父亲母亲都围在新诞生的小生命那里，感觉自己受了冷落，一撇嘴便开始哭嚷。大姐、二姐赶忙过去抱起妹妹：“妹妹你看，母亲又给咱们添了个小弟弟。”

为婴儿起名字的重任便落在了余昌灏身上。作为余家最有文化的读书人，余昌灏为十里八乡的不少孩童起过名字，给自己孩子起个名字本应是轻而易举之事。

然而，看着襁褓里的儿子，余昌灏却有些犯难，眼前这个小生命如此珍贵美妙，他希望能用全世界所有美好的词来形容他。

靖安余氏自离开奉新县后，宗谱字辈与其他支脉也有所区别。余氏宗祠有载——“力久光昌绪延南北兆起家邦”，根据顺序，怀里的婴儿应属于“绪”字辈。

熟读四书五经的余昌灏此时突然想到了《孟子·离娄上》里的一句名言，谓之曰：

“有孺子歌曰：‘沧浪之水清兮，可以濯我缨；沧浪之水浊兮，可以濯我足。’孔子曰：‘小子听之！清斯濯缨，浊斯濯足矣，自取之也。’”

在后世，“濯缨”一词已成为超脱世俗、操守高洁的代名词。另外，秀才出身的余昌灏心里或许对这个字寄予更深层次的厚望：“缨”

也可以指官宦人家所使用的帽带，或许，他希望自己的儿子能够完成自己无法完成的心愿，修身齐家，读书致仕，治国安民，为这乱世画上一个句点。

明晃晃的烛光下，余昌灏心中一片平静，坐在妻子床前，看着眼前还在熟睡的婴儿，轻声念出了他的名字：“绪缨，你要明白为父为你起这名字的意义啊。”

仿佛冥冥中有着某种暗示一般，眼前的这个婴孩，未来将一直奉行着名字中的美好祈愿：学问绪延后世，后人仰止，品行则如晴云秋月，沧浪濯缨。

第二节

乐山乐水 稚童开蒙

添了人丁后，佘家多了些生机和活力。路过的行人常常能听到院里孩子的牙牙学语声和清脆的笑声。

在香田乡的石冈村里，当地族老还记得，村里那位秀才家的娃娃白净可爱，极少吵闹。周围邻居都说绪缨从小就性格沉稳踏实，颇有其父之风，也是块读书的料子。

绪缨出生后，父亲佘昌灏身上的担子也变得更重了些。他是清末的最后一批秀才之一，也是十里八乡有名的才子。但凡有需书写对联、代写家信的村民，佘昌灏总是有求必应，村民也会相应地给一些润笔费作为回报。总的来说，佘家的生活虽不算大富大贵，但也并不算清贫。

绪缨出生后没多久，接连两场大旱降临靖安。旱灾严重影响村民们的生产活动，整个夏天几乎没有下一滴雨，竹木枯死，稻谷颗粒无收。

《靖安县志》有载，民国十二年（1923年），开义仓，积谷平粜（即将官仓里囤积的米粮平价卖出）；民国十四年（1925年），大旱，不准谷米出县。

此时，佘昌灏的日子也不好过。此时的佘家又添了两个新生命，分别是大妹佘凤英和小妹佘鹤英。家里7张嘴等着佘昌灏喂养。小学教师收入不算太高。幸而祖父佘炳南过世前还留下了不少田产。但因为家中人丁稀缺，只得将田地租予他人耕种，每年收些租金贴补家用。

而在县城的小学里，有不少学生是附近农户家的孩子，农户靠天吃饭，收入微薄，如今更是无法负担孩子的求学费用了。连续几天，小学竟然有一半的学生回家务农。“这个时候了，还上啥课，还不如帮家里做点事情。”看着学生离去时不情愿的眼神，余昌灏心里既心疼又无奈。

余家小院里，钱氏正准备晚饭，突然听到村外锣鼓阵阵，人声鼎沸。钱氏赶忙抱起年幼的绪缨，倚在家门口，向外眺望。

原来是求雨的队伍经过了村口。

只见四五十号人身着颜色艳丽的服装，抬着一尊看不清面目的神像，向着溪边走去，声势浩大。靖安当地人相信，雷霆雨雪皆被神灵掌握。到天气大旱时，便会有人将神像从庙宇中请出，一路抬到有泉水溪水的地方，敲锣打鼓，焚香摆供，叩头祈祷。负责祈雨的首领要赤双足，头戴柳圈——预示大雨将近。这场祈雨仪式将延续3～9天，如果最终仍未降雨，只好偃旗息鼓而回。

所幸的是，这次仅仅求了6天便盼回了一场急雨。钱氏听见外面的村民高呼着：“要下雨了！要下雨了！”人们连忙从家中走了出来，只见外面雷声大作，阴云翻滚，一场暴雨即将袭来。

这些一辈子辛勤劳作的农民，深谙这靠天吃饭的命运，不放弃任何可以抓住的机会。这场雨后，还能抓紧时间种些晚稻，如此一来今年还能糊口度日。

正如当地童谣唱的那样：

四劝亲哥返家乡，
劝哥回乡分禾秧。
世上只有作田好，

半年辛苦半年闲，
后生不做老来难。

就这样，寒来暑往，岁月流转，转眼绪缨便长到了6岁。也正是在这一年，余昌灏为绪缨进行了开蒙仪式，希望自己的儿子能延续余氏一族耕读传家的传统。余昌灏虽是晚清秀才，但新学古学均有涉猎，深知在当下的环境中，只有学习新学才能走出县城，走出山区，博得一片天地。

开蒙往往在正月灯节之后。在文风兴盛的地区，尊师氛围浓厚，因此开蒙仪式也格外隆重。在浙江、江西等地，都有请新进秀才或举人为童子开蒙的风俗，家人还要送上定胜糕、粽子等食物，谐“高中”之音。其中也寄托着长辈们的美好期望，在子弟开蒙之初便讨个吉利或彩头，暗示此后学业进益。民国年间，开蒙流程有所简化，但在余昌灏看来，仍然是必须经历的重要仪式。

此时的绪缨还处在正月灯节的欢乐之中，尚不知道开蒙意味着什么。余昌灏牵着儿子的手，往村中心走去，土路逐渐变成了青石板路，周围的建筑也变得高大肃穆起来。私塾开设在余家宗祠旁的房屋里，门口供奉着一尊孔子的雕像，雕像慈眉善目，笑对世人。

余昌灏脸上呈现出严肃的神情来，手把手教绪缨肃整衣冠、焚香祭拜。看着眼前孔夫子的神像，绪缨扶手高揖，叩拜三次。

礼毕之后，余昌灏看着香炉里缥缈的香烟，转头对绪缨说：“从现在开始，你就算正式开蒙了。我也会正式开始教授你蒙学，虽然过几年你就会去县城里的小学堂，但你要记住，我们余家从唐代开始，诗书未绝，这样的传统一定不能到你这里断掉。”年幼的绪缨懵懂地点头。

从此之后，绪缨便在余昌灏的指导下开始了国学的启蒙。从“三百千”（《三字经》《百家姓》《千字文》）开始，再到《千家诗》《声律启蒙》《笠翁对韵》，少年的琅琅读书声便在这个不大的院内回响。

天对地，雨对风。
大陆对长空。山花对海树，赤日对苍穹。
雷隐隐，雾蒙蒙。
日下对天中。风高秋月白，雨霁晚霞红。
牛女二星河左右，参商两曜斗西东。
十月塞边，飒飒寒霜惊戍旅；三冬江上，漫漫朔雪冷渔翁。

在靖安，私塾有蒙馆和供馆两种，前者面向年纪较小的学生，主要教授国学启蒙，后者重点教授四书五经。由于新式学堂在靖安已成风靡之势，因此不少家长选择将孩子白天送新式学堂，晚上和周末送私塾学习国学。

传统的私塾教学方式往往古板异常：先生把学生叫到讲桌跟前，先生读一句，学生跟着读一句，教到一个段落，领读几遍后，让学生回到自己的座位上诵读。学生读熟后再到先生那里去背诵，若背得熟练，没有遗漏，先生再教新的段落。下次上新课前，必须将上次所学的课文一并背诵。先生管教甚严，对那些不用心读书的学生施以体罚，或用竹片打屁股、手心，或拧耳朵、眼皮，或罚跪晒太阳、顶水碗等。

余昌灏平日里都在县城的小学里授课，只有晚上和周末才有空为几个孩子辅导古文。余昌灏并非动辄体罚的严师，他语速缓慢，慢条斯理地讲授经典。若孩童实在背不过，余昌灏也只会微微一笑，摸摸孩童的头，让他回去。在绪缨的记忆里，父亲极少发脾气，只是有时候在对付实在顽劣的学生时才会动怒，打几下手心。

对待绪缨，余昌灏温和而严厉，绝不偏私。背不过照样要罚。但绪缨也展现出超出同龄孩童的聪慧，学习诗词格外快速，不仅能晓通大意，吟诵几遍便能背诵下来，这让余昌灏颇感惊奇。

于是，在私塾教授的诗歌外，余昌灏还会传授绪缨靖安本地词人编纂的《白香词谱》。

靖安文脉绵延不断，众多文人墨客在此留下了大量诗词，诞生了“天香居士”舒梦兰等诗词大家。

清嘉庆年间，屡次落第的舒梦兰放弃致仕之念，纵情山水诗词，编纂了《白香词谱》，收录了从唐朝到清朝的一百篇词谱，也称一百调。

《白香词谱》所选的词大都是较为通用的，小令、中调、长调均有。为便于初学者学习，每调还详细列注平仄韵读，确是真正的词谱。《白香词谱》同时又是一本简明词选，所选的词好些都是历久不衰的名作。这本词谱兼收并蓄，不主一家，既收婉约，也收豪放，可谓诗词入门佳品。

也正因如此，靖安可谓“诗词成风”，启蒙孩童抑或田间老农，都能随口吟诵几首经典诗词。

在余家那个半人高的竹质书柜中，还藏着许多让绪缨好奇的书目，有些太过晦涩难懂，也有些读起来趣味横生，最适宜陶冶情操，比如余昌灏珍藏的这本舒梦兰的《游山日记》。后来，林语堂称这本日记“亦庄亦谐，闲散自然，涉笔成趣”，誉之“日记模范”。

写这本日记时的舒梦兰虽已年近半百，但野趣不减，仍带有童真性情，日记也写得生动活泼。

在《游山日记》中，舒梦兰寄居寺庙，每日流连山水，观云看雾，乐在其中。他不耐俗礼客套，对寺中知事之势利俗气多有描述，嬉笑诙谐，令人捧腹。在他笔下，虎啸猿啼均入耳成韵，鸡犬蝶虫皆憨态可掬。听说在上山之前，有虎吼数夕，木石俱动，而他“不及聆山君謦欬，为可惜也”。他写雄鸡守节、牡犬求偶，为无疾而死的雄鸡戏作挽词，驱逐喧争不止的牡犬而自悔之前“誉过其实”。

听说月初虎吼则木石俱动，舒梦兰因为来晚了没有听到山君的咳嗽而深觉惋惜。入寺时，听到虎啸三声，舒梦兰则有意误读三啸和三笑，认为老虎效仿虎溪三笑，实在是“遇我不薄”。夜来风雨大，山僧谈及窗外虎迹纵横，舒梦兰想到的却是“盖虎亦从风而游耳”。而与众人登五老峰，“始造绝顶，则闻虎啸声，百谷皆震”，舒梦兰却是和之以狂笑，最后老虎反而躲起来了。

此外，舒梦兰还记录了春香人、剃头匠口中之庐山虎。春香人所见的庐山虎斑斓可爱，使人不忍打扰，而只是望着老虎发笑。老虎醒了，也不为春香人的笑感到奇怪，因为这是司空见惯的事。至于剃头匠叙述庐山虎，则起于舒梦兰认为僧人的光头好剃，山上生意不错，觉得到庐山的剃工应该不少。剃头匠却说庐山多虎，日头偏西，老虎就“群游涧壑”，在泉石之上磨牙，“铮铮有声”，他认为没有剃工会为了一点钱就以命相搏。不过他自己敢于上山剃头，实在是因为视力不好，看不见老虎，没有惊恐的神色，也就没有老虎伤害他。[①]

凡此种种，足见这位老人内心充满童真，是以能于日常世俗中时时处处发现乐趣。

在父亲的书柜中，绪缨总是能找到许多乐趣，隔着发黄的书页，他感觉自己在和一位位古人对话。绪缨虽无法完全领会其精神，但也生出高山仰止的敬佩之心。

绪缨的祖父余炳南曾在多地为官，每每遇到不平之事，常把同乡的况钟视为楷模典范，其刚正不阿的精神气节也让余昌灏折服。在闲暇之余，余昌灏也会向绪缨讲述况钟“况青天”的故事。

据《明史·况钟传》记载，况钟字伯律，号龙岗，又号如愚，江西靖安人。况钟是明代一位受苏州百姓爱戴的清官，被当地人民称为“况

---

① 《浪漫又充满趣味的“日记模范”｜读〈游山日记〉》，https://baijiahao.baidu.com/s?id=1727203009473399344&wfr=spider&for=pc。

青天”，和包拯“包青天”、海瑞“海青天”并称为中国民间的三大青天。以他为原型所作的昆曲《十五贯》在民间广泛流传。

况钟曾留下“不带江南一寸锦”的故事。况钟为官清廉，三餐佐饭，仅一荤一素；身居简室，未铺设华靡之物。正统四年（1439年），况钟任苏州知府已满9年，要赴京朝见皇帝接受考绩。

在明朝，地方官员进京朝见，一般都要带金银珠宝，遍送京城里的权贵。而况钟进京朝见，却两袖清风，不带一锱一铢。他赴京临行时，作诗和前来饯行的苏州民众告别，其中两首诗说：“清风两袖去朝天，不带江南一寸棉。惭愧士民相饯送，马前洒酒注如泉。”“检点行囊一担轻，长安望去几多程。停鞭静忆为官日，事事堪持天日盟。”“检点行囊一担轻”“不带江南一寸棉”，正是他为官清廉的写照。

对于后代的教育，况钟写过一首《又勉子侄诗》:“存心立品贵无差，子孝臣忠两尽嘉。唯有一经堪裕后，任贻多宝总虚花。膏腴竟作儿孙累，珠玉还为妻女瑕。师剑古箴传肖者，取之不竭用无涯。”这反映出他对聚敛财物这种恶行的鄙视。

看着此时的绪缨，余昌灏心中多有感慨，他希望眼前虎头虎脑的小娃娃未来能够出人头地，又希望他能自持甚重，不辱家门风范。

在明晃晃的烛火下，余昌灏将况钟的《示诸子诗》教给了绪缨。

吾家诗书胄，况坊名阀阅。奈何遭元季，群盗肆猖獗。阖门殒锋镝，惟父脱虎穴，赖彼黄氏泽，掬养不令绝。我生际承明，幸厕春官列。虽无经济才，尚守清白节。汝曹俱长成，经史未明彻。岁月不汝延，努力无暂辍。圣学苟能穷，斯克续前烈。非财不可取，勤俭用无竭。非言不可道，处默无祸孽。临下必简严，事上务和悦。持心思敬谨，遇事毋灭裂。惟能思古道，方与兽禽别。国家彰宪典，圣言良谆切。书此为庭训，各宜踵先哲。

在那时的靖安，书仍可以算得上稀罕之物。这方小书柜也是余昌灏的珍视之物。柜子由竹子制成，明亮崭新，显然时时擦拭。那时的绪缨还不懂书籍的珍贵之处，不能明白这小小一柜是父亲辛苦攒下的知识结晶，如同一方小小天地，阻隔现世风雨。

每年农历六月初六，都是一年中最炎热的一天，按当地传统，农家会晾晒衣被，父亲也会把书柜里的书拿出来晾晒。满院的书，随着微风翻页，翩翩起舞。在书间，父亲忙前忙后的身影，也深深地镌刻进绪缨的记忆中。

第三节

负笈求学 少年远游

童年的回忆，总是快乐中带着些许艰难的。

在很多年后，绪缨先生依然能动情地回忆起当年的场景：在家中后院那棵葱郁的樟树下，父亲身着一袭青衫，躺在摇椅上，母亲坐在树旁的木凳上，身旁的方桌上放着针线布头；夏日的阳光穿过如华盖般的树冠，洒下点点金斑，夫妻二人一人看书，一人做女红，时而抬头交谈几句，时而望向在院子里与哥哥姐姐打闹玩耍的绪缨。场景温馨动人，感人至深。

如此情景，难免让人想起作家汪曾祺所说的“家人闲坐，灯火可亲”。在回忆某一瞬光景时，人们总会被这种切实的幸福感所击中。丝丝暖意，涌上心头。

民国二十年（1931年）年初，余昌灏和妻子商量，将尚未满9岁的绪缨送去邻县奉新县读书。一方面，家里几口人都依赖着余昌灏一人，经济上着实不太宽裕；另一方面，绪缨的二姐嫁去奉新县后，二姐夫踏实肯干，生活条件改善了不少，常常念叨着如何能帮上家里的忙。

于是，在年初回家时，二姐跟父亲余昌灏提议，让绪缨去奉新县上学，食宿由她负责。

余昌灏叫来绪缨，询问他的意见。还是小孩子心性的绪缨听完，欣

然同意。在绪缨想来，上学之途不仅可以看看邻县的不同风光，还有二姐相陪，自然千百个愿意。

于是，1931年年初，绪缨便跟着二姐前往奉新县，在二姐一家人的资助下，在当地找到了间不错的私塾就读。

此时的绪缨已启蒙3年，在余昌灏的教育下，古诗文意皆通，在私塾课堂上甚至比不少年纪更大的孩子更加出色，私塾里的塾师对此也颇感惊讶。

而此时的绪缨却有些“身在曹营心在汉”，因为他开始羡慕起隔壁新式学堂的学生们。听着隔壁学堂时不时传来的欢笑声和歌声，绪缨心里痒痒的，心思也忍不住飘飞到隔壁的教室里。

在和二姐以及父亲商量一番后，绪缨决定在私塾里再读一年巩固基础，来年便转到小学，接受新式学堂的教育和熏陶。

彼时的江西，新式学堂的吸引力更胜一筹，吸引了大量家长送孩子就读。据《靖安县志》记载，民国二十六年（1937年），全靖安县有学校158所，班级174个，学生7167人，教职工240人，学生数与5年前相比已是增长了近4倍。

上学后的孩童，一年中最盼望的莫过于暑假和寒假了。盛夏的乡村总是有着数不尽的快乐。那时的双溪清澈见底，鹅卵石遍地，鱼群游弋其中，是小孩子盛夏游泳摸鱼的好去处。

除了戏水外，做“棚棚”也是一大乐趣。在樟树和杞树上，长着某种藤本植物的果实，当地人称之为“棚棚”。这种植物的果实于盛夏时节成熟，有些打开后是空心的，谓之“牛棚”，有些打开后里面有米粒般的籽实，谓之“米棚”。后者可以在经过捶打浆洗后做成凉粉，当地人称之为“棚棚”。

春节无疑是一年中最盛大的节日，家家户户挂画贴联，布置一新。在除夕之夜，室内外灯火通明。

大年初一早晨，各家各户择吉时开门，放鞭炮。按照靖安的习俗，初一的早上要吃青菜煮糯米圆，象征“一年（圆）清（青）吉”。早餐后，人们穿着盛装，问候亲朋好友，谓之“出方”。绪缨最期待的也正是春节这几天，除了热闹团圆外，母亲也会做他最爱吃的烫花片，但在春节前才做，大部分还要留着作为点心招待客人。

烫花片制作烦琐，要先把大米浸泡一至两天，加入少量碱面，磨成质地细密的白色米浆，再撒些芝麻、白糖和盐粒，搅匀后放进金属器皿里，隔水蒸熟，再切成小片晾干，等到吃的时候用少许油煎一下，煎过之后的烫花片呈现淡淡的金黄色，酥脆鲜香。

从正月初三开始，直至正月十五元宵节，整个靖安便沉浸在热闹的“闹花灯”气氛里。在靖安，灯有龙灯、狮灯、船灯、蚌灯、鱼灯、茶花灯，到处是舞龙、滚狮、荡船、翻蚌，还有不少节目，如《小放牛》《大补缸》。那几天，整个村镇鞭炮声声、鼓乐喧天，十分热闹，往往要闹腾到深夜才会停歇。

春节期间，靖安最具特色的莫过于舞草龙灯，这是其他地方都难以见到的独特民俗。

草龙灯又称太平灯、香火灯，相传起源于上千年前的祈雨行为，后逐步演化为民众祈福的春节习俗活动。据传，清咸丰年间（1851—1861年），太平军进入靖安时，这一带长达半年干旱无雨，田地干裂，眼看着农家颗粒无收，前进村村民日思夜想，只好舞起先辈传授的草龙灯，敲锣打鼓向天祈雨，顷刻间乌云密布，大雨降临。于是，当地村民便把草龙灯奉若神灵，虔诚相传至今。

正月初十上午10时许，村民祭拜之后，开始扎龙。

扎龙的材料包括稻草、萱草和一些竹篾树枝。草龙分作7节：龙头、龙尾各1节，龙身5节。每年正月初十至元宵节晚，由在佛祖前问爻选出的25人组成草龙灯队起灯，吹起唢呐，敲起锣鼓，提举神灯，舞动草龙，到村民家中送灯。

草龙表面要插满香火（被称为装花），由7人表演。步骤一般有：先是起龙，祭拜神灵；再是舞龙，常见的形式有团、卧、钻、腾等；最后是送龙，即于正月十五晚以火焚烧草龙，意为送其返天。

余家几个孩子在春节里最快乐的事情之一，便是跟着那闪烁着亮光的草龙。在夜色朦胧的山谷中，草龙金光闪闪，活灵活现。草龙顺着山路，蜿蜒而下，如同腾云驾雾的真龙在村中游走。小孩子们一路跟着草龙，蹦跳嬉闹。

除了几个重要节庆外，因朝香而自发形成的庙会也是极为隆重的。靖安庙宇众多，因此而形成的朝香庙会也极多。每逢神明生日，附近乡镇的村民往往会前去朝拜上香，也因此形成了独特的集会习俗。桃源乡的祖师殿、官庄乡的天花宫、中源乡的万福祠，都是附近颇有名气的庙宇，信众颇多。

有些集会会请班子前来唱戏，场面颇为热闹。众多虔诚的信徒会手持香仪，前往“朝仙”，名曰“朝子香”。每到此时，庙宇内灯火辉煌，功德幢幡满堂，钟鼓声声，香烟渺渺，呈现出一派道山圣地气象。

这也是靖安的美妙之处。儒释道三家在此地均留下众多传说，既有出世之姿，也有入世之态。

原以为，余家这样平静美好的生活会一直如此，但一场意外彻底让温暖的余家支离破碎。

绪缨知道，父亲余昌灏的身体自南昌回来后便一直不太好，陆陆续续喝过几副中药，但都不算太见效。近些年更是愈加严重，偶尔甚至会起不来床，需要大哥绪绂去学堂向校长请假。

1931年秋天，在几场连绵的秋雨后，余昌灏的身体终于撑不住了。此时的绪缨仅有9岁，大哥绪绂也仅有13岁，尚不是可以撑起家庭的年纪，已经嫁人的大姐二姐赶了回来，绪缨也匆匆请了假，跟着二姐回到家。一家人围坐在窗前，两个妹妹也似乎预感到了什么，开始抽泣起来，三姐过来搂着两个妹妹，低声安慰着。看着床上虚弱的父亲，再回想起年初离家时父亲脸上既骄傲又带着些眷恋的目光，绪缨顿时红了眼眶，他努力睁大眼睛，不让眼泪流下来。他知道，家里的男丁除了大哥外便只剩下他一人，父亲不在了，他们要用瘦弱的肩膀，撑起整个家庭。

余昌灏躺在床上，面若金纸，气若游丝，但为了安慰妻子儿女，脸上仍然挂着一丝微笑。“我知道自己的身体恐怕撑不过这几天了，有些话我也不得不交代你们”，余昌灏的眼光看向大哥绪绂，“你是家里的长子，虽然如今还没成年，但也要肩负起大哥的责任来，弟弟和妹妹，以后都需要你来照顾。”

余昌灏目光游离，又看向已经红了眼眶的绪缨：“你的成绩最好，以后说不定会有大出息，千万不要荒废了功课。你二姐供着你吃穿，也是不容易的。记着，要努力读书，不要辜负爹对你的期望。”

余昌灏停顿了一下，咳了两声，看着妻子：“三个女娃娃未来也要读书，不能大字不识一个。以后家里的事，就都要拜托你了。这几个孩子都还小，我现在离开，确实亏欠你太多太多。”坐在床边的妻子没有吭声，只是默默地抹着眼泪，握着余昌灏的手又紧了几分。

屋外的秋雨裹挟着北方袭来的寒冷气流，敲打着屋子的青瓦。小院里的那棵树也禁受不住秋风的寒意，落得满院黄叶。在这个秋天，辛苦勤勉的余昌灏最终还是没能熬过这场刺骨的秋雨，永远地离开了妻子儿女。

这样的变故对佘家而言无疑是致命性的打击。家中唯一的顶梁柱如今轰然倒塌，13岁的绪绂和9岁的绪缨突然间成了家里的顶梁柱。看着止不住哭泣的妹妹们，二人仿佛一夜之间长大。经过一番商量后，绪绂决定靠自己撑起这个家，他跟着父亲读过几年古文，但为了弟弟妹妹，打算忍痛放弃学业。之后绪绂开始跟着叔伯学习耕作，为弟弟妹妹攒下一笔笔学费。

绪缨则跟着二姐回到了奉新县。此时的绪缨虽然年纪不大，但已经懂得生活的艰辛和不易，因此相比同龄人显得成熟很多，成绩在学堂内依然名列前茅。

新式学堂分初小和高小两个阶段，前者4年，设修身、国文、历史、地理、图画、手工、算术、唱歌等学科，每节课的时间与现在基本相同，约45分钟；后者只用上2年，增设社会和自然课，每周的第一节课是全校性的“总理纪念周”集会，周末一节课是周会，早晨还有公民训练，下午有夕会课。总体而言，学生还是颇为忙碌的。

在五四运动后，新文化运动的种子逐渐在全国各地生根发芽，这一点在国文课本中也可见一二。在靖安县当地收藏的一本民国十七年（1928年）的国文课本中，呼唤民族觉悟、歌颂民族英雄的内容明显增多，如《苏武出使匈奴》《班超投笔从戎》《岳飞大破金兀术》《戚继光平倭寇》《郑成功收复台湾》《瓦特发明蒸汽机》《哥伦布发现新大陆》《麦哲伦环绕地球一周》等。

课本里还有歌曲《苏武牧羊》，歌词是：

> 苏武留胡节不辱。雪地又冰天，穷愁十九年。渴饮雪，饥吞毡，牧羊北海边。心存汉社稷，旄落犹未还。历尽难中难，心如铁石坚，夜在塞上时听笳声，入耳痛心酸。转眼北风吹，雁群汉关飞。白发娘，望儿归，红妆守空帏。三更同入梦，两地谁梦谁？任海枯石烂，大节不稍亏。终教匈奴心惊胆碎，拱服汉德威。

新式学堂里的老师都是师范学校毕业的学生，年轻且活力充沛。在所有老师中，绪缨最受算术老师的喜爱。算术老师是个身材高挑的男人，喜欢穿着笔挺的西装，打着领带，戴着一副黑色近视眼镜。他敏锐地察觉到了绪缨在算术方面的天赋，常常在课上公开夸奖绪缨“既算得准，方法又妙”。

1932年和1933年，已经出嫁的大姐和二姐因病相继离世。尤其是一直以来照顾绪缨生活的二姐，在1933年的冬天病倒，由于医疗条件匮乏，很快便撒手人寰。

失去了至亲之人，绪缨只得转回靖安县第一中心小学，这里也是靖安县城中对成绩要求最高的一所小学。原先祖父留下的田产，由于这些年父亲生病以及贴补家用等因素已变卖了许多。如今的田地，大哥绪绂一人耕种起来绰绰有余。在闲暇时间，绪缨常常帮着哥哥绪绂做农活。但兄弟二人终归是少年心性，常常边玩闹边做工，踏着夕阳唱着歌，生活虽然辛苦，却也滋味无穷。

在靖安县第一中心小学的诸多优秀学生中，绪缨仍然显得出类拔萃。无论哪科作业，绪缨都十分认真细致，富有耐心。尤其是数理一科，绪缨的成绩遥遥领先。数理老师也抑制不住内心的欣赏，在一节课后跟绪缨说：“你在数理方面拥有极高的天赋，未来或许你应该往这个方向考虑考虑。”

这句话打动了正在考虑未来职业方向的绪缨。几年前，绪缨曾跟远方叔侄一起去过江西省省会南昌，感受到那种熙熙攘攘的市井之气和繁华环境，于是下定决心要走出靖安。

在南昌市的几个学校里，江西省立商业学校映入了绪缨的眼帘。之所以选择这所学校，绪缨有几个理由。江西省立商业学校是江西境内最好的几所中专院校之一，毕业后便能迅速进入工作岗位，赚钱补贴家用。而对需要用到数理知识的会计、经济学等商科知识，绪缨虽未接触过，但也颇为好奇。

江西省立商业学校的办学经历在当时并不算悠久。1923年秋季，南昌市系马桩湖南会馆内，卢维周任第一任校长，以“实行三民主义、振兴江西各地商业、为其富国强民计”为办学宗旨的江西省立商业学校正式创立。这所学校也成为后来江西财经大学的前身。

这也是当时江西省内唯一的商业职业学校。此时的绪缨，想起算术老师对自己的期待，认为自己未来适合和数字打交道，会成为一名银行家、经济学家。而在内心深处，他也觉得商业活动颇有意思，十分值得钻研，于是最终选择报名该校。

由于靖安离南昌不算太远，家人对绪缨这样的选择也持支持态度。他们不希望绪缨未来被局限在靖安这么一座小小的县城内。但无论如何，这是绪缨第一次远离家乡前往外地求学。临行前，母亲钱氏叮嘱绪缨：“你舅舅一家现在就住在南昌市内，到了之后你一定要前去拜会，凡事多与他们商量，切不可鲁莽行事……”钱氏哽咽得说不下去，两行眼泪已流了下来。两个妹妹如今已经长大懂事，得知二哥要去大城市，既关心又激动，拉着绪缨的手半天不愿松开。绪缨笑着摸了摸妹妹们的头，说以后回家一定会给她俩带南昌的糖果。

在一旁的哥哥绪绂没有说太多，眼神里却流露出浓浓的关切之情，他欲言又止，最终拍了拍绪缨的肩膀，叮嘱他放假便赶紧回来，平日里若是银钱不够可请他人送信回来。

望着身影逐渐模糊的家人，绪缨心中也满怀离别之情，不过，毕竟少年心性，他很快就与结伴去南昌的同学打闹了起来，对他们来说，这是第一次走出家门，走出这个生于斯长于斯的故土，踏上一座未知的城市，一切都是那么新鲜，未来似乎有无限可能。

第四节

战乱频起 月下苦读

顺着北潦河一路而下，从靖安到南昌坐船仅需一天的时间。临近南昌城，绪缨和同伴愈发激动，这座拥有千年历史的城市所散发出来的厚重气息，显然没能对他们造成任何影响。二人在城内寻找到报到学校后便分开了。绪缨去南昌市区拜访了舅父一家，并见到了许久未见的表姐胡克珍。二人年纪相仿，十分亲近。胡克珍也是绪缨的中学同学，由于要在南昌读3年书，绪缨和表姐准备去街上看看还有哪些物品要采买。

南昌始建于公元前202年，赣江自南向北穿过城区，抚河支流经青岚湖注入鄱阳湖。赫赫有名的滕王阁便坐落在南昌市区内，“豫章故郡，洪都新府。星分翼轸，地接衡庐。襟三江而带五湖，控蛮荆而引瓯越”正是对南昌地形地势的最好描述。

鸦片战争中，西方殖民者用坚船利炮打开了中国的大门，沿海多个开埠城市逐渐出现了近代资本主义经济的萌芽。但南昌地处中部地区，近代经济发展起步较晚，尚未受到外来资本主义经济的入侵，这也使得南昌的实业经济颇为发达。

江西省立商业学校的设立，与当时江西省内涌动着的“实业救国”思潮息息相关。实业发展势不可挡，催生了大量的人才需求，在地方政府的支持下，大量职业技术学校开始生根发芽，茁壮成长。

民国三年（1914年），政府督学官员至江西视察办学状况后，在总报告中云:“实业教育除农业专门学校、工业专门学校外，其省立应有之甲种实业学校，县立应有之乙种实业学校未见一处。”鉴此，短短一年间，江西的职业教育就迅速发展起来。据统计，仅到民国四年（1915年），“设有甲种实业学校5所，有学生355人。其中，农业学校2所、学生215人，工业学校2所、学生77人，商业学校1所、学生63人。当年的毕业生中，有农科129人、工科53人，共计182人。还设有乙种实业学校3所，均为农业学校，有学生82人，并专门划拨了办学经费2024元”[1]。

此时政府资金投入不足，实业学校规模较小，可输送的人才有限，但可喜的是，政府已经开始重视职业教育，政府支出占比虽小，却是一大进步。据记载:“先后有浔阳道属甲种农业学校、赣南道属甲种农业学校、吉安农业学校、西宁职业学校（后改名星子林业学校）、公立昭武职业学校以及省立工业、商业、美术、女职等校相继设立，到1927年各校共设有应用化学、商业、银行会计、农科、林科、蚕丝、染织、陶业等专业共38个班，学生825人（男700人、女125人）。”[2]

江西省立商业学校也被称为“江西省立第二职业学校”，学制共3年，仅商科一个专业，分为初级商科和高级商科两个年级，初级商科的学时为3年，高级商科的学时为2年。

初级商科的学生第一、第二学年学习的科目除商业概论、广告画、簿记大意、经济学外，其他都是与普通教育课程相同的常识课，而第三学年常识课减少，设置了商业簿记及实习的专业内容。 对于初入学的学

① 余龙生、陈芳盛：《近代江西职业教育的发展及其启示》，《职业教育研究》2012 年第 10 期。

② 罗静远：《江西民国十八年度之职业教育》，《教育与职业》1930 年第 9 期。

生而言，课程设置中常识课与专业课各占一半，甚至更侧重于常识课，是符合他们的基本情况的。

高级商科的课程设置明显侧重于专业课，常识课仅有三民主义、英文、体育、军事训练4门，且在第一学年设置商店实习内容，第二学年设置银行实习内容，这就不局限于理论知识和基本技能学习，还要进行一些实践，使学生将来能更好地步入社会、适应社会。

总之，该校的课程设置既保留了普通教育中的基本课程，又有多种商业理论、商业实用技能和实习的课程，保证学生学习常识课、完善知识体系的同时，又学习了专业课程、专业技能，且培养了实践能力。

就是在这所学校，绪缨正式开始接触代数、簿记大意、经济学等课程，与此同时也开始了解财政学、商用英文、保险学等课程。涉猎范围可谓既专又杂。无论是师资还是管理制度，江西省立商业学校在同批设立的中专学校中都堪称拔尖。

职业学校的教员由校长亲自任用，并需呈报政府机关，在职业学校的师资选择上，政府的管理是有严格的程序和标准的，所以当时的江西省立商业学校对师资的引入必须符合政府标准。而且，由于江西省立商业学校是一所商业学校，需要的教员必须能够教授专业课程，或本身具有相关领域的理论知识，或具备过硬的专业技术，或兼而有之，这就对师资力量提出了更高的要求。

江西省立商业学校的组织和管理也颇为完善，包括学籍管理制度、导师制和学分制等。学籍管理制度可谓严密完整，包括新生入学和注册、成绩考核、留学及毕业、休学、复学和退学、转学和转专业、奖励和处分。据欧阳恂的《江西省立南昌高级商业职业学校一览》记载，当时就有人或休学或受奖励或受处分等。

江西省立商业学校在注重理论知识获取和知识体系构建的同时，也重视商业实习，强调理论和实践相结合的培养模式。据记载:

> 本校为谋学生实习之便利，设立二职银行，每日由经理轮派高年级学生二人到行实习，实习生须记传票、登账目及招待顾客、画制表册等事，并练习现金出纳之手续，货币真伪之推敲，务使学理与实用融会贯通，养成服务之知能。

由此可见，江西省立商业学校不仅将商业实用技能作为课程来设置，而且在实习时帮助学生将理论与实践相结合，事先掌握商业活动中的各种事务规则和具体实施手段，以及银行的组织管理体制等，实习内容与以后的工作可谓息息相关。该校为方便学生实习，先后创立了二职银行，组织了二职美术广告社，还筹备了大型商店。

> 以职业教育应与现实社会达成一片，欲做到此点，须实行对外活动，方可奏效，本校有见及此，爰于二十一年着手募集股本，筹设二职银行一所，培养学生运用资金自营商业之能力，近又组织二职美术广告社一所，实行对外代制广告。本年度拟筹设大规模国货商店一所，增进学生自营商业之经验。①

正是在这所学校里，绪缨接受了关于会计学最基本的知识介绍，对金融学、经济学有了初步的认识，甚至有机会可以在本校的银行实习以巩固所学。如此良好的学习机会，绪缨十分珍惜，在南昌的几年岁月里，绪缨将大量的时间投入课程和图书馆里。他深知，自己是从小县城中走出来的，眼界见识比起城市的同学要差上不少。在绪缨看来，只有自身掌握的学识才是最宝贵的财富。

---

① 苏永明、程绚丽：《“实业兴国”背景下的民国商业职业教育探析——以江西省立南昌商业学校为例》，《江西科技师范大学学报》2019 年第 4 期。

实际上，在当时以江西省立商业学校的名声，绪缨完全可以轻松得到一份专业对口的工作。

据记载，江西省立商业学校的学生在各公私机关服务颇得主管人之信任，几乎全省的金融、征收及税务机关都有江西省立商业学校的学生。该校各科学生自民国十七年（1928年）第1期至民国二十五年（1936年）第9期，共毕业234人，学生人数由每班10余名增至每班三四十名，学制由3年制改为5年制。毕业生直接从事管理银钱之职务共118人，占全部的50.4%；毕业生能用其学者占75%以上，现象甚佳。

而江西省立商业学校开设的专供学生实习的二职银行甚至演变发展成了一所对外的金融机构。二职银行“最初资本10万元，多由江西省立第二职业学校教职员工及毕业同学出资认股。董事长周浴德，总经理舒海华。业务经营范围包括收受普通活期定期存款、办理各种放款和贴现、票据承兑、办理国内汇款、代理收付款项、买卖公债库券及公司债券、办理与业务有关的仓库或保管业务、投资于生产公司或农田水利事业、代募公债或公司债、其他法令许可的商业银行业务”①。

也正是在二职银行工作期间，绪缨认识了亦师亦友的同乡、二职银行的总经理舒海华。舒海华来自靖安望族舒家，如今是总经理，常常在生活上接济绪缨。对绪缨来说，舒海华是一个亦师亦友的角色，既是他专业课上的引路人，又是他经济窘迫时的帮助者。

尽管身处这样一所商业学校之中，却并非所有人都将心思放在学习和工作上。绪缨发现，同窗开始慢慢发生变化。有的同学因为自己赚到了些钱而膨胀，开始频频出入奢靡场所，仿佛自己拥有万贯家财可以随意挥霍一般；有的同学在工作中学会了溜须拍马，整日以巴结上司为荣。

① 苏永明、程绚丽：《“实业兴国”背景下的民国商业职业教育探析——以江西省立南昌商业学校为例》，《江西科技师范大学学报》2019 年第 4 期。

这些行为都让绪缨不齿，从小接受良好国学教育的他明白，只有修身齐家，才能利国利民，立足于世。绪缨也隐隐有种预感，这里并非自己读书治学的好地方，要想在这乱世寻求一方净土，还是要努力攻读大学才行。

和几位眼界颇高的教员商量后，绪缨决定报考厦门大学，前往东南沿海。那时的厦门大学已举校内迁至闽西的长汀地区，虽避开了一线的烽火硝烟，但办学条件颇为艰苦。尽管如此，厦门大学始终保持着组织机体的完整和独立，甚至在艰苦的环境下，培养了众多顶尖人才。彼时的厦门大学被学者誉为“加尔各答以东最好的大学”。

就在绪缨下定决心，准备向家人写信说明此事时，表姐急匆匆地赶来。她神情慌张，有些局促：“表弟，刚刚听说，靖安被日本人给占领了！咱们现在联系不到家里了！”

绪缨听了大惊失色，但尚能保持一丝冷静。他连忙叫来几位同乡好友，大家聚在一起共同商量对策。

大家尝试了多种办法联系家里，但交通已彻底断绝，靖安情况还不清楚。大家认为，他们现在能做的，就只有等待了。

这时的绪缨只有17岁，连续几日的东奔西走，让他看起来更加成熟稳重了些。

据他们这几日的了解，日军如今已经占领了靖安县城，国民党军队仍在努力夺回，战局焦灼激烈，一时无法分出胜负。

据《靖安县志》记载，1939年1月，日本侵略军占领了德安，德安、瑞昌、永修等县城的难民纷纷涌入靖安境内避难。

3月22日，日本飞机两次轰炸扫射靖安县城，丢燃烧弹1枚、炸弹11枚，成片房屋沦为废墟。日军还用机枪扫射沿河两岸，100余人丧生，靖安县城的居民纷纷逃往山区避难。

绪缨和几位同乡好友商量了一下，决定就先留在南昌城内，等到有机会再回乡探视情况。不久之后，有同乡探听消息回来告诉绪缨，如今的靖安县城一片狼藉，日本军队在当地烧杀抢夺，无恶不作。余家仅有的土地被日本人抢走了，连房屋和衣物也被烧掉了。但不幸中的万幸是，母亲和哥哥妹妹一家人平安无事。根据余氏家族的传统，有子女在外求学的家庭，家族每月给予部分经济补贴。依靠着这些补贴，一家人借住在别人的房子里，甚是窘迫。

听到这些，绪缨一方面担心母亲和哥哥妹妹的生活，另一方面也庆幸一家人都仍然平安健康，这已是最大的幸运。这让绪缨的心情好了许多，身在外地的他如今无法为家里分忧，只能在心中默默期待，愿这个多灾多难的家庭未来能够远离灾祸，涅槃重生。

失去了经济来源，绪缨的生活显得十分窘迫，尽管还有表姐时时接济，但每个月仅有5元，在南昌仅够勉强度日。幸好还有同乡舒海华时常给予一些帮助。

该校应届毕业生极少升入大学，与绪缨同届的应届毕业生只有他一个人升入了大学。绪缨曾在江西省立商业学校设立的二职商店和二职银行实习。因为家乡已被日军攻陷，教育部门和学校有所谓的“战区贷金”提供给如绪缨这般来自沦陷区的学生，他们可以免交伙食费。加之绪缨在校内刻苦努力，成绩名列前茅，有不少奖学金和工作金。那时，所有会计实习生都要做的“刻蜡纸”让绪缨印象深刻。

在那个年代，连手动打字机也很少见。行政机关、企事业单位的公文印刷及学校学生学习用的讲义、教材、练习题、考试卷等，凡是要印刷文字的都必须刻蜡纸。

刻蜡纸又叫刻钢板，一般都是使用者自己刻写，后来随着刻印数量的增加和急需，出现了专门为人家代刻蜡纸的“誊写印刷”的行当。而在银行和商店，刻蜡纸的工作则交由尚未毕业的学生。

蜡纸拿在手中涩涩油油、半软不硬的，上面印有暗格，在刻字时可以横平竖直地有个参照。蜡纸放在一个硬纸盒里，取出垫上专用钢板，用专用的“钢笔”一笔一画地半写半刻。

刻蜡纸是个不折不扣的技术活。蜡纸易滑，“钢笔”又极为尖锐，力度的控制非一日之功。用力小了，笔画发飘，刻出来的深度不够，印出来的字迹就很浅，甚至许多地方透不过油墨，全是空白；用力过大，则直接把蜡纸划破了、戳穿了，油印时油墨就会直接渗透到纸上，就像在湿了水的纸上写字，笔画混作一团。[①]

绪缨还记得，一张蜡纸刻满字需要一两个小时，常常累得手腕直发酸。春秋季还好，每逢冬天，冻得手指僵硬，夏天则热得汗流浃背，这滋味委实不好受。

老教师邬时民曾回忆自己刻蜡纸的经历：“印的时候要把刻好的蜡纸夹在一个纱网木框上，在蜡纸上涂一层油墨，再用一个滚筒把油墨推匀，木框下放上白纸后，便推着滚筒一张一张地把试卷印出来，印一会儿要加油墨，印出来的试卷还要一张一张晾干，否则碰到油墨字迹会模糊。等到印完以后，手上往往全是黑乎乎的油墨印，天热了用手擦汗，不小心会弄成一个大花脸。”[②]

刻蜡纸是个细心活，还考验耐心。并不是所有来实习的学生都能熟练地掌握这门技艺。但绪缨的耐心和认真却让他坚持了下去。这一方面是性格使然，另一方面刻蜡纸由于技术含量高，因此工作金也相对丰厚，这对当时窘迫的绪缨来说是个不小的诱惑。

1939年3月17日，日本陆军在海军、空军配合下，开始进攻南昌。中国守军奋勇抗战，南昌会战爆发，最终中国守军以伤亡10万余人的代价，毙伤日军1.3万人。3月27日，南昌失守，这座历史悠久的文化名城落入日军手中。

---

① 邬时民：《想起当年刻蜡纸》，《潮州日报》2019年3月10日第5版。

② 同上。

作家饶平如在《平生记》里曾记载家人从南昌逃难的故事：

> 一九三九年三月，南昌沦陷。六月开始，日军以南昌为据点，先后出动飞机轰炸南城、东乡、广昌等县数十次。这时，父亲又带领全家及姑母一家逃难到广昌，因广昌是山区小县城，容易躲避轰炸。
>
> 一九四二年六月九日，南城沦陷。日军入城后疯狂至极，杀人放火，无所不为。六月上旬，国军第79军奉命反攻南城。七月九日子夜，国军攻克南城。
>
> 这时，祖母在广昌生病了。在老年人的信念中，要死就死在家乡，死在家乡尚有后代祭奠，有个鬼魂归宿，如果死在异地他乡，那就变成孤魂野鬼，到处游荡了。所以她一听说南城已经收复，就坚决要求立即回南城。人们都劝她，南城刚刚收复，城中破败不堪，且日寇在城中杀人达三千之多，尸首来不及掩埋，沟渠中血水横流，加上天气炎热，尸首腐烂发臭，已有瘟疫流行……千万去不得！祖母不听。

在战乱与动荡中漂泊，生与死“各凭运气”，个人的命运在那个年代显得微不足道。

跟随着学校搬迁的步伐，绪缨和同学虽吃尽了苦头，但最终还是平安躲过一劫。

抗战爆发后，学校先后迁移至赣中的安福、赣南的兴国，毕业时，学校设在兴国。5年中主要学习各业会计以及有关课程。毕业后通常是到机关、企业、学校等单位当会计，继续升大学的极少。

而此时的绪缨，还在为报考厦门大学作准备，每日扎在图书馆里汲取知识，笔耕不辍。

身旁有同学劝他："何必再去读书呢，如今凭借你的能力，在南昌找份合适的工作难道不是十分容易的吗？"听罢，绪缨笑着谢绝了他的好意。对绪缨而言，读更多书比赚更多钱更有意义，心灵的富裕远比财富更令人满足。

如果要继续读大学，除了会计专业外，还要加紧学数、理、化和英文。由于高年级有分班，可以有所侧重，因此考大学的决心也逐渐变得坚定起来。那段时间，绪缨的时间被安排得满满当当，焚膏继晷，连与同乡的聚餐都几乎一律谢绝，"可以说成了啃书本的书呆子了"①。

1938年，国民政府教育部开始在全国实施高校招生统一考试，南昌正是分区之一，无须前往大学进行考试。这大大降低了绪缨的应考压力。"若非如此，我大概就要放弃自己的梦想了。"绪缨对前来探望他的表姐说。

1940年4月，国民党军两支部队攻入靖安县城，与日军展开巷战，击毙敌方百余人，焚毁炸药库一座，日军退守弯弓尖。在随后的几个月里，日军多次来犯，试图夺回县城，但最终均未成功。

也正是在这一年，随着日本军队逐渐被扫清，靖安终于恢复了和外界的通信。失联近一年之后，绪缨终于得以回家看望家人。一家团圆，皆大欢喜。

1941年，绪缨参加了高校招生考试，考试科目包括公民、国文、英文、数学（高等代数、解析几何、三角）、中外史地、物理、化学、生物共计8科。

这一年，全国共有1022名考生报考厦门大学，但招生名额仅240名，录取率仅23.5%，录取严格程度可见一斑。

过了几个月，绪缨不负众望，拿到了厦门大学的录取信，一家人

① 绪缨先生的手写自述。

都十分激动。哥哥绪绂去余氏宗堂告祭列祖列宗，余家终于又出了一位“秀才”！周围的亲戚朋友、街坊邻居也都在奔走相告：“听说了吗？余家秀才的娃娃，如今也是位大秀才了！”

之所以报考厦门大学，绪缨有另一重打算。相比于其他高校，厦门大学给学生的资助和奖金颇丰，这可以让哥哥和母亲无须那么操劳。据1941年6月《申报》刊载，单就厦门大学而言，数年来学校当局苦心孤诣，从扩充公费和免费的名额着眼，从拓宽公费和免费的经济来源着手，其结果是：免费人数由40名增加至200名以上，奖学金种类由1种增加为6种，此外还有津贴及服务所得种种办法，给予清寒学生充分的奖助。以廿八年度为例，公费总数达1.85万元，免费总数为3314元，收效之宏可想而知。

在南昌的表姐也衷心替这位刻苦勤勉的表弟高兴。“他拿了一堆破旧的衣服和被单过来让我缝洗，并撒娇地找我要了点零花钱，就奔往那个后来他待了大半辈子的地方去了。”胡克珍回忆道。

多年以后，胡克珍向绪缨问起当初为何选厦门大学攻读会计时，他哈哈大笑，说因为据他所知，当时这所学校的学费便宜，成绩优异者还有可观的奖学金。看似简单的原因，却是双方的一次奇妙相遇，正是这次相遇，使绪缨之后几乎将全部的心力都倾注在了这所学校之中。

第二章

薪火相传八十春
先哲前贤德泽深

第一节

迁址长汀 东南半壁

从江西宜春的懵懂少年，到在南昌就读江西省立商业学校的青涩学生，再到报考当时已迁往福建长汀的厦门大学，绪缨的选择可谓既是必然也是偶然。

必然性在于，当时的厦门大学已迁至800里外的福建山城——长汀。厦门大学因此成为当时粤汉铁路线以东仅有的国立大学，也是最逼近战区的国立大学，撑起了中华民族高等教育的东南半壁。

长汀古称汀州，地处福建西部，武夷山脉南麓，南与广东相邻，西与江西接壤，为闽粤赣三省的古道枢纽和边陲要冲，位于崇山峻岭间，有福建西大门之称。汉代置县，唐开元二十四年（公元736年）设置汀州，是唐代福建五大州之一。从唐代至清代，汀州一直是历朝历代州、郡、路、府的治所，有“唐宋元明清皆谓金瓯重镇，州郡路府县均称华夏名城”之盛赞。

选择迁址长汀的背后，是校主陈嘉庚和时任校长萨本栋的苦心经营、费心斡旋。如今来看，这是个极具勇气和责任感的决定。

校主陈嘉庚曾提及，之所以创办厦门大学，一个重要原因与发展福建高等教育有关。

“本省（指福建省）当时我看到不但省教育水准很低，即（即使）

南洋的侨胞也不容易得到受教育的机会，我觉得祖国的同胞就使终身没有教育，到底还不失为中国人，而遥寄海外的侨胞则不然。他们不受教育（祖国的教育），他们就要被外人或土番所同化，这是个多么可怕的危险。”“吾闽僻处海隅，地瘠民贫，莘莘学子，难造高深者。”“念邻省如广东江浙公私立大学林立，医学校亦不少，闽省千余万人，公私立大学未有一所，不但专门人才短少，而中等教师亦无处可造就。乃决意创办厦门大学。”[1]

时任厦门大学校长的萨本栋对迁往长汀一事有过这样的论述：“一要留在东南很偏远的福建省内，以免东南青年向隅；二要设在交通比较发达的地点，以便利闽浙赣粤学生之负笈；三要选择优良的环境，以便员生安心教导求学。”[2]

私立时期的厦门大学虽在全国招生，但以闽籍和东南地区学生为主，闽籍占近2/3，其他依次为浙江、广东、江苏、江西等省。

报考厦门大学的偶然性则在于，同在江西省立商业学校求学、高绪缨一届的学长裘宗舜当时已经就读于厦门大学会计学系，二人在商业学校时便已熟识，裘宗舜曾写信给绪缨，向他推荐报考厦门大学。

绪缨先生在晚年曾回忆道，裘宗舜学长在信里对他说，厦门大学在萨本栋校长的带领下，一片蒸蒸日上的景象，虽然长汀环境稍微艰苦，但老师均是大方之家，学生刻苦努力，生机勃勃，是读书治学的理想之地。

正是在裘宗舜的推荐下，绪缨最终选择了厦门大学。由于绪缨和裘宗舜二人均是商业学校会计学专业毕业，根据当时厦门大学的规定，只能限定读会计学系。

---

① 引自陈嘉庚先生的演讲。

② 李静、熊超：《艰苦办学光耀今朝　自强不息铸“南方之强”——纪念厦门大学抗战期间内迁长汀办学80周年》，《中国教育报》2017年12月18日第6版。

裘宗舜曾说："本来如果不限定，我不会读会计学专业的。"尽管这是一次被动的选择，带着无可奈何的味道，但从此以后，无论是裘宗舜，还是学弟余绪缨，双双走上了会计这条路，再也没有改变过。

此后，二人关系愈加密切。裘宗舜毕业时，本来可以留在厦门大学执教，其导师陈德恒教授也希望他能留下来当助教教书，那时大三的绪缨已经对会计学理论兴趣甚浓，也有着留校执教的想法，曾劝过裘宗舜一起留下，但无奈造化弄人，裘宗舜和厦门大学最终还是擦肩而过。

据裘宗舜回忆："我愿意在学校里留下来。但是我在长汀水土不服，高烧不退，一年总有半年都在打摆子（疟疾）。那个暑假有一天，我人还在发烧，有一部便车停在那里，同学叫我上来回到赣州去过暑假。我就上去了。到了赣州，摆子也好了，也不发热了。所以我就在赣州待下来了。"①

于是，裘宗舜和厦门大学的9个校友一起进了当时的江西盐务局。凭着深厚的会计功底，裘宗舜很快搞懂了盐务局的会计情况，并很快当上了供销会计股的股长。

对于盐的买卖，当时有一套盐的供销业务的会计制度。这个会计制度比较新颖，一个特别的地方是采用应付凭单制。很多人都掌握不了，不会做，但厚厚的一本会计制度，裘宗舜凭借着扎实的业务基础，看了一两天就全部懂了。

毕业后，绪缨和学长裘宗舜之间依然保持着密切的联系。二人时常交流会计理论和实务，绪缨也会在信中告知裘宗舜目前最新的会计学理论。两位会计学大家的友情，从大学时期延续至耄耋之年，连绵不绝，愈发深厚，令人动容。

从绪缨到裘宗舜，他们所经历的厦门大学长汀时期，是厦门大学

① 《裘宗舜和会计的一世奇缘》，http://news.jxufe.edu.cn/news-show-30728.html。

百年校史中极为重要的历史阶段，时至今日，仍常被厦门大学师生津津乐道。

1937年7月1日，校主陈嘉庚无条件地把厦门大学交给国家。厦门大学由此转为国立。7月6日，著名机电专家、物理学家、清华大学教授萨本栋被正式任命为国立厦门大学第一任校长。时年35岁的他，成为全国最年轻的校长。

同年7月7日，抗日战争全面爆发。因地处海防前线，厦门大学面临的形势十分困难。但是，萨本栋认为祖国东南半壁的高等教育仍需维持。12月20日，厦门大学正式停课，经过3天的整装，24日开始向长汀进发。

从厦门到长汀行程800里，要渡过鹭江、九龙江，越过崇山峻岭。加上土匪出没、车辆罕见，300多名师生肩扛手提行李和书籍，走了整整23天才到达长汀。等人数到齐，萨本栋的清点结果是：学生239人，教职员工83人；其中教授18人，副教授4人，讲师8人，助教14人。

当厦门大学师生抵达长汀时，那里“举目凄凉无故物”，条件极其恶劣。学校以长汀文庙为办公场所，租长汀饭店给教授安身栖息，借一座破楼作为女生宿舍，男生则几十个人挤在大统仓式的宿舍里睡觉。[①]

1938年1月17日，学校正式复课。学生安排在县孔庙旁的平房里，每间住8人，通道中间置2张小桌。孔庙大堂的大成殿，成为学校的大礼堂，两旁的宽走廊隔成多间教室。

同年4月6日，厦门大学内迁长汀后的第一个校庆大会在长汀文庙大礼堂举行，学校作好了充分准备。长汀社会各界人士、校友、全校师生数百人参加庆祝大会，校长萨本栋身着中国传统正式礼服，主持了“嘉庚楼”奠基典礼。

---

① 李静、熊超：《艰苦办学光耀今朝　自强不息铸“南方之强”——纪念厦门大学抗战期间内迁长汀办学80周年》，《中国教育报》2017年12月18日第6版。

1938年4月13日，厦门大学《唯力》旬刊第4期载：“庆祝大会上，萨本栋详述陈嘉庚创办厦门大学的艰辛历程及其坚毅卓绝的伟大精神。”文章还写道：“的确，我们为纪念校主的大志，应该师生更加努力，继往开来，把本校过去的光荣历史，发扬光大之，这是我们纪念校庆的真意。”

校庆期间，厦门大学还举行了一系列丰富多彩的文体活动，举办了长汀首次体育运动大会。开运动会，没有跑道，没有沙坑，但这一切都没有难倒师生——田径以越野赛跑代替正规比赛；足球既没有场地，又没有对手，就在公园草坪上画下白灰线，竖起“城门”，组成两队比赛，一队称“厦队”，另一队称“大队”，结果“大队”以4：1胜“厦队”。校庆日，学校推出一系列抗战话剧，厦门大学师生和山城人民热血沸腾，同仇敌忾。

萨本栋说，在日军大举入侵我国的时刻坚持举办厦门大学校庆，一方面是向日本侵略者宣告厦门大学弦歌不辍的坚强决心和信心，另一方面也是希望借此凝聚人心、在山城长汀重振厦门大学。抗战时期，除1942年因特殊原因厦门大学未举办校庆外，每年4月6日，厦门大学都会举行一系列的庆祝活动。直到今天，厦门大学仍是全国为数不多的一所年年办校庆的大学。

在长汀时，为集思广益，办好学校，解决同学们的实际问题，萨本栋把全校男女同学分成20多组，每组10人左右，于每天下午分别与各组举行谈话会，并邀请两三位教授参加，内容包括时事战局、师生关系、课程作业、学校质疑、校舍设备、吃饭穿衣等，每次谈下来都要三四个钟头，但同学们还嫌时间太短。

萨本栋身为校长，在那个纷乱的时期，校务已十分繁忙，可是他始终坚持为学生授课，最多的一学期开设了5门课，每周都超过20个课时，是所有教师中课时最多的。石慧霞在所著《萨本栋传：民族危机中的大学校长》中说:“由于师资匮乏，萨本栋被称为‘O型’代课者，缺什么课的教师，他就代上什么课，同时他也是‘万能输血者’，什么行政岗位缺人，他就亲自兼任。”萨本栋曾先后兼任过文学院院长、训导主任等职。厦门大学教授郑朝宗曾说：“萨先生精力过人，他当校长还兼管各种杂务，新建筑的蓝图是他设计的，兴建时也由他亲自监工。”校园里有很多鲜花，萨本栋给每盆花编上号，早晨在校园里走一圈，哪盆花该浇水了，他都会及时把编号告诉花匠。

即便在如此艰难困苦的环境里，萨本栋对学生的教育也丝毫不放松。萨本栋说：“吾人应知此次战争，关系数千年固有文化之持续，将来永固国基之奠定者至巨。自今日起，务必急起直追，厉行节约，人力固不许浪费，须一身肩负二人之重任，一日急二日之操作。”厉行节约，“一身肩负二人之重任，一日急二日之操作”，就是当年厦门大学办学的一个特色。

他告诉青年：“以纯粹科学为终身事业的同学们，若被诘问所学有何所用的时候，可坦然地答复‘政客们将来可以由此征收税款’，这是法拉第氏研究电磁现象时回答英国首相的不朽名言。”

长汀时期的厦门大学，各部门办事精神连贯、通力合作，众志成城、患难与共，形成了充满生机与活力的组织向心力，学校像一个其乐融融的大家庭，大学成员同舟共济、齐心协力，培养出一批杰出人才，使得大学声誉大振。战时厦门大学被国民政府称为“国内最完备的大学之一”，并被美国地质地理学家葛德石誉为“加尔各答以东最好的大学”。

厦门大学从迁校时的文、理、商等9个系增至1945年的文、理工、法、商等15个系。学生内迁时有196人，到1945年发展为1044人。

与战时集聚西南大后方的高校不同的是，厦门大学始终在东南一隅办学，没有并校，没有改名，始终保持了组织机体的完整和独立。

厦门大学师生初到长汀时，街市萧条，尽是一片荒凉景色，令人有避地桃源之感。可是厦门大学来后的两年多，面目就大非旧观了。当时的长汀成了战区的大后方，又因处于闽赣交通要道，所以到的人多，经过的人也多。当时的长汀有大学、中学6所，普小15所，此外还有战时民众夜校60个，书局7家，民治日报、中南日报报馆2家。由于学校和沿海一带疏散的工人迁入，长汀城“更见百倍繁荣”。当时的媒体称长汀城像井水一样静穆，人口多，但没有一点战时的观感，除非“放警报”，城里难得有紧张的氛围，欢乐的事情也只有迎神和赛会才撩起一股兴儿。这些都使长汀一改教育落后的面貌，一时间读书上学蔚成风气，偏僻的山村也出了不少大学生，影响至为深远。[①]

长汀时期的厦门大学，克服了重重困难，实施了高水平的教育教学，弦歌不辍，培养出了一批又一批学界翘楚、政界名流、商界精英。

仅统计当选我国两院院士和美国国家工程院院士的校友便有邓从豪、林纺堃、谢希德、林尚安、曾融生、张存浩、葛文勋、张乾二、艾兴、苏林翘、张启先、田昭武等人，而在人文领域的知名学者有陈诗启、潘懋元、江举谦、韩国磐等。

包括绪缨先生在内的这批20世纪20年代出生的厦门大学校友，往往自称是“老长汀”。他们身上有着一些相同的精神气质：潜心钻研、不畏艰难、热爱祖国，即便在最艰苦的环境下，也能乐观积极地面对一切。这种独特的精神气质正是长汀时期厦门大学获得的最宝贵的精神遗产，为后世留下了“爱国、革命、自强、科学”的校风。也正是有着这样一群“拆下肋骨当火把”的先驱者拨开云雾，为后来人指引方向，才让厦门大学的文脉得以延续，在国内和国际上获得应有的地位和声誉，无愧“南强”之名。

① 陈满意：《抗战时内迁长汀的厦门大学》，http://www.chinawriter. com.cn/n1/2021/0813/c404063-32191535.html。

第二节

同学少年　踌躇满志

如今的人们已经很难想象，在抗战时期的中国东南部，想要拥有一方宁静的书桌安心治学，是多么困难的一件事。

据厦门大学档案馆馆长石慧霞在《抗战烽火中的厦门大学》中提及，抗战时期交通异常不便，大部分国立高校迁入西南办学，国家教育的区域分布严重失衡。

对于东部特别是东南各省失学学生而言，因为经济困难、路途危险等原因，是无法去西南大后方求学的。当时厦门大学学生多数来自东南诸省，他们普遍具有抗战背景下的忧患意识和艰辛生活历程：失学、家庭窘困、身体病痛及父母双亡或是单亲，烽火连天，许多地方已成为沦陷区，大家在精神上、经济上多失去了家庭支持。学生住在校内，因此，学校便成为学生的家庭，同学便是兄弟姐妹。

抗战时期的厦门大学享有“东南最高学府”“加尔各答以东最好的大学”的美誉。因此，能够进入厦门大学的学生普遍踌躇满志，备感珍惜。更加难得的是，学生们对在厦门大学的求学经历眷恋不已：“我感觉我的大学时代美得如一篇醉人的乐章，纯洁得似一湾澄清的溪流。”他们认为：“比起今日都市里的大学生，赶车上课，忙家教，忙派对，到头来仍挥不掉或多或少的空虚和烦躁，自觉幸福多了。”①

自1939年下旬占领南昌后，日军在1941年春天为攻陷高安、上高等地，摧毁赣江、抚河流域间的中国军队，消耗中国军队的反攻力量，发动了所谓的“鄱阳湖扫荡战”。这场战役史称“上高会战”，最终以中国军队获胜而告终。时任国民党军委会参谋总长何应钦称赞上高会战是“抗战最精彩一战”。

激烈的战斗也意味着交通全断。从已经沦陷的南昌到长汀，几乎穿过整个江西省，一路上大多为山区，全程400余公里，要走10余天才能到达。

商业学校附设的二职商店和二职银行为了鼓励学生考入大学，对经济有困难的学生，会给予一些经济上的帮助。但即便如此，从商业学校毕业后考上大学的学生仍然寥寥无几，与绪缨一届的江西省立商业学校的同学中，仅他一人考上了大学。

就这样，拿着实习机构发放的入学路费和衣物用品，绪缨和几个考上厦门大学的江西同乡一路风餐露宿，终于在学校报到的前几日赶到了学校。由于福州当时已经沦陷，新生很难准时到校，因此厦门大学当年推迟至10月20日才正式开学。

与绪缨同届的校友、1941级教育系学生、高等教育学家潘懋元自述对当时的场景印象深刻：“我到厦门大学报到那天，正好是中秋节。那天我到长汀时，已是傍晚时分，红日和明月同时挂在天边，晚霞将山川大地装扮得分外绚丽。这与第一次来长汀时（应考）的感觉大不一样，上次是陌生而神秘，这次有一种归属感和亲切感。”②

入学之初，新生要填写各种调查表（国立厦门大学学生人事调查表、入学愿书等）。调查内容的设计十分科学细致，甚至富有人情味。

① 石慧霞：《抗战烽火中的厦门大学》，河南大学出版社，2015。

② 同上。

在调查表里，新生除了填写必需的教育和工作经历、家庭人口及其职业、家庭经济状况、学费来源构成等，甚至还要填写学科兴趣、常阅读何种书、人生观、价值观等情况。

调查表有助于学校综合比较、科学合理地解决学生的具体困难。以人事调查表中有关学费的调查为例，学校除了要求学生填写学费缴纳情况外，还设计了学费来源构成调查，学生需填写学费是由家庭供给、亲友资助、地方政府资助，或是家族补助，并需估算每项来源占学费来源的比例。根据这项调查结果，学校进一步了解学生的家庭经济状况，在此基础上预测学生未来的家庭经济状况，并对学生作出科学合理的助学计划。

完成注册后，绪缨和同乡同学都拿到了一本教务处编印的《厦门大学学生手册》。在这份手册上，扉页便对学校校史进行了详细回顾："厦门大学是陈嘉庚先生在民国十年独手创立的。中国比陈先生富有的人很多，但是肯出巨资设立最高学府的，在中国历史上尚只有陈先生一个人。这一点是中国人，特别是厦大的同学，所应该时时不忘的。到民国二十六年，陈先生为谋全国高等教育的统一，将他苦心经营的厦大无条件地交给国民政府，这种大公无私的精神是全国人士所应模仿的。"①

时任校长萨本栋的开学致辞让绪缨印象深刻，有振聋发聩之感。

萨本栋校长在1941年的开学致辞中说到，大学教育必须强调学术研究和大学生的技能培养，这样才能提高高等教育的教学水平和学术水平。他指出："中国读书人最大的毛病，就是用脑而不肯用手。……处在机械时代，只能用脑而不会用手的人，在许多方面，他的机会与地位，都受限制。"

因此，萨本栋提出，"未到最后一课的时候，应加紧研究学术和培

① 石慧霞：《抗战时期的厦门大学——民族危机中的大学认同》，厦门大学出版社，2012。

养技能”，“本校一向对于学生程度之提高非常注意，在量与质不能兼顾的情形之下，对质的改良，比量的增加，尤为重视”[①]。

“最后一课”出自法国短篇小说《最后一课》，这是法国作家阿尔丰斯·都德写于普法战争结束的第三年（1873年）的一部著名短篇小说。小说的背景是1870年9月，普法战争中法军大败，拿破仑三世被俘，普鲁士军队长驱直入，占领了法国的阿尔萨斯、洛林等三分之一以上的土地。已经被割让给普鲁士的阿尔萨斯省的一所乡村小学，里面的学生被侵略者强迫放弃自己祖国的语言，而改用德语上课、教学、讲话。在自己的语言就要被强行取消的最后一刻，一位叫韩麦尔的普通老师，穿上自己最美丽的礼服，向一群孩子讲最后一堂法语课。他向学生诉说法语是世界上最美丽的语言；而一个平时讨厌上法语课的孩子小弗郎士，正是在与祖国语言告别的最后一课里，发现了祖国语言的美和法语老师的伟大。

小说通过这个童稚无知的小弗郎士的自叙和心理活动的描写，生动地表现了法国人民遭受异国统治的悲愤和对自己祖国的执着。萨本栋借助韩麦尔老师坚持在法语存在的最后一刻讲完最后一堂法语课的故事，唤起厦大人即使在残酷的战争中也要坚守学习与研究的信念和意志。

只要不到“最后一课”，就不能放弃研究学习，这成了厦门大学在抗战中艰苦办学的很响亮的语言。

在最后，萨本栋叮嘱新生：“要注意了解本校过去的历史与优良的校风。新同学如遇不熟悉之事，不妨去请教旧同学或教职员。”[②]

走在长汀时期厦门大学并不算繁华的街头，看着周围神色匆匆的学生们，绪缨突然间感觉像是卸下了身上所有的疲惫。他知道，这里将会是他未来4年的家。

在长汀时期，东南各省几乎都成为沦陷区，学生家庭情况普遍较

---

① 石慧霞：《抗战烽火中的厦门大学》，河南大学出版社，2015。

② 同上。

差。厦门大学朴实的风气让贫困的学生们并没有遭遇来自同学的嘲讽。没有钱做西装，就穿棉布学生装；没钱买皮鞋，就穿布鞋、草鞋。因为在这里穿草鞋的，大有人在。甚至有同学用废旧的汽车轮胎自己做鞋穿。正因如此的氛围，很多人在这里养成了艰苦朴素、勤俭节约的良好作风。

有赖于厦门大学传承有序的历史档案，我们如今仍然能找到绪缨入学时的同学名单。

1941级　本科　商学院　会计学系

韦品瑚　叶洪声　余绪缨　吴新　陈文楚　陈濬　陈人信　陈仪藩　陈以源　李湖莲　杨善铎　花啸霞　应昌仁　郑菁　林尔芬　林敦宁　郭国鉴　胡润灌　郭洙舟　钱珂　姜文彬　费菊辰　黄式纲　黄月龙　葛裕昆　葛家澍　李宝文　李才　林骧官　徐嘉春　殷韵微[①]

如今，名单上的31人中，大部分人的讯息已无从查找。现在来看，这份名单上无疑是余绪缨和葛家澍这两位奠定厦门大学会计学派的泰斗最为瞩目。二人系同班同学，共同在厦门大学成长，各有所长，既良性竞争又互为补充，双双成为学界、业界公认的大师。这样的案例，在任何一个学科的发展历史上都是极为罕见的。一门双杰，可谓幸事。

除了余、葛两位先生外，通过多方搜寻，还有几位同班同学留下雪泥鸿爪，令后人回味。

据厦门大学会计学系汪一凡先生查证，在会计学系1945届毕业生中，有葛家澍、余绪缨和李湖莲三人留校任教。后来，李湖莲前往美国发展，从此便杳无音讯，葛家澍和余绪缨两位先生一直留在厦门大学工作。

① 《1939—1943级校友名录》，来自厦门大学管理学院官网。

1946年6月16日《厦大校刊》第一卷第六期记载，1945年上学期，正值台湾光复前夕，厦门大学1941级会计学系毕业生林尔芬去会计处工作，陈人信去民政处工作。这些厦门大学毕业生在台湾光复前集中前往“台湾行政干部训练班”进行训练。在接受训练后，这些毕业生先期赴台任职，在台湾光复接管过程中勇挑重担。

后来，陈人信还参与了建设台中港的项目。该工程经费由台省府筹出，第一期工程于1976年10月完成。每年营运量为180万吨。1941级土木系的厦门大学校友章家资任台中港筹备处副主任，后任副总工程师直至工程完工通航，1977年任台中港总工程师。在台湾港务系统，共有18位校友先后供职其中，陈人信作为管理人员在台中港项目建设中发挥了重要作用。

巧合的是，除了余、葛两位先生外，还有两位同班同学也进入了教育领域。

林敦宁，祖籍福州福清，1945年毕业于厦门大学会计学系后，先后在美国乔治·华盛顿大学、美利坚大学进修。1951—1962年，任台湾“行政院”主计处第1局（会计局）科长；1964—1972年，任台湾“行政院”国际经济合作发展委员会专门委员；1961—1985年，兼任东海大学会计学系主任，东吴大学、辅仁大学、淡江大学、铭传女子商业专科学校（今铭传大学）教授；1974—1985年，历任台湾中国造船公司会计处经理、财务处经理、副总经理、高级顾问；1987—1988年，担任东吴大学会计学研究所所长，1989年，任会计学系及会计研究所教授。著有《中级会计学》、《高级会计学》、《初级会计学》（翻译）、《成本会计》等。

厦门大学毕业生满腔热情赴台参与光复重建。据统计，1945—1949届厦门大学毕业生赴台300多人，占毕业生总数近30%。特别是长汀时期的厦大学子，在交通、电力、电信、水利、教育等方面成为骨干力量。

至20世纪70年代，助力台湾跻身“亚洲四小龙”的“十大建设”中，有六项由长汀时期的厦门大学学子主持或参与主持。

“我们是带了一颗热诚的心、学习的心、为台胞服务的心。”1947年，赴台工作的厦门大学校友黄子铮给母校寄信。他在信中写道：“我们知道自己最大的安慰，那就是每个校友在各地工作，都给予当地的人民十二万分好感。闽南语是说‘有人气’‘风评好’‘真优秀’。就这点看，可以说我们仍一本来台的初衷，不受俗流所熏染。我们能自爱，能爱人，我们都深深地永远地牢记着母校校训，我们要将我们的学识、经验、心境求到‘止于至善’。”

另一位同班同学胡润灌则是在1975—1978年担任马来西亚霹雳育才独立中学的校长。这所学校是马来西亚历史最悠久的两所华文中学之一。

对马来西亚的华人而言，这所学校有着非同寻常的意义，从1907年创校至今，这所古老中学仍然散发着勃勃生机。这所学校的创建，记录了早期华人筚路蓝缕，在本土开天辟地、创业、兴学的奋斗历程，更记录了20世纪初华人在多元社会的环境中，从侨民到公民，从反殖到独立，推进社会进步与当代国家建设的诸多贡献。

在风云际会的环境之下，厦门大学以其一衣带水的地缘优势，以及拥有大批优秀毕业生的人才优势，对光复后的台湾地区各项事业作出了巨大贡献，其历史功绩永远闪烁着灼灼光辉。无论何时何地，“老长汀”都在自己的岗位上发光发热，为中华民族的复兴事业作出贡献。

第三节

艰难岁月 苦中作乐

1941年前后，中国东南大部分地区陷入战争的水深火热之中。长汀虽因地理位置尚无日军攻占，但物资短缺、停水停电的情况经常发生。然而，这一切都没有令厦门大学的师生放弃读书和研究。在校长萨本栋的领导下，对学生的严苛程度甚至有过之而无不及。

在人才培养理念与培养方式上，萨本栋采取的是美国芝加哥大学的通识教育思想和清华大学的通识教育理念，他尤其重视大学一年级的基本课程教学。

萨本栋的夫人黄淑慎曾说，丈夫是“以他在清华的标准来办厦大和教课的”。在厦门大学，萨本栋遇事都会请教时任清华大学校长的梅贻琦。在造就人才方面，当时清华校长梅贻琦认为：大学不应该培养只有专门技术的“高等匠人”，而应是“周见洽闻”的“完人”。他提出注重学生综合素质和人格修养的通才教育。[①]

当时国民政府提出的教育政策是“提倡理工限制文法”，但梅贻琦却不管国民政府的政策，在清华只提“提倡理工”，绝口不提“限制文法”。他主张，大学首要任务不在授予学生以专门技术知识或职业训

① 佘峥：《厦门大学老校长萨本栋：累死自己办南方清华》，https://news.sina.com.cn/c/2006-03-27/10418539615s.shtml。

练，而在传授学生一些普通自然科学、社会科学和人文科学方面综合的基础知识，以培养一批具有政治头脑与治世才干、多方面书本知识与文化教育的高级知识分子，他说：“窃以为大学期内，通专虽应兼顾，而重心所寄，应在通不在专……通识为本，专识为末。”

厦门大学的课程体系便是由“通识”这一教育思想而来，萨本栋将语文、外语和高等数学确定为全校的必修课，一年级必修国文和英文，不及格要重修，再不及格则退学。除此之外，各学院还必须在中国通史、政治学、社会学三者中任选一门为各院系的共同必修课。

当时科学救国的呼声很高，不少学生认为只有科学才能救中国，漠视文科学习，萨本栋就给学生讲鲁迅弃医从文的故事，说明人文学科和社会科学的重要性。他甚至主张大学一年级不分院系，到大学二年级时才视学生的学科成绩予以审核，不达标准者不予选系入系。

学制实行严格的学分制，学生在大学四年里可选主系和辅系，需修满不同的学分才能毕业。考试与考核分平时、学期和毕业三种。在毕业与否的决定上，他遵循陈嘉庚创办“世界之大学”的愿望，特别要求厦门大学学生掌握良好的英语技能，学生毕业前须通过英语的特殊考试，不及格不发毕业证书。毕业前的英语考试有两种形式，学生可以任选一种。其一是由考生任选一本英语书，经三位考试委员会认可，阅读后在三位考试委员面前口试；其二是事先不确定考试范围，由三位考试委员任意考试。

在长汀时期，学校对学生的课业学习要求十分严格。萨本栋为此采取了一系列的教学措施，以保证教学的质量。其中，萨本栋特别强调学生掌握语文和外语的基本功。他为此制定并颁布了《国立厦门大学语文特殊试验办法》，规定每学期开学后第四星期中举行考试。考试内容分国文和英文两种，方法是：国文须当场作文一篇，文言文或白话文均可；英文经导师同意选择英文读物自读，读物不得少于6万字，于应试时交出300字的读书报告一篇或由主考人任选英文读物考核学生的自读能力等。

萨本栋曾说："假如一位大学毕业生连中英文都不通顺，要他何用？"为此，厦门大学还特地开设了英语补习班，让英文差的同学编班学习，萨本栋的夫人黄淑慎亲自在补习班义务辅导。[①]

正是在大学期间，绪缨之前相对薄弱的英文功底得到了快速增强，为日后的学术研究，乃至对外交流都打下了极好的语言基础。

沈祖馨在《忆萨校长》一文中写道："说起英文，他（萨本栋）非常重视。国文也一样。他认为中英文是求学和就业最重要的工具。"

除了中英文，通识教育也必不可少。

萨本栋要求文科学生必须要有一定的自然科学知识，理工科学生不能没有社会科学知识。此时的厦门大学，实行严进严出的原则，每年被淘汰的学生不少。对于毕业生的考试要求也很严格，一般3人中至少有1人不能按时毕业。学校还实行严格的导师制，对学生的学习生活各个方面进行指导，且作记录以便更好地了解每个学生，引导学生的发展。

相比如今的课程，长汀时期的课程十分紧凑。绪缨入校时，会计学系归属于商学院，成立不到一年，师资力量也不够充足。

一位商学院的校友回忆道，因为功课关系，他们都是在早上5时30分前就起床了，绕操场跑上一刻钟，读一两页英语，然后吃早餐；第一节的功课是从6时开始的，每节50分钟，文法二院的功课多半集中在上午的时间，商学院和理工学院则因实验和实习的关系，下午也很忙。[②]

每天早上，绪缨和同学们都要早早起床，提前去教室抢座。因为清晨的长汀，晨光熹微，教室里昏暗一片，视线极差，坐在后排往往就看

① 石慧霞：《抗战烽火中的厦门大学》，河南大学出版社，2015。

② 黄启元、戴立丰：《厦门大学在长汀》，https://www.sohu.com/a/319606340_100032211。

不清板书内容。因此，早课的第一排座位往往是爆满。

在长汀时期，厦门大学新生一年级推行的是国文与英文基础课，二年级开始的专业课程则大多采用美国著名大学的教材和参考书。由知名教授、专家权威亲自讲授基础课。

> 第一学年的科目有：历代文选、英文一、高等算学、商业史、会计学一、经济学和海商法（商法二）。
>
> 第二学年的科目有：高等会计、财政学、货币银行学、统计学、工商管理与组织、法学通论。
>
> 第三学年的科目有：成本会计、政府会计、经济地理、高等算学、公司法（商法一）、保险法（商法二）和所得税会计。
>
> 第四学年的课程有：银行会计、铁道会计、市场学、财产保险学、审计学、会计报告分析、英文专书选读和民法概要。

除此之外，还有每一学年都要学习的必修课，包括三民主义、军事训练、体育和伦理学。

在会计学系，学生没有教科书，都是教授事先写好讲稿，照稿讲授， 学生当场记录，下课再消化和整理笔记。据裘宗舜回忆，他读完四年书时，整理好的笔记本已经装了膝盖那么高的一大篮子，如果直接排版发表的话，就是现成的教科书了。

位于南京市玄武区的中国第二历史档案馆如今仍保留着绪缨当年的毕业成绩单，即国立厦门大学商学院会计学系毕业生余绪缨学业成绩表，从中可以窥见当时绪缨先生在学校的奋发图强之精神。

从这份成绩单来看，大学四年来，绪缨的学业成绩可谓“渐入佳境”。除了大一的基础课程有小部分低于80分外，大二之后，几乎所有课程，尤其是会计相关的专业课程，都拿到了极高的分数。如大二修习

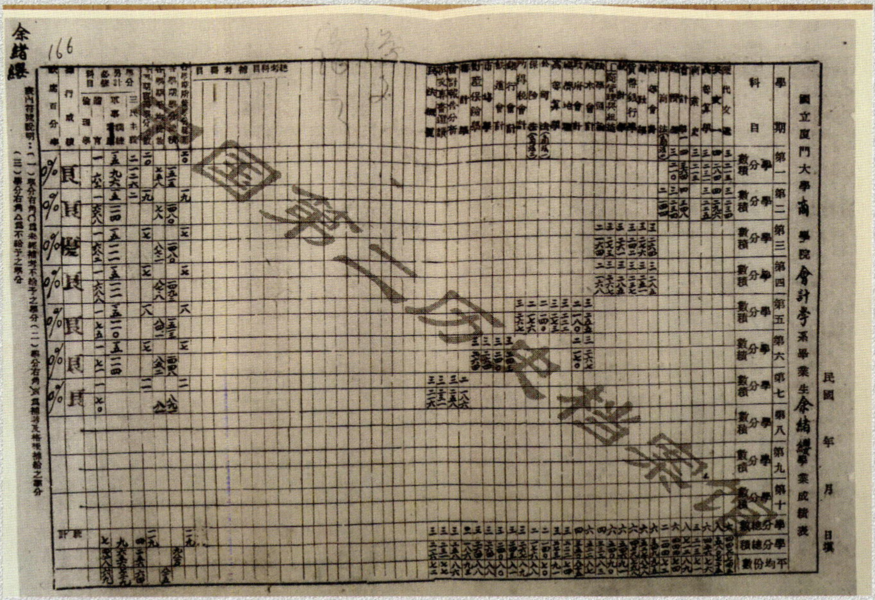
國立廈門大學商學院會計學系畢業生余緒纓學業成績表

民國　年　月　日填

余緒纓先生大学成绩单

的几门会计课程，绪缨的最终成绩基本都在90分以上。

摘录部分科目成绩如下：

> 会计学一：89分；高等会计：91.5分；统计学：91分；工商管理与组织：90分；高等算学：91分；所得税会计：89分；审计学：93分。

在最后的成绩汇总一栏中，绪缨四年的学业成绩平均分为82.5分。所录的7个学期中，有6个学期的操行成绩为良，1个学期的操行成绩为优。

这份成绩看似平平无奇，但在长汀时期，对学生的考核极为严格，能够取得80分以上的平均分，远比世人想象中困难。

在抗战时期，迁到长汀的厦门大学，尤其是萨本栋任校长时，教学仍抓得很紧，引进了一些洋教授。绪缨很珍惜进入高等学府学习的机会，下苦功钻研专业知识，以及洋教授传授的课程，过着书呆子式的生活。

葛家澍对此也曾有过回忆："虽然条件艰苦，但学校的教风、学风却是一流的。""当时全校只有四五百个学生，每个系的学生人数很少，有的系甚至只有两三人，尽管如此，学校依旧照常开课，而且教学非常严格，考进厦大并不代表可以从厦大毕业。""教务处会把每次的考试情况贴在教务处的窗户上，如果50多分画个圈，49分以下画红色三角形。每一学年若有1/2的课程不到60分，1/3的课程不到50分就得自动退学了。我记得，第一学期末，学校的信箱里塞满了通知学生自动退学的小纸条。"①

而在绪缨的成绩单里，没有一门课程的分数低于70分。从中可以窥见，即便在当时人才济济的厦门大学，这份成绩也足以瞩目。更值得

① 华莹、孙月玲、周泓辰：《葛家澍教授：翘楚凡影 踏歌而行》，https://se.xmu.edu.cn/info/1055/5243.htm。

一提的是，7个学期的缺席率，绪缨均为0，在学校中的勤勉刻苦可见一斑。

严入严出的教育环境，是校长萨本栋为厦门大学带来的改变之一。面对严酷的战争局势和无比艰苦的学习条件，萨本栋想的却是储备好战争胜利后的建设人才。因此，他特别注重从大学一年级就开始对学生进行培养训练，厘定了一个独特的厦门大学一年级课程“基本哲理”，即：“要思想纪律化，最好去研读数理；要知道祖国的可爱，应当温习史地；语文不通顺的人，在学术界不会有地位；不动手做实验，休想控制大自然，以造福于国家及人群。”①

正因如此，无论是经济学系还是会计学系，对学生的阅读量都要求极高。在没有课的时候，绪缨和同学经常到阅览厅里读书看报。根据课程的要求，商学院的学生要在一、二年级的4个学期中，把亚当·斯密的《国富论》、李嘉图的《政治经济学及赋税原理》、马克思的《资本论》、庞巴维克的《资本肯定论》和一般的经济学理论书籍阅读一遍，可见课程要求之高，难度之艰。

一位教授曾发文盛赞道：“厦大的同学实在太勤勉了。厦大同学可说大部分都是敬惜光阴、爱书如命的英雄好汉，无论上课或节假，无论在图书馆或野外，你常可发现他们不是在温习功课，便是在阅读书报，这种勤勉的风气是形成厦大声誉的主要原因。”②

幸运的是，由于厦门大学的预判，厦门大学图书馆里的大部分图书，以及部分仪器设备等已提前通过木船从九龙江上游运到福建龙岩的和溪镇。厦门大学在和溪镇买了一幢房屋，将一些不常用的图书存在那

① 陈华：《以萨本栋校长为代表的艰苦办学的自强精神》，https://alumni.xmu.edu.cn/info/1020/2473.htm。

② 黄宗实：《苟利国家生死与且育英才汀水边——略谈长汀时期厦大校长萨本栋》，https://alumni.xmu.edu.cn/info/1023/2012.htm。

里，然后才将常用的仪器、图书用汽车辗转运到长汀。因此，厦门大学的图书馆藏并未遇到严重破坏。

长汀地处闽西偏僻山区，为孤立的“小后方”。厦门大学迁至长汀时，全县只有省立长汀初级中学一所，小学也不多，农村还存在许多私塾，厦门大学是长汀唯一一所大学。“小后方”不仅文化基础较差，且山川险阻，道路崎岖，交通非常不便。与西南联大相比，厦门大学信息较为闭塞，与外界的学术交流较少。在非常不利于开展学术交流与对话的环境下，长汀时期的厦门大学想方设法创造出生动活泼的学术氛围。

当时，学校的一些知名教授纷纷在地方报纸上开辟种类颇多的学术性专栏，校长关心并亲自参加学生社团的活动。每个系成立本专业的学会时，萨本栋校长都会亲临学会，支持其发展；全校性社团，如铁声歌咏团、诗与木刻社、木屋学会等，更是在萨本栋、周辨明、施蛰存、黄开禄等多位著名教授直接帮助下成立并壮大起来的。

当时，学生在这种良好的学术风气下，成立了一批学生学术团体，并出版多种学生刊物。例如，成立了数理学会、中国文学会、教育学会、化学会、经济学会、机电工程学会、生物学会、法律学会、政治学会、华侨学会、木屋学社等社团，出版的刊物除由战时后方服务团编辑的综合性刊物《唯力》外，还有《语言文字导刊》《教育周刊》《经济》《巨图》等学术刊物。刊物的出版和学术讨论风气，对于学生的学习质量提高和基本功训练，无疑起着积极的推动作用。

其中，学生自办杂志《唯力》受到众多学生的追捧。

绪缨记得，每次《唯力》刊印后，班内同学总是轮流传阅，并时常就其中的时事问题进行辩论，争论者面红耳赤，到最后甚至撸起袖子，大有一言不合就动手的态势，还需要周围同学安抚半天方才消气。

当时的政治经济学会在厦门大学的商业系影响极大，会计学系内也有不少学生是该学会的会员。《唯力》上曾刊载了两篇政治经济学会公开演讲的文章，分别是杨振先的《国际新局面与中国抗战的前途》与崔宗埙的《中国租界问题（上）》。政治经济学会不仅组织了有关抗战的公开演讲，还根据当时的抗战局势选择辩论主题举办辩论会，《唯力》第一卷第十期《厦大动态》一栏报道了政治经济学会举行的以“如果第二次欧战发生对于中国是否有利”为辩题的辩论赛。另外，英文学会也开展了以“中国应否即行征兵制度（conscription）”为辩题的辩论会。

虽然地处长汀山区，交通不便，但《唯力》通过各地转学来的学生，以及厦门大学远播在外的声誉，约到不少外地专稿、特稿，尤其是那些极具时效性的时局评述，这使一份内地刊物长期与全国各地保持着联系。

另外，当时的厦门大学，人才济济，学术氛围浓郁，《唯力》亦未能超脱此氛围之外，但办刊者却能注意将学术与救国结合起来，相应文章发于《唯力》的《报告》《时事评述》《专载》《通讯》《长汀社会》等栏目。

这些栏目有的直观上似乎是无关的，但经办刊者妙手编排，却都是紧紧围绕抗日救亡这个宏旨，即便是文艺、诗词、书评等毫不起眼的栏目，也是介绍祖国大好山河，或以诗词格律推荐阅读古往今来爱国志士的遗存文集，也都是鼓励爱国，激发杀敌，渗入了时代的主题。

不少教师和学生有关时事的学术文章也会刊发其中。如《战时财政问题》《中日宣战问题》《生产以裕战时粮食》《化学工业与战争》《从火药氛围中认识火药》《怎样加强农业生产以裕战时粮食》《商学关系中国之重要》《动员细菌乎》等学术论著，从财政学、国际法、化学、农学、商学、历史学角度，无不围绕抗战需要的理论与科学技术方面进行探讨，《唯力》正确地处理了抗战与学术的关系，作为救亡期刊又带有学术性，在战时刊物当中是不多见的。

《唯力》在办刊上还有一个特色，那就是译稿在刊物上占了相当的比重。厦门大学外语人才众多，虽迁长汀办学但与国外仍有联系，《唯力》辟有一角称“外论介绍”，就是专登那些外刊译选，如《动荡中的远东风云》《远东的纠纷》《最近国际的进展与中国的关系》《美国远东政策的歧路》等，使读者能够及时知晓国外局势发展的最新动向。

在诸多刊文中，绪缨对几篇关于日本财政状况的文章印象颇深，这几篇文章启发了绪缨去关注外国的经济情况，当时大家都十分关心日本、美国、苏联这几个国家，它们的经济问题，讨论的也是最多的。

日本是个小岛国，资源匮乏，随着战争的持续，国内经济形势必然日趋严峻。黄怀恩刊登于《唯力》的《日本的战时经济》一文明确指出：“现代的战争，与其说是军事的，毋宁说是经济的。一个国家的全产业全经济决定了战争展开的形态，而且是决定胜败的主要因素。这在先天不足和后天失调的日本帝国主义看来尤其重要。”文章分析了日本经济发展的种种矛盾：重工业和轻工业发展不平衡，日本国内市场狭隘，对外贸易依赖性强等。文章进一步揭示，“日本战时经济已犯上了三种不可救药的病症：荒芜产业，疲敝的经济，庞大的战债”，并断言这三种严重病症将决定中日战争的将来。

《战时财政问题》一文指出，日本每日须支出战费1500万～2000万元之多，假使战争愈持久，战区愈扩大，帝国主义者的总崩溃就在眼前，最后的胜利是属于我们的。该文由时任厦门大学银行学系主任冯定璋撰写。他同时也是绪缨等人的科任老师。

这些文章开拓了绪缨等人的视野，让他们从经济的角度去分析战争，这对绪缨这些学会计、学银行的人，也多了一丝鼓励和安慰。原来专业学得好，也可以为抗战作贡献。

社团的存在也丰富了学生们的业余生活。长汀时期的厦门大学剧团排演的原创剧目《燕市风沙录》在1943年获得国民政府教育部优秀话剧奖。编剧是中文系讲师，后成为台湾省著名文学理论家、戏剧家的王梦鸥。同时获奖的还有老舍、赵清阁的《桃李春风》，于伶的《杏花春雨江南》，郭沫若的《南冠草》，曹禺的《蜕变》等13部话剧。长汀时期厦门大学剧团的影响力可见一斑。

第四节

文明精神 野蛮体魄

除了抓语言和通识教育，萨本栋对学生的健康情况也是前所未有的上心。

正是在长汀期间，厦门大学开始了吃米饭免费的传统，并一直延续至今。据潘懋元回忆：

> 厦门大学之所以选择搬迁到长汀去，还考虑到一个因素，那就是要有充足的粮食，没有充足的粮食是不行的。长汀这个地方，你想吃鱼、吃虾很困难，但是粮食比较充足，要吃饱饭还是可以保证的。古代，这个地方曾被称为汀州府。我们在长汀生活的那些年，可以吃饱饭而且在学校吃饭不要钱。我想现在厦大学生米饭免费就是厦大长汀时期留下来的传统。我们当时吃白米饭由你吃，你能吃多少就吃多少，不算钱。但菜呢，只能吃到清水煮白菜。为了给学生补充必要的蛋白质，在非常艰苦的条件下，萨校长想方设法，早上一定会给每位学生一碟黄豆补充营养。[①]

① 《1941级潘懋元学长在厦门大学纪念内迁长汀办学80周年大会上的发言》，https://alumni.xmu.edu.cn/info/1020/2088.htm。

山城中的厦门大学学生，每月的伙食费大致10元，这10元如何安排，学校亦煞费苦心。在主要的粮食上，厦门大学从邻近的宁化粮区买谷子碾米，因为100斤谷子可以碾出81斤米，所以厦大人称之为“八一米”。早餐是稀饭和一小碟黄豆，中餐晚餐是干饭和一碟青菜。全校800多个学生，大概每天合起来只吃两斤猪油，逢年过节，校长萨本栋便赠送给每个学生一片猪肉增加油水，这让学生感到很温暖，每次都吃得津津有味。

因为是战乱，许多家庭流离失所，已很难有稳定的收入来支撑孩子们上学，更多的学生只能靠政府发放的战区学生学习贷金生活。厦门大学对于来自沦陷区、没有经济来源的学生，多方争取“战区贷金”和社会捐助的救济金。依靠“战区贷金”和救济金生活的厦门大学学生一度达到在校生的70%以上。为了让更多的学生享受到学习贷金，厦门大学规定每位学生每月的学习贷金一般不超过8元。

厦门大学一个获得“战区贷金”的学生回忆说，当时他们在学校食堂吃米饭和青菜都不用交钱，只要登记一下就可以了。到毕业时，由于法币贬值，所欠贷金已微不足道，所有贷金无须归还。[①]

1939年，萨本栋为帮助学生解决温饱问题，多方争取到的补助有：教育部贷金及免费九千余元，江西省政府奖金及贷金五千余元，福建省政府奖金八百余元，闽西学生救济委员会救济费七百余元，学生自助委员会二千余元，母校经常费支付及筹捐三千余元，共计二万二千余元，基本上解决了全校贫苦学生的生活所需。[②]

萨本栋鼓励学生积极参与社会实践进行自我救助，据史料统计，

① 潘懋元、石慧霞：《长汀时期的厦门大学与西南联大之比较》，《厦门大学学报（哲学社会科学版）》2008年第5期。

② 石慧霞：《抗战烽火中的厦门大学》，河南大学出版社，2015。

厦门大学学生有一半以上曾兼职打工补足求学费用。厦门大学学生进入长汀社会各个阶层，担任了各种各样的职务。许多厦门大学学生到长汀中小学兼任教师，受到学生和家长的普遍欢迎。可以说，进入厦门大学之后，学生的生存得以保障，奖学金、助学金、贷金、闽西救济金等各种津贴，使得每个学生挑灯夜读时，不用再考虑“第二天的饭钱”如何解决。

绪缨考入厦门大学后，经常性的经济来源是“战区贷金”，沦陷区的学生可以因此不用缴纳伙食费，以及“嘉庚工作金”，主要工作是帮助会计学系的正式助教批改一部分作业，以及协助整理讲义、资料等，每月有一些固定收入。此外，“嘉庚奖学金”，一学年评选一次，评上的每月固定发些奖金。另外，同乡的舒海华等人也给过一些帮助。

1937年春，陈嘉庚写信给当时的南京国民政府教育部和福建省政府，提出自愿无条件将厦门大学改为国立。国民政府教育部为纪念陈嘉庚的功绩，在厦门大学特设咨询委员会，以陈嘉庚为永久会员，并设置“嘉庚讲座教授”（一种特殊荣誉）和“嘉庚奖学金”。在长汀时期的厦门大学，“嘉庚奖学金”的竞争极为激烈，获奖者无一不是刻苦努力、品学兼优之辈。

学生们缺少荤腥，平日里就吃素，但大多会参加体育锻炼强身健体；没有课本，仅教授们口授，学生们也都努力记笔记。艰苦的环境，艰难的抗战，反而激发了学生们的学习热情和报国热忱。

据厦门大学人文学院教授朱水涌在《厦大往事》中所载：

> 首先是长汀缺乏起码的教学生活设施，政府拨给厦大的校舍只有原为龙岩专署办公用的一座文庙，加以修葺后也只能是勉强可用，教职员与学生宿舍就没有着落了，教室、实验室就更是云中雾水中月，摆在萨本栋面前的难题首先是解决师生最基本的生活学习

设施。厦大先从伦敦公会借得一座中诚楼，暂时作为女生宿舍；租得旧的长汀饭店加以改造，当作教授的栖身之所，如此因陋就简地先将师生作了安顿后，厦大就这样开始了一边开学一边建设的艰苦奋斗的长汀旅程。

经过两年的求官拨地，搭建修葺，厦大人以树皮代屋瓦，以夏布代窗纱，陆续建成各类具有南洋风貌、静雅美朴的宿舍、教室、实验室、图书馆、办公房、球场以及躲避敌机轰炸的防空洞，总占地面积60亩，在那时，长汀城似乎经历了一场从未有过的大建设。但即使是这样，条件依然艰苦，新建的同安堂是男生宿舍，也只能采用大统仓式住宿模式，几十人挤在一起，经常要“坦诚相见”，虽住宿条件很差，统仓的气氛却是其乐融融。

多年后和校友后辈回忆起当年的求学情景时，1942级会计学系的楼庆帆曾感慨，长汀是闽西的好地方，气候宜人，山清水秀。学校没有围墙，早晚同学们相约到景点散步，节假日到汀江里戏水。“四年始终沐浴在爱心和阳光之中，德、智、体全面发展，是一生中度过的最美好时光。”①

在那个年代，娱乐项目匮乏，好在长汀多山。爬山是厦门大学师生都十分热爱的一项运动。绪缨抽空便和同学一起溯源汀江。越往上走，路途便越艰险，往往要手脚并用才能攀岩而上。但“无限风光在险峰”，山崖越是陡峭，风景便越是雄浑瑰丽。在这几年里，长汀不少山林里都留下了厦门大学师生们的足迹。大家在山林野溪边嬉笑打闹，放松休息，好不自在。

正所谓“文明其精神，野蛮其体魄”。据1939级会计学系的乌通

① 叶炳栋：《浓浓爱校情，拳拳报国心——记厦门大学已故校友楼庆帆》，https://alumni.xmu.edu.cn/info/1020/3351.htm。

元回忆，在去长汀之前，他不爱运动，身体也比较虚弱，有高血压，心脏也不是太好。刚到学校的时候就因为通不过体检而吃了闭门羹，不能注册学习，只好暂住旅馆休息，等体检通过了才正式注册。根据学校规定，体育不及格拿不到毕业证书和学位，而负责把关的是厦门大学的校医吴金声，他非常严厉，也很严格，同学们都挺怕他。乌通元只好买了一双草鞋，早上起来就到操场跑步，拉单双杠，拼命锻炼。

仅从校医吴金声便可以看出当时厦门大学的教师阵容有多么豪华。吴金声拥有华盛顿大学医学博士学位，曾参与发起创建厦门医院。在长汀时期，吴金声担任厦门大学医药科主任、校医兼体育卫生组主任等，并曾兼授动物生理学课 。

光谱专家谢玉铭教授刚到任，第一学期就开设5门课，每周25学时。傅鹰教授讲授普通化学，陈子英教授讲授普通生物学，李庆云、周辨明教授英语。朱家炘、黄开禄、洪深、蔡启瑞等知名教授任课每周都在10学时以上，相当一部分甚至超过20学时。强大的基础课讲授阵容，即使是半个多世纪以后的今天看来，也是弥足珍贵。

除了自有的师资，萨本栋还经常利用自己的人脉资源，请其他学校的名师前来授课。乌通元说："萨校长四处聘请名师和有实力的老师来给同学们上课，当时厦大很多老师都是从清华大学过来的，在研究方面很认真刻苦，言传身教，让我们受了很大的教育，我还记得有一次晚上很晚的时候，学校让我们去听讲座，请的是当时中国最权威的矿业专家李四光。为了给同学们创造好的读书条件，萨本栋校长还拆了他自己的私人小轿车的发动机，用来发电给图书馆照明，所以一到晚上，周围一片都是黑乎乎的，只有我们的图书馆很亮，一片光明，读书环境很好。"①

① 乌通元：《忆长汀》，https://alumni.xmu.edu.cn/info/1020/ 2250.htm。

1944年下半年，正值国民党白色恐怖的统治时期，传播、学习马列主义要冒着极大的政治风险。时任福建省研究院社会科学研究所所长的王亚南应邀到厦门大学经济系担任客座教授，第一讲便是“马克思主义政治经济学”。这场讲座让所有同学都为之震撼。葛家澍清晰地记得，王亚南深刻地解读了《资本论》，阐述了商品价值与使用价值、商品价值与剩余价值的二重关系，并从商品出发分析社会经济现象和本质，剖析了资本主义商品包含的剥削与被剥削的关系。“我被王亚南教授渊博的学识、独到的见解和无畏的精神所感染了……”[①]王亚南对真理的执着追求和无所畏惧、大胆直言的风骨深深憾动了当时还是学生的葛家澍。

这场讲座同样给绪缨带来了极大的震撼。马克思的《资本论》是专业必读书目之一，但王亚南清晰简明的逻辑、与众不同的解读视角，给绪缨留下了极为强烈的印象。这也让绪缨开始对马列主义产生兴趣，他决定要从自己的专业视角，关注和解读苏联的经济制度。

长汀并非一方净土，外界的侵扰始终没有停息，即便是如长汀一般的偏僻山区，仍然频频遭受飞机的轰炸威胁。

在长汀，厦门大学师生们早已总结出了一套行之有效的“Biàng”（长汀话“躲”）飞机的方法。

在老师和同学的帮助下，绪缨以及这一届的新生也慢慢掌握了如何“Biàng”飞机。警报响起时，师生安静有序撤离，并不慌张。

据校友回忆，在长汀城的北山和东面的塔山，各有一个警报台。警报台有两种警报设备——可以鸣笛的警报机和升挂红灯笼的警报杆。

当敌机尚在远方时，警报机响长声数次，每次约半分钟。此时，警报杆升起一个红灯笼，这叫预备警报。当敌机快要来临时，警报机响好几声急促短声，警报杆升起三个红灯笼，这叫紧急警报。当敌机离远

① 华莹、孙月玲、周泓辰：《葛家澍教授：翘楚凡影 踏歌而行》，https://se.xmu.edu.cn/info/1055/5243.htm。

时，警报机响一特长笛声，约一两分钟，这叫解除警报。

预备警报拉响，商店关门，学校停课，行政机关停止办公，人们飞快地往躲飞机的场所跑去。半途如听到紧急警报，就地找个地方，隐蔽起来。解除警报响，人们心情放松，回到各自学习、工作和生活的地方。①

在长汀，可以“Biàng”飞机的防空洞有朝斗岩、霹雳岩、苍玉洞、石燕岩、通济岩，这些都是天然的岩洞。还有人工挖的防空洞，大大小小遍布山脚，甚至在居民房屋里面都有。但最长、最大的防空洞是厦门大学挖的北山脚下的防空洞，有几十米长，一米多宽，能容一二百人，离厦门大学教室、宿舍、办公场所很近。

在《笃行斋琐忆》中，校友李雪卿回忆道：“抗战期间，日机常到长汀骚扰。高处警报台挂一个红球，预报远处有敌机，挂两个红球表示敌机临近，管理我们女生宿舍的胖大嫂最关心警报情况，当她发现挂出两个红球时，便马上带着她三四岁的小女儿‘老妹’（长汀话小妹叫老妹，小男孩叫老弟）跑进笃行斋，大声喊叫道：‘红球两个！红球两个！’敦促大家赶快躲进防空洞。”

警报一响，防空洞里都是厦门大学的师生。刚开始，绪缨听到警报时也颇为慌张，但看本地同学一副波澜不惊的样子，似乎已见过诸多“大风大浪”。之后，再听到警报，他和几个外地来的同学就慢慢放宽了心，当作寻常事一般对待。

为激发学生和民众的抗战意识，厦门大学率先成立厦大剧团，师生以表演话剧的形式宣传抗日，呼唤人们团结起来反抗侵略。除了汀城，他们还到周边的县市演出名剧，如吴祖光的《凤凰城》、于伶的《女子公寓》、曹禺的《雷雨》、田汉的《再会吧，香港》、洪深的

① 何吉利：《忆抗战时期在长汀》，https://alumni.xmu.edu.cn/info/1020/2128.htm。

《飞将军》、王梦鸥的《生命之花》等。演出话剧《家》时，找不到小演员，萨本栋把儿子萨支唐拎出来交给剧团，命令儿子只能演好不能演砸。

抗战时期厦门大学学生演出的话剧在长汀影响极大，郑朝宗在《汀州杂忆》中写道："山城看不到电影，那一时期演话剧成为一时风尚，厦大师生颇有一些擅长此艺，他们演出了许多中外名剧……长汀人对话剧也感兴趣，每逢演出，他们辄扶老携幼，蜂拥而来，座无虚席。"厦门大学1945届校友鲍光庆在《长汀时期的厦大剧社》回忆道："在厦大我还演过由于伶编剧、王梦鸥导演的《杏花春雨江南》，由王梦鸥编剧导演的《燕市风沙录》（杨思文演主角文天祥）；还和朱植梅合演过《放下你的鞭子》……"厦门大学1947届校友苏仁骊在《汀州剧坛琐忆》一文中写道："最令我难忘的是1944年'三八'妇女节演出的巴金原作曹禺改编的《家》和杨村彬编剧的《清宫外史》……王梦鸥老师是我们的总顾问，分幕自导自排，再由总顾问复排……那时话剧运动风起云涌，先后有机电系的《钦差大臣》《燕市风沙录》，教育系的《万世师表》，法律系的《人为财死》等演出。"萨本栋校长7岁的儿子萨支唐则是在《家》中扮演了钻在新房床底下的小孩。[①]

正是在这样的环境下，这所出入于长汀防空洞的大学，形成了"爱国、勤奋、朴实、活跃"的校风，在国难当头中艰难复兴，奋力拓展。1940年8月，国民政府教育部举行全国性学业竞赛，分为甲、乙、丙三类。甲类为一年级学生国文、英文、数学三科竞赛，乙类为二、三年级学生各科系主要科目竞赛，丙类为四年级学生毕业论文竞赛。厦门大学选出参赛生甲类7名、乙类13名、丙类7名。甲类获奖者1名，乙类获奖者4名，丙类获奖者3名。按获奖人数与经费数评定，厦门大学名列第

① 《启五书话：王梦鸥和徐君藩亲笔信》，https://baijiahao.baidu.com/s?id=1664770439217050767&wfr=spider&for=pc。

一，排在前12名的国立大学还有中央大学、武汉大学、浙江大学、中山大学、西南联合大学、四川大学、师范大学，私立大学有岭南大学、东吴大学、复旦大学和省立重庆大学。在1941年全国专科以上学校学业竞赛中，厦门大学又有6人得奖，在全国最好的5所名校中再居首位，蝉联全国第一。在1943年的联合国论文竞赛和福建专科以上学校学生辩论会上，厦门大学又获得两个第一名。

据当时的媒体所载，“消息传出后，士林为之震惊。盖全国著名学府，比比皆是，想不到僻处福建边陲的厦门大学，实力竟如此雄厚”。

当时连续两届作为厦门大学学生代表参赛的林绍贤这样说：“其实母校所以有如此辉煌表现并非侥幸得来，因为：第一，母校图书仪器之疏迁，由于当时总务长策划得宜，保持得相当完整，尤其图书馆藏书的丰富，更非疏迁西南各大学所能望其项背。第二，因为母校环境良好，生活安定，苦读精研，蔚为一时风气。第三，母校校长萨本栋博士鞠躬尽瘁的本学精神及他言传身教的影响。”

厦门大学名声大振，东南数省的学子都以能到长汀厦门大学读书学习为荣。时任教育部部长的陈立夫对这所最逼近日军占领区的厦门大学“困处长汀，辛苦奋斗”，“尤深嘉慰”。

正如时任厦门大学外文系主任的周辨明在文章中概括的那样：从十里洋场的厦门到七闽穷僻的长汀，从雕栏石砌的高楼大厦到画栋剥落的破败庙宇，这期间，转变得太惊人了，不过这一转变，对于重生的厦大，却是十分有利的，这种经验可以说是有钱没处买的。[①]

---

① 黄宗实：《药利国家生死与且育英才汀水边——略谈长汀时期厦大校长萨本栋》，https://alumni.xmu.edu.cn/info/1023/2012.htm。

第三章

烽火连天忧国难
南天一柱鹭江滨

第一节

学科缘起 初识会计

学科和大师往往是相互成就的。

只有在学科发展的关键时期，遇到合适的人，二者才可以相互依存、相互成就。

民国学术史是中国学术史重要的篇章，民国时期是传统学术向现代学术转化的关键时期，也是现代学术体系创建的阶段，各个学科几乎都产生了创始人和奠基者，造就了一批学贯中西、融汇古今的大师。

从晚清开始，西方的自然科学被引进中国，在早期回国的留学生与外国学人的共同努力下，到民国基本形成了学科体系，建立了专门的教学和研究机构。

社会科学领域受西方学科影响极深。不少人文学科和中国传统的学问，是在采用了西方的学科体系、学术规范和形式后才进入现代学术体系的。如大学的文史哲院、系、专业或研究所，论著的撰写、答辩、评鉴，学历、学位、职称的系列评聘，学术刊物的编辑出版，学术团体的建立和发展等。

会计学即是其中的典型学科之一。虽说中国的会计活动久已有之，但始终未被重视，未形成学科进行研究。

中国古代会计制度经历了从文字叙述式到定式表达式、从单式簿记到复式簿记的演变过程。其中，单式簿记经历了从三柱结算法到四柱结算法的沿革，而复式簿记则经历了从龙门账法到四脚账法的演进。

早在《周礼》一书中便提到“天官”一职，有“以参互考日成，以月要考月成，以岁会考岁成”之说，这也是中国官方最早的会计记录，其含义是：通过日积月累的零星核算和岁终的总合核算，达到正确考核王朝财政经济收支的目的。

中国有关会计事项记载的文字，最早出现于商朝的甲骨文中。“会计”的命名、会计的职称均起源于西周。

孔子提出了中国最早的会计原则：“会计当而已矣。”意思是会计要平衡、真实、准确，这要求会计的收付存平衡正确无误，与目前的客观性原则相似。战国时期，中国还出现了最早的比较系统的封建法典——《法经》，其中就包含会计方面的内容和条款。

唐宋时期出现的“四柱清册”，无疑反映了当时生产与流通的兴旺程度。不过长期以来，会计活动一直被当作为财政、财务收支核算的工具，发展传播十分有限。

由于中国古代会计的重点在于实践，因此没有形成一支专门的会计研究者队伍。会计理论与会计方法创新不多，会计教育思想传播也不够广泛。

国家会计既是如此，民间会计就更加薄弱。几千年来，中国传统工业发展缓慢，民族工业十分落后，重农轻商的思想一直占据着意识形态的重要位置，人们对商业不十分重视，有“士大夫耻言货利”的说法。

民国时期著名会计学家徐永祚曾说：

> 我国会计道源甚古，周礼有司会，主天下之大计，计官之长，以参互考日成，以月要考月成，以岁会考岁成之事。则当时之制度已定可知，但其方法失传，且所载胥属国家财政，而私人经济未有

> 涉及，古公家会计之历史可追溯至周代，私家会计则因记载缺如，起源何代，创自何人？均属邈不可考，且有法无书，全凭口授，以致真意湮没，名实不符。
>
> 据记者（徐永祚自称）个人推想，记载之所以缺乏者，实因我国自古重农贱商，士大夫耻言货利，关于货利之事，均不屑记载，从事农工商者，又多为不学无术之辈，而不能记载，以致后之学者欲考查私家会计之起源及发展之经过而不可得。①

这导致了国内的第一批会计师及会计教育工作者大多是留洋归来、接受过西方专业会计学教育的人才。相比其他学科，这是会计学格外独特的文化背景。

在厦门大学会计学系读书的时候，绪缨的老师大多是留过洋的教授，中文英文非常好，上课的时候也常常中英混杂。教科书也都是美国、德国等大学的原版教材。绪缨随身会带一本小词典，遇到一些不懂的英文专业名词，时常要查询。在课堂上，老师语速极快，绪缨需要牢牢跟随着老师们的进度，否则一不小心就会掉队。

清朝末年，清政府在师范教育方面仿效欧美传统做法，视簿记为运用算术之一种，将簿记教学的内容列入算学之中。

《奏定初级师范学堂章程》规定:“先讲算术……次讲簿记之学，使知诸账簿之用法及各种计算表之制式。”

光绪三十一年（1905年）废止科举制度后，赴国外留学者逐年增加。当时除少数人被派往美、英、法、德等国学习武备、制造和驾驶学科外，大部分人被派往日本留学。据统计，截至1907年，留日学生已达150余人。在这些留日学生中，虽然绝大多数人是政治和师范专业的，但

① 曾劲：《中国古代传统的会计教育》，《中国民营科技与经济》2006年第2期。

也有一部分人是专攻商科和会计的。

他们人数虽少，能量却相当大。他们中的一些爱国志士归国后大都成为管理中国实业和从事会计教育工作的骨干，为中华民国初期公办会计教育奠定了良好的基础。正是在这样的环境下，会计学在中国逐步生根发芽，发展壮大。以上种种便构成了中国会计的独特底色。这类与传统账房先生（或称“司账人员”）不一样的新式会计人员，成为民国时期会计师的主要来源。

民国政府成立后，开始有部分大学开设经济类相关专业，设有簿记学或会计学课程。在公立学校开设会计学专业，对会计学教育而言无疑是大事件。在中国古代，会计职业算是实践教育，没有规范的教育渠道和教育方式。各地会计人员，即所谓的“账房先生”，来源复杂，往往是师徒传授，并没有专门的学堂或私塾传授。会计知识依靠看、做、传，技术也多为口头传授。教育方式并不成体系，如果不是自己的子女，则传授得十分有限，教授的内容也十分随意。

著名会计史学家郭道扬教授在《中国会计史稿》一书中曾指出：

> 六门之中，簿记与会计学课程的开设有了明显加强。如银行学门开设有“商业簿记学”“银行簿记学”和“会计学”；保险学门开设有“商业簿记学”“会计学”“统计学”和“应用统计学”；外贸学门、领事学门、关税仓库学门以及交通学门也分别开设有“商业簿记学”和“统计学”。

民国十年（1921年），复旦大学商学院开设会计学系，开创了我国公办学校系统培养会计人员的先河，复旦大学也就成为我国最早设置会计学专业的公办大学。

在大部分的高校中，由于经济学科同样是个新兴学科，因此师资大多不足，往往要挂靠在法学院或是法商学院旗下，会计学系作为经济学系中的一个分支，虽然并不受重视，但正是因为有这些涓涓细流，才最终汇成了会计学科在中国蓬勃发展的力量，最终形成磅礴之势。

相比同在厦门大学会计学系的同学，绪缨在学习会计学方面有着独特的优势：在江西省立商业学校时期，绪缨便已经接触到了会计理论和会计实务工作，因此上手极快，常常在学科考试中拔得头筹。

绪缨先生生前曾告诉其女儿，自己正是在南昌读书期间接触到了不少来自上海的新鲜理论，同时对会计学产生了浓厚的兴趣：

> 上海当时是全国的经济中心，汇聚着不少顶尖的会计学家，连我们在南昌读中专时的教材也是上海的会计师们编纂而成的，立信的教材我们用的是最多的。

在诸多民国出版的会计学教材中，由知名会计学家、会计教育学家立信会计师事务所创始人潘序伦编著的立信会计教材无疑是当时名气最大的一部。

潘序伦（1893—1985），中国会计界一代宗师，被誉为中国现代会计之父。他是不可多得的高才生，先后获得哈佛大学企业管理硕士学位和哥伦比亚大学经济学博士学位，是当时中国少有的在美国取得经济学博士学位的留学生。

1924年回国后，潘序伦任上海商科大学教务主任兼会计学系主任、上海国立暨南大学商学院院长。1927年1月，他辞去教授职务，创办了中国第一家会计师事务所，并创立了一个闻名中国的会计品牌——立信。20世纪20年代后期，先后创办立信会计师事务所、立信会计专科学校和立信会计图书用品社。

早在归国初期，潘序伦就写了《公司财政》和《簿记及会计学》两本书，引进了西方一些新式会计科学知识。在接触会计师事务所业务的过程中，他深感中国会计业务水平太低，不能适应民族工商业发展的需要。那时大学里研习会计科学者不多，教科书大多是外文原版，少数译著亦以簿记居多，缺乏高深之作。

罗银胜的《潘序伦传》记载：

> 为解决会计教材，潘序伦在会计师事务所内设置了一个编辑科，由他亲自领导，配备了一批专职人员，开始编译簿记、会计、审计等书籍，出版了一套《立信会计丛书》。
>
> 潘序伦吸取了自己学习会计时的经验和教训，对于会计教材的编撰，提出了四条原则：
>
> 第一，书的内容必须符合实际需要，有关理论和实务的论述，都要从实际出发，以满足社会需要为原则。对引进的国外先进学术，不是照搬照抄，而是结合我国的国情，在现行法规和工商惯例的基础上，适当采用。教科书分为初级、中级和高级三种课程，分别编撰。每书章节后都附有思考题和习题，供学生复习参考。书稿写成后，先作为讲义在立信试讲，经二、三学期试讲后，根据师生们的讨论意见，反复进行修改，然后由事务所编辑科审定编排，成为正式教科书，由商务印书馆作为《大学丛书》出版发行。
>
> 第二，文字尽可能通俗易懂，举例做到不厌其详，使读者能够无师自通。例如，《高级商业簿记教科书》由潘序伦亲自主编，经多人审稿校阅，精心推敲，务求通俗易懂。各章顺序由浅入深，由简到繁，循序渐进，并经实地试教，几经修订，设有教学进度分配表。每隔若干章，就设一章复习，要求学生反复演习，务求熟练掌握所学内容。结业前，还要布置一整套模拟式实务实习题，让学生去做，以求参加工作后能很快胜任工作。因之，该书为各商业企

业、会计学校广泛采用，修订过四五次，再版几十次，畅销国内外，直到上世纪七八十年代，台湾、香港等地还有人在翻印发行。

第三，译文力求统一，含义力求确切。译稿都经潘序伦亲自审阅，几番修正润色，力求译文统一，含义确切。如《会计名词汇译》一书，是鉴于当时我国会计名词极不统一，各种书刊的译法都不一样，给编译工作、读者和实务工作者都带来不少困难。于是潘序伦组织编译工作同人，不时探讨，收集了会计名词2400余条，每条先把国内会计书刊原有的翻译名词开列出来，然后从中选定一个适当的译名或者由他们暂拟定一个统一的译名，并加以注释。用词力求言简意赅，适合我国习惯用语。该书出版后，曾修订过两次，对统一我国会计名词起到了一定的推动作用。到1965年，还有人在香港冒以最新修订本翻印出版。

第四，编制注重合理，分高、中、初三种程度，分别编写。截至1936年底，立信编译的各类簿记、会计和审计书籍共有50余种。其中最主要的是潘序伦的《会计学》，它除论述普通会计所应包括的内容以外，还涉及公司会计、成本会计、解散清算及破产会计、遗产及信托会计等。对于预算控制、财产估价、决算报表分析、统计报表应用等当时比较新颖的会计内容，亦作了较深入的研讨。各章都列了许多练习题，便于教师施教，学生选择练习。是书之成，历时十四个月之久，潘序伦排除百务，专心从事，寒暑无间，并得到六七位同人相助，经多次修改，才得以付印。

《高级商业簿记教科书》是潘序伦的成名作，由其主编，并经多人审稿校阅，精心推敲，务求通俗易懂。从1929年起，该书随写、随印成讲义在夜校中使用，潘序伦让顾准利用夜间工余时间抄刻钢板，每张1500字，每天晚上可刻2张左右。顾准边刻边自学，对商业簿记这门学科逐渐熟稔起来。这年年末，也就是该书编写后期，顾准成了专任助理编辑，俟全书定稿誊正，他就到商务印书馆联系出版事宜，跑印刷所、当校对等。这本列入《大学丛书》的会计书，一炮打响，十分畅销，为各商业企业和会计学校所广泛采用。

在教材里，不仅有许多独到的见解，而且各章附有习题，可供自学。对无名师指引的学生而言，这无疑是十分具有价值的。在南昌苦读的岁月里，绪缨身边的同学，有不少人沉溺于灯红酒绿、声色犬马之中，举目四望，绪缨常常有书山之上竟无同路人的孤独寂寞之感。想必在此时，绪缨愈发能从一本本教材和专业书籍中体会到前辈会计大师的殷殷期望。当时的他应不会想到，自己未来也会成为会计学教育的举烛者之一，与其他大师并肩同路，以自己的身躯照亮未来中国会计学教育的坦荡通途。

潘序伦晚年在其回忆录中说："如果说我对我国会计学术有所贡献的话，当以编辑出版《立信会计丛书》为最。"20世纪初叶，我国会计业务水平很低，会计学术更是一块"处女地"，在大学里攻读会计专业者寥寥无几，如前文所述，教科书大多是外文原版，少数译著也以簿记居多，缺乏高深之作。在潘序伦的精心组织下，编辑出版了包括簿记、会计、审计等内容的《立信会计丛书》。这套丛书广泛传播，对我国会计事业的兴旺发达起到了积极的推动作用。①

据不完全统计，《立信会计丛书》先后收入各种会计书150多种，其中由潘序伦著作、翻译和主编的约40种，其余的则由其他知名学者（顾准、王澹如、陈文麟、顾洵、李文杰、张蕙生、钱素君、杨汝梅、李鸿寿、黄组方、莫启欧、张心澂、祝百英、管锦康等人）撰写。这些著作也有较高的学术价值。

---

① 罗银胜：《潘序伦传》，上海人民出版社，2007。

知名会计学家杨纪琬先生称这套《立信会计丛书》是“我国自己编写的第一套比较系统、完整，水平也较高的会计著作……全国各地包括解放区也都流传很广，在发展中国的会计学理论、推动会计工作、培养会计人才等方面，这套丛书起了很好的作用”。

一个令绪缨执着于会计学专业的原因颇为有趣。作为新兴职业，会计师在当时被视为“自由职业者”，有专业技术傍身，地位不低。

绪缨先生生前曾向弟子回忆：“当时中专毕业的那些同学，大部分都在南昌工作安家。由于学校教得好，学生技术精湛，就业率一直很高。当时如果我不是要继续考学的话，找一份工作养家糊口还是十分容易的。”

在那个基础教育尚未普及的年代，会计师以一种区别于旧时账房先生的全新面貌出现在世人面前，西装革履，仪表堂堂，与众多生僻名词、复杂数字打交道，常常位于要害之处，寻找企业之弊病。在当时的老百姓看来，这无疑是个很威风又很具社会地位的职业。

1936年国民政府开征所得税之后，会计师的地位进一步显著提高。这一年正是绪缨进入江西省立商业学校的时候。由于税务统计的需求突然大增，会计人才供不应求，绪缨目睹了学校里的毕业生被“抢购一空”的场景。

立信会计师陈文麟曾述及：“至二十五年（1936年）政府决定开征所得税以后，一般工商业因鉴于所得税额之计算，必须根据其正确完善之会计记录，往昔所用简陋纷乱之会计制度，实不足以应事实之需要。于是改良会计之运动，既作迅速普遍之开展……同时每连带受委托代其物色适当之会计人员。会计职业之介绍工作，至是而达异常繁忙之阶段。当时所遭遇之最大困难，厥为人才之供不应求，是时本校每学期之入学人数，虽已增至八百余人，但仍不足以应其急需也。”①

另一位会计师奚玉书也说：“直接税开征以还，会计师事业，更有进步。良以工商业纳税额之决定，必先求得正确之盈余，否则，所得额即陷于不确，而发生多缴或少纳国税之事，因此工商业对于会计师感觉深切需要。”②

社会对于会计师职业及查账业务的认识和需求程度有所提高。在抗战时期，政府、学校、社会团体聘请会计师来查核账务的情况也日渐增多。特别是公益、救亡一类的社会团体，因其经费多来自会员经费和社会捐赠，往往聘请会计师查账并加以公布。

这让绪缨看到了会计这门学科的光明前景。会计师这般独立、客观的职业，“可以说是为企业‘看病’，也可以说是在为社会‘把脉’”，这隐隐符合绪缨对职业的期待。

徐永祚曾表示，会计师“业务之性质，表面上虽似商家所雇用之高级会计员，但其所处之地位大不同，不专为特定之个人、商店或公司所雇用，乃系受社会公共之委托，处于独立的地位，不为外界所拘束，虽亦收受报酬而供给劳力者，但能本其自己之见解，以公平之态度，自由行使其职权”。借由国家之职业资格认证，获得第三方之独立执业地位，虽以专业技能受雇于雇主，但又需秉持公正诚信的职业伦理，证社会之信用，昭股东之信仰，在市场竞争中具有更大的自主与自治空间。③

但在商业学校里所学的内容，绪缨觉得过于强调实用，会忽略许多理论背后的深奥思想。于是，在学长裘宗舜的鼓励和支持下，绪缨决定

① 魏文享：《“自由职业者”的社会生存：近代会计师的职业、收入与生活》，《中国社会经济史研究》2016 年第 2 期。

② 同上。

③ 同上。

继续在会计学这门大有可为的学科中探索耕耘。于是在一番苦读之后，绪缨考入厦门大学会计学系，成了厦门大学1941级商学院会计学系的本科生，自此开始了他在“南方之强”求索的一生。

第二节

薪火相传　幸赖众贤

厦门大学会计学系，虽然曾数度更名，变动频繁，也曾挂靠在商学院、法商学院、经济学院等名下，但所幸内核始终未变，也几乎没有遭遇过“停办”之苦。这在众多高校的创建史中并不多见。

或许正因如此，拥有着深厚底蕴的厦门大学会计学系才能始终保持着那份淡然和自信，傲立于祖国的东南沿海。

2018年，厦门大学会计学科90年庆时，官网刊诗一首，总结会计学系从无到有的90年风雨：

厦大会计，九十风雨，幸赖众贤，全力扶持。
郑公世察，会计先导；陈公德恒，院长首任；
薪火相传，五十余载；改革开放，重发新春；
葛余诸公，呕心传道；授业解惑，百三十人；
行政教辅，三十余位；鞠躬尽瘁，服务学生；
古人勒石，今有微信；发此公告，铭记诸君。

据汪一凡教授考证，作为厦门大学的“会计先导”，郑世察是厦门大学会计学系的首位教授，于1925年到任。

1925年10月3日的《厦大周刊》第121期有载："商学系教授郑世察，浙江宁波人，初毕业于沪江大学商科，得学士学位。民国十年渡美，在芝加哥、哥伦比亚及纽约各大学研究，凡二年有半，得硕士学位，旋回国，农商部特任为会计师，同年冬，在上海丰美银行任职，翌年，应南方大学之聘，充会计学教授，本年上季，任上海'中华民国'会计师公会评议员，现在本大学教授会计学，其得心应手，可预卜也。"

这亦是厦门大学档案中首次出现"会计学"的字样。郑世察在厦门大学任教 8 年，曾代理商科主任，是第一任会计学系主任。后来，郑世察于1932年返回上海，在其母校沪江大学任商学院院长。徐志禹任第二任会计学系主任。《民国人物大辞典》记载，20世纪50年代初，郑世察随沪江大学并入上海财政经济学院（今上海财经大学），历任上海财政经济学院教授、华东财政学校（今上海商学院）教授。1983年逝世，终年87岁。译有《麦氏簿记与会计学》。

独木难成林，"会计学系"的出现则要晚得多。

在厦门大学的史料中，"会计学系"字样最早出现于《厦门大学商科布告1928—1929》，在"商科学则"中有："商科前二年除第一年兼修普通必修学科外，余为商科各系共同必修及选修之学科两种，第三年始分系研究……现暂分会计学、银行学、商业管理学三系。"

另据《厦大周刊》第188期所载，1928年五六月间，江苏盐城人薛一瓒从会计学系毕业，是当年唯一的会计学系毕业生，被称为"厦大会计学系学生第一人"。此前的厦门大学商学系（商科）历届毕业生中，有主修会计学的学生，但因没有明文分系，若指认其为会计学系毕业生，未免牵强附会。

在汪一凡教授所写的《厦门大学会计系往事（一）》中，详细记录了寻访这位厦门大学会计学系"第一大师兄"的过程：

在江苏盐城薛舍村的薛氏族谱里，发现了如下的记录：讳一瓒，字玉珊，禄次子。厦门大学毕业。解放前任江苏省农民银行上海分行主任，1941年2月，被日伪特务暗害，公享年42岁。娶王氏慎修，北京女子师范大学毕业，享年79岁。生一子铁生，一女潭生……听其族人说，他是因拒不交出银行金库的钥匙而惨遭日伪特务杀害的。

据汪一凡教授所载，原本会计学系应从薛一瓒入学的1924年开始算起，但考虑到那时还没有会计学系教授，直至1925年，本校第一位会计学系教授郑世察先生到任后，“一教授”与“一学生”才足以构成“教学单位”，为稳妥起见，乃确定1925年为本系历史之滥觞。唯须指出的是，1925年时，尚无会计学系之“机构”，却已有会计学系之“事实”。

彼时的厦门大学，虽已有商学院的学生主修会计学，但却难以形成真正的学科力量。厦门大学会计学系的建立，论第一功臣仍然要数萨本栋校长。

1940年，萨本栋根据厦门大学学科基础和抗战以来的人才需求状况，对厦门大学原有的科系结构进行了调整，将原有理学院扩充为理工学院，增设机电系、土木工程系，又设外国语文系，将原有的商业系扩充为工商管理及会计银行两系。

关于调整理由，萨本栋在《向教育部申请增设系数函》中写道：

机电系前奉部令自廿八年度起进行筹设，兼鉴于抗战以来此项人才需要之殷，故决自廿九年度起正式设立；外国语文系系适应年来闽省英语师资之需求，并非以培育外国文学人才为旨趣；将原有商业系扩充为工商管理及会计银行二系，则系弟默察年来情形，认为迫切需要。

良以自抗建以还，国内经济建设事业突飞猛进，管理方面需才最殷，尤以闽省为然。一面则年来会计制度确立，各方对于缺乏会计人才之感觉，几成普遍现象。故盱衡时势为培才以备社会之需要起见，实有改笼统空泛之商业系为比较专门且切合实际之工商管理及会计银行二系之必要。

况复闽省地邻南洋群岛，将来华侨子弟回国就学者必众。是则，训练侨胞子弟使具有管理工商业之学识，以谋增其事业，于我国家发展海外经济似亦不无裨益。

正是上述原因，在条件如此艰苦的长汀，萨本栋依然决定将会计学系建立起来，并四处为会计学系寻访名师，忙前忙后，极为辛苦。

绪缨入学时，会计学系刚刚兴建，师资力量实为不足，但已有不少拥有留洋背景的教师，如1938年到校的留德博士萧贞昌、1938年到校的留日学士黄燕秋和1941年到校的留美硕士陈德恒。此外，还有本系毕业的陈仁栋和国内其他大学毕业的吴崇泉、吕恒徽和周国珍等教师。

此时，萧贞昌刚刚继任会计学系主任一职。据比绪缨高一届的学长裘宗舜回忆，当时厦门大学规模极小，萨本栋校长曾宣布学生人数仅有600余人。本系是仅次于经济学系的第二大系，裘宗舜班上有20多人。

裘宗舜回忆道："那个时候一般世界上的会计都受美国的影响，都在用美国的教材。系主任萧贞昌是在德国留学，所以萧贞昌讲的也都是欧洲的会计学的理论。陈德恒呢，他从美国留学回来，讲的都是美国会计的教科书。"

萧贞昌出身湖北望族，乃是黄陂萧氏后人。父亲萧延平为清光绪丁酉科举人，曾任民国国会参议院首届参议员、武昌医馆馆长，兄长萧赞昌毕业于湖北法政学堂，民国三年（1914年）考取县长，历任山东茌平知事，湖北蕲春、黄梅等县县长，弟弟萧贺昌毕业于德国名校德勒斯登工业大学，历任上海市公用局技正、京沪沪杭两路局副处长等职。

相比其他不问世事的先生教授，作为系主任的萧贞昌更为通明练达，也更通晓实务。他本科毕业于北京大学经济学系，民国十七年（1928年）获德国莱比锡大学经济学博士学位，毕业论文为《中国的丝绸工业》。

在执教厦门大学会计学系前，萧贞昌曾担任福建省政府会计长。在广西桂林进行主题为“福建省会计建设之经过及个人对于地方会计建设之管见”的演讲时，他表达了各地对会计人才的迫切需求，其中福建尤甚：“目前所感觉最大的困难，就是人才缺乏，工作无人推进。此种人才缺乏的情形，大概各省都同，故欲罗致现成的人才来充实会计机构。而在福建特别感受困难，所以还在继续训练新的会计人员，以便派充省政府各厅处及各公有营业机关等办理会计之用。”①

另1941年1月的《厦大通讯》记载，母校商学院会计学系萧贞昌博士前年由中央任为闽省府会计长，固辞未准，乃暂弃学从政。兹因母校奉令增设会计学系，且闽省计政经萧氏年来整理，已上正轨，所感最大困难者，厥为缺乏会计人员，故决返母校任教，亲自训练青年。闻母校当局以萧氏学识渊博，经验丰富，已聘其为新设之会计学系主任，萧氏移交手续办竣后，即可返校授课云。

作为系主任的萧贞昌，一手撑起了长汀期间厦门大学会计学系的辉煌。

绪缨先生生前曾向弟子回忆道：“萧先生写得一手好字，无论是钢笔还是毛笔，均能写出一手‘蝇头小楷’，草书也写得极有韵味。我和几个同学曾在萧先生的指导下开办过商业学校，教当地人如何记账，有

---

① 汪一凡：《有关萧贞昌教授的两个猜想》，参见“厦大会计”微信公众号的《厦门大学会计系往事（七）》一文。

的时候还要教小学生读书识字。”

李鸿简的《“厦大人”的长汀情》也曾提及：

> 商学院院长冯定璋和萧贞昌教授指导学生开办商业学校，教授新式簿记，培养了一批财会人才。……而化学系师生在省建设厅的协作下研制“改良纸”成功，这种纸有随写随干、不渗不透的特点，适用于印刷账簿和信笺等，受到欢迎，使用的历史长达半个多世纪。
>
> 战时的长汀，中小学师资缺乏，许多厦大人（包括教授的夫人们）积极承担了教学的重任。他们知识丰富，教学有方，数以千计的年幼学子在他们的教育下茁壮成长，长汀中学（今长汀一中）每年都有数十名毕业生考上大学，仅厦大在汀期间就先后录取了当地学生一百多名。由于厦大人的热心奉献，长汀一度出现经济、科技和文化教育的兴盛局面。

毫无疑问，在萧贞昌主持的长汀时期，会计学系获得实质性的发展，成为仅次于经济学系的第二大系。这一时期的学生，已知至少有陈仁栋、裘宗舜、葛家澍、余绪缨、李湖莲、林敦宁、黄道标和朱谱瑞等人后来都进入大学会计教育界，这意味着萧贞昌“训练青年”的理想终于开花结果，后继有人，也意味着厦门大学会计学系已形成较以往更为浓厚的学术氛围。

第三节

质量并重　自由活跃

在厦门大学长汀时期，战火纷飞，时常有日军飞机飞过，生活艰苦，学习忙碌，但却是众多“老长汀”最宝贵的回忆。

绪缨先生同届校友、著名教育学家潘懋元说，新生到校的第一课就是听萨校长的开学报告，在他的记忆中，60多年前的这场报告“说者激扬，听者感奋”，至今“记忆很深”。

最为深刻的有三点：①为什么在国难如此严重的时刻，更需要坚持办学、办大学？因为敌人的奴化教育不许你研究与国防和民生有关的学术技能。②为什么不像其他大学迁移西南大后方而选择接近战区的长汀？因为第一，要坚持东南半壁江山有大学，一方面要对敌人显示坚强不屈的精神，另一方面要让东南数省的青年有大学可上；第二，要设在敌人较难进犯的山区，又要选在闽、浙、粤、赣的学生较易通达的地点；第三，要设在粮食给养充足、环境较优良以便安心读书的地方。③为什么不只是维持现状，还要增设会计学系、银行系、机电系等系并比往年增收学生？因为抗战必胜是毫无问题的，许多国家战时大学停办去参战，我们要准备建设国家的人才。

正如国学大师钱穆的主张——“书生报国，当不负一己之才性与能力”，萨本栋认为学生应以所学报国，而不应纷纷参战，大学百年树人，政策设施宜常不宜变，一切应以教育和学术的发展为准绳。“本校一向对于学生程度之提高非常注意，在量与质不能兼顾的情况下，对于质的改良，比起量的增加，尤为重视。”①

正是在这样的教育理念下，厦门大学的学生们得到了来自各科顶级名师的教诲，其中的几门课程，也令学生们终生难忘。

绪缨先生生前曾向弟子回忆，自己曾在许多大师门下聆听教诲，不仅仅是会计学系的老师，还有经济系和法商系的，“当时我们既要学习会计学专业课，又要学法学相关的课程，压力很大。老师们对我们要求也极为严格，不准迟到、不准早退，在课堂上记笔记时常记得头晕眼花，手腕酸疼”。

曾任厦门大学经济学系主任、法学院院长的黄开禄是当时有名的经济学家。他曾就读于1934年仅20个录取名额的清华大学并公费留美，与钱学森同船前往美国求学。公费留美名单公布后，每个奖学金获得者马上被指派一位国内导师，替他们决定应该上哪一所学校、师从哪一位专家、专攻哪一个领域。在去美国之前，每个奖学金获得者都要在中国游历一年，了解国家对其专攻领域的实际需要。主修经济的黄开禄考察了全中国的工厂和劳工状况，而另一位主修文学的同学不得不对中国剧场的灯光照明加以研究。

在美国威斯康星大学取得博士学位后，黄开禄回国便接受了萨本栋的邀请，执教于厦门大学。当时工商管理和银行会计学系的学生，均可以听到由黄开禄讲授的课程。

在大三的两个学期内，绪缨修习了黄开禄讲授的《经济地理》。一位校友回忆说：“我主修经济学，是黄师开禄之导生。黄师上课，走向教室步履生风，穿当时罕见之优质合身西服，显现其强壮而挺直躯体。

① 石慧霞：《抗战烽火中的厦门大学》，河南大学出版社，2015。

着洁白无皱衬衫，领带结处坚实，以领带针别于领口托之，使领带更凸出亮眼；讲课，语调铿锵，手势有劲；均表露精神奕奕之英风，亦使学生听课精神为之一振。”

由于不少课程教材均由教师的讲义组成，因此案例新颖生动，常与时下密切相关。银行学家朱葆训教授讲《货币学》时，正值国内“法币”趋向贬值；萧伟信讲《财政学》时，正值政府财政支绌，筹谋开源，福建省府正研拟开征田赋。两位老师讲解两门学科的学理时，均就世界各国之相关制度、政策与施行现状及所面临之困境、问题和解决办法，作详细说明、深入阐释。

学生们将听课心得撰成论文，如《论我国法币贬值》《论财政支绌诸问题政府宜采之对策》等文章，有的学生还因此被聘为《汀江日报》《财经新闻》栏目的特约评论员，专为该报撰写相关财经文稿。

而在战乱状况下，教师时刻不忘关注学生知识结构的更新。黄开禄在美国进修经济学时，数学经济已是显学，但在国内尚属新知，大学尚少开设这方面的课程。黄开禄认为，学生在就业后必将用到相关知识，因此，他专门为学生开设了“数学经济概论”一课，建议三、四年级学生自由听课。

除了课上教学之外，课后的学术社团、学术讨论在当时的长汀也极为常见。这些学术演讲也活跃了学术氛围，拓展了学生们的知识范围。

在石慧霞所著的《抗战烽火中的厦门大学》一书中，曾对这种积极自由的学术氛围有过论述：每半个月举行一次学术讨论会，既聘请教授主讲，又为一些尚未开课的助教就其思考的问题进行研讨。讨论的课题及主讲人先后是“方阵在电路上之应用”（萨本栋教授），“超导性”（陈世昌教授），“磷光及荧光”（黄启显副教授），“超复数”（吴有容讲师），“测距仪一炮位测定仪”（杨龙生助教），“自然及人造放射性”（颜戊己讲师），“热力学公式”（郑曾同助教）。其中1939

年3月14日举行的“超导性”讨论会，就科学界“新近发现之导电体在绝对零度附近电阻突减现象”进行研讨，同学们向主讲人陈世昌提问，与他讨论，会上气氛极为热烈，会后受益匪浅。

绪缨也对当时自由热烈的学术讨论氛围印象颇为深刻，他和几位同学时常参加经济学系举办的学术讲座和讨论会。在会上，老师和学生各抒己见，据理力争。老师从不以身份压人，学生也不怯场，大家围绕着时下关心的话题畅所欲言，各抒己见。老师和学生，既是师徒，也是益友，讨论起来便难以停住，甚至一直到天黑。如今想想，这种氛围极为难得。

1944级学生郑寿岩回忆说，他印象最深的是一次参加由经济学会主持的关于平抑战时物价的讨论会，主持人的发言列举影响物价的多因素：生产减少、流通不畅、供需失衡、财政支出大于收入以及通货膨胀等。相继发言的同学都作了充分准备，各抒己见。他由此受到启发，整理讨论会的材料，写了一篇关于战时物价管理的刍议，不久就刊在《中央日报》上。

第四节

含泪高呼　送别萨师

在血与火的洗礼中，厦门大学迈入了一个更加自强更加完善的发展时期。然而，如今这番景象的缔造者、校长萨本栋则要出国讲学了。

在绪缨的印象里，萨本栋身材高大，穿着简朴，不苟言笑，但亲切待人，常常出现在食堂、宿舍和教室。萨本栋校长记忆力极好，有时他会同每个人打招呼，甚至能记住大家的身体情况。有同学因为生病请假刚刚回学校，萨本栋校长还会问他“身体怎么样了”“好些了没有”。

当时，厦门大学处于敌机轰炸的危险中，萨本栋校长设计了相互连通的防空洞，每当轰炸到来时，他立刻奔向教室，组织疏散。他最后一个进入防空洞，却第一个走出防空洞。抗战期间，长汀山城大片居民房被炸毁，死伤甚多，但厦门大学由于周密细致的安排竟无一死亡。

当时，在不少厦门大学学生眼里，萨本栋校长身体并不算太好，上课时会因为腰疼发作而暂时停课休息。但很少有人知道，这位让美国人敬佩的物理与机电工程专家，还是著名社会学家吴文藻与著名作家冰心1929年结婚典礼上的男傧相。 在清华大学时，萨本栋是清华网球代表队的主力，是不可或缺的网球运动员，其夫人黄淑慎亦是运动健将。

法学家邹文海教授回忆说：“萨先生夫妇二人的薪水，仍不足以维持家用，每月一过二十就借薪。他因此十分了解教授生活的辛苦，曾千方百计地想解决这个问题。他将学校节余存储的植物油类，以原价定量授予教师。抗战期间，教授艰苦的生活非廉价的食油可以解决，但萨先生的用心大家都为之感激。尤其大家看到萨本栋校长自己过着清苦的生活时，更觉得他为人设想的周到了。”在长汀，萨本栋校长与师生员工生活一样艰苦，那时粮食配给，大家都一样，如果缺粮，优先照顾学生，有时断粮，萨本栋校长在粮缺早两天已在吃番薯了。

刚过不惑之年的萨本栋，却比刚来厦门大学时苍老许多。当他带着厦门大学师生在战火中、在山坳里做足了陈嘉庚建设“南方之强”的蓝图后，朋友们看到的萨本栋已经“面色苍白，弯腰驼背，拄着拐杖”，艰巨的工作与艰苦的物质条件让他患上了严重的胃病和关节炎，校医吴金声不得不给自己的校长做了一件铁衫，用它来撑着腰部，支撑他上课与工作。[①]

1944年春天，抗战的胜利犹如喷薄欲出的曙光，即刻就要照耀山城长汀，此时，美国国务院向萨本栋发出邀请，请这位在“二战”中了不起的校长、物理与机电工程专家赴美讲学，这时，离萨本栋原先与教育部约定的担任校长2年的时间已经超出了整整5年。萨本栋答应了美国的邀请，他觉得厦门大学已经不必再像战争刚爆发时那样“事无大小，都要亲为或与闻”了，于是他委托生物学家汪德耀教授管理校务，决定赴美讲学，也一并养养身体。

当时的绪缨已经学完了大二的课程，完全适应了厦门大学朴素刻苦的学风。如今，缔造这读书求学圣地的校长萨本栋却要离开母校，这对包括绪缨在内的师生而言，既骄傲又伤感。骄傲的是萨本栋校长如今在美国享有崇高的声誉，前去讲学乃是为学校增光添彩；伤感的则是此去一别，不知何时才能再见校长一面。 绪缨和同班同学约好，到时候一起

① 佘峥：《厦门大学老校长萨本栋：累死自己办南方清华》，https://news.sina.com.cn/c/2006-03-27/10418539615s.shtml。

去送别校长。

5月12日，是萨本栋校长伉俪离汀的日子，这一天成为长汀时期厦门大学师生记忆中最深刻的日子。

绪缨是送行学生中的一个。他还记得当时自己和同学围在萨本栋校长的身旁，萨本栋校长身着一身中山装，微笑着跟身边的同学话别。绪缨在拥挤的人群中向前迈进，希望能和校长最后再握一次手……

同学们有人含着热泪，有人握紧双拳。不知是谁先起的头，大家纷纷开始唱起校歌来，几百人的声音越过山坡，越过汀江，伴随着校长一路东行。

自强！自强！学海何洋洋！谁欤操钥发其藏？
鹭江深且长，致吾知于无央。
吁嗟乎！南方之强！吁嗟乎！南方之强！
自强！自强！人生何茫茫！谁欤普渡驾慈航？
鹭江深且长，充吾爱于无疆。
吁嗟乎！南方之强！吁嗟乎！南方之强！

时任《中央日报》驻汀特约记者吴亮夫的一篇纪实报道[①]记录了当天的盛况：

欢送，欢送的准备

五月的天气，象征光明，奋发，十二日这一天，天气格外清朗。热烈的气氛笼罩着厦大的周遭，亦鼎沸了整个闽西僻壤的山城。

① 石慧霞：《抗战烽火中的厦门大学》，河南大学出版社，2015。

天刚破晓，北山的周遭已经开始骚动，八百个莘莘学子，焦灼地希望曙光的到来——因为他们慈祥的校长萨先生，就在这一天载着科学的光荣，将要远涉重洋，赴美讲学。

“六点钟集合的校钟，敲响没有？”每个厦大的一员，都警惕地传问。虽然，钟声还没有敲过，但是，热情驱使着每一个同学的内心，向着集思堂前草地里前进，当记者到达时，已经齐集了许多同学、教授、校友、各界人士，在那儿等着出发欢送了。

“我们先来练习下欢送歌”这一个命令压煞了骚动的群众的情绪。始终秉持一贯精神，为神圣教育而奋斗，二十四年如一日的老教授周辨明博士，他欣欢地这样指挥着。

今天，他斜戴着礼帽，穿着笔挺的西装，天真无邪的姿态，越显得他的年青。手舞足蹈，和蔼热诚地指挥着同学们的欢呼歌唱，他一颗热情的童心，荡漾着每一个同学兴奋的情绪。

真挚的敬礼

事前，厦大工友在集思堂侧，集合起队伍，人手一串千响的鞭炮，在等着萨先生的到来，这一支各色各样服装的队伍，引起了全体欢送者的注目。

“快燃香云，校长就要来了。”几个年老的工友指挥着。

这是他们每一个人自动捐献了十块钱买来的鞭炮，作为他们真挚欢送校长远行的献礼。

每天辛勤地工作的工友，看到他们校长将要载誉远涉重洋，为国宣劳，他们内心的兴奋，并不落人之后。当队伍行进，他们急速分列在队伍的两旁驰骋着。热情的驱使，他们等不着校长的到来，便开始燃起鞭炮在前导。

每一颗炮花，弹出每一个工友的热情和微笑，每一颗血与汗换来的炮火，也弹出了每一个工友虔诚敬爱的心声。

伟大的行动

“四年了，我没有参与过这么盛大的行列”“它像一条巨大的蟒蛇”，几个同学带着欢怡的心情，兴奋地赞美说。这是发自蛰伏在案头的同学的衷心话，的确，在厦大，同学们实在少有自动参加这样巨大行列的机会，在山城，更难得看到像这样一个热烈的盛典。从横图岭到中山公园门首，或黄衣或蓝服的男女队伍，绵延有一里多长，大地的胸脯承受着热情的荡漾，长汀市民，万人空巷，争仰萨先生的到来，山城鼎沸了，交通壅塞了。

“自强！自强！学海何洋洋！……”厦大校歌声震着山城，长汀市民将因这兴奋歌声，发出内心的微笑。

同盟胜利的信念

队伍把中山公园门口的街道，成同字形重叠地环绕起来，大家睁大着眼睛，争仰着站在公园门首石阶上的萨先生伉俪，萨先生身着浅绿中山装，精神奕奕，笑容满面，他看着自己七年来在厦大集结的伙伴，欢送的行列，别情依依，挥情不意，他的每一个动作，都投进了人心坎底处。

“铁声歌咏团团员站出来唱国歌。”

“留美的教授和太太们亦都出来唱美国歌。”

周博士看到校长来了，就这样高声指挥着。于是中美国歌旋律响彻了云霄，“同盟胜利”的信念，深入群众的心，是铁般的坚强。

这位引吭高歌的周教授，在用力挥动着手势，每至最后一音律，甚至欢欣地跳离开地面，而忘却了汗珠从头额滚到下颌来。

火山爆裂了，洪流在倾泻，热情在沸腾，掌声在雷响。

"送亚栋呼",

"轰炸厦大呼",

"厦大冲锋呼",

"一帆风顺呼"。

每一支欢呼歌曲,结实而尖锐的声音,在周教授按拍手势挥动下从每一个送行者咽喉驱出。人群情绪融化在欢呼声中,山城留下欢呼的余波。

汽车马力吼动了,将要向千山重叠的去处驰骋。

"自强!自强!学海何洋洋!……吁嗟乎!南方之强!"唱完了校歌之后,一面蓝绸标志的小型校旗,两束杂色美丽的鲜花,开始分由三位女同学呈献在萨先生伉俪的手里,掌声如雷,欢呼若狂。"厦门大学"的标识,将要飘扬在西方,"止于至善"的精神,将要远播在美国。

"谢谢!"萨先生伉俪真挚致谢,并与各界欢送首长握别,后即等车,启节西行。

迎接专车开始蠕动,萨校长挥着礼帽,萨太太舞着鲜花,送行者举着手,跳叫,鼓掌,挥巾,狂呼……

时任外文系主任、教务长的周辨明预感到萨本栋校长有可能此去不再回校,于是在囊萤斋亲自谱写了英文歌曲"Susan, bring your husband back"欢送萨本栋,中文译名为《送亚栋呼》,歌曲用英文创作,歌中的Susan是萨本栋校长夫人黄淑慎的英文名字,全歌反复唱着同样的歌词"Susan sure bring him home!Susan sure bring him home!",师生们在周辨明的带领下为萨本栋校长送行,深情高歌,一叹三唱,热泪盈眶。

Three cheers for Adam and his Madam,

Gone out a-talking to Uncle Sam,
Ne'll care a damn,pals!
We'll make the Sam,gals!
Susan sure bring him home!
Rah! Rah!Rah!

这或许是厦门大学校史上英语原创歌曲荡气回肠的绝唱。余音袅袅，而今安在?

在美国讲学治病中，萨本栋校长又用英语撰写出专著《交流电机基础》（*Fundamentals of Altermating Current Machines*）。这是一部物理学、电机学的创新巨著，1946年出版后就被加利福尼亚大学、卡内基理工学院等10多所高校当作教材，开创了中国科学家编写的理科著作被西方高校列为教材的先例。

在美国时，由于身体原因，萨本栋校长3次向教育部请辞厦门大学校长职务，厦门大学师生知道后，立即向在美国的萨本栋校长及国民政府教育部发去电报，恳切慰留，请教育部“万勿准予辞职”，但萨本栋校长的请辞决心已难改变，请辞于1945年获准。这年9月，萨本栋校长从美国取道英国，在英国作短暂的讲学后回国，之后到中央研究院任总干事兼物理研究所所长。1948年年底被确诊为胃癌晚期，并于12月飞抵美国加利福尼亚州治疗。1949年1月31日，这位为科学的发展和厦门大学的建设倾注了一生心血的国立大学校长，终因错过最佳治疗时间，不幸与世长辞，终年47岁。

萨本栋校长在遗嘱中交代，希望自己的骨灰分3份献给清华大学、厦门大学和南京中央研究院，他逝世后，在厦门大学的强烈要求下，经萨本栋校长夫人黄淑慎同意，萨本栋校长的骨灰全部安葬在厦门大学校园内。

在山城欢送萨本栋校长赴美讲学5年后，厦门大学师生接到的是他们校长的骨灰盒，这是何等的让人悲痛扼腕！他们在美丽的海滨校园为敬爱的校长建了一座纪念陵墓，由萨本栋校长的清华大学校友、厦门大学中文系教授郑朝宗撰写墓志铭——萨校长治校“成绩斐然，众口交赞”，贡献“约为五端”：一率全校师生急迁闽西长汀，校产安全转移，迅速复课；二亲自擘画，监督营造新校，校地扩充、学生人数倍增；三不辞辛苦力肩教学重担，因陋就简增设土木、机电、航空三系，延聘国内名师以造就人才；四注重学生品德教育，校内绝不许设同乡会，对各地来者一视同仁；五既悉心治校，而又严于律己，食少事繁，积劳成疾。赞誉其舍身承继嘉庚的“毁家兴学”精神，两者“直可谓珠联璧合，炳耀千秋，并垂不朽者欤”。

第五节

烽火狼烟 投笔从戎

随着抗日战争日渐焦灼，即便是地处闽西山区的长汀也感受到了不一样的气氛。

1943年10月，在美国史迪威将军的指挥下，中国驻印军发动第二次缅甸战役，从印度出击缅甸日军。1944年4月，侵华日军发动豫湘桂战役，接连攻占洛阳、长沙、福州、桂林4个当时的省会城市和郑州、许昌、宝庆、柳州、温州等城市，抗日战争正面战场告急。

据统计，1937—1942年，日军伤亡17.6万人，国民革命军仅陆军伤亡即达266.8万人，不少战区的军队整建制地被歼灭。国内外战场都急需生力军支援，知识青年从军运动随之展开。

1944年9月16日，蒋介石在国民参政会即席演讲称："国家在此紧急战时关头，要先其所急，使知识青年效命于战场，因为知识青年有知识，有自动判断的能力，队伍中增加一个知识青年，就不啻增加了十个普通士兵。"

同年10月，国民政府颁布《全国知识青年志愿从军征集办法》（简称《征集办法》），在全国各地征集受过中等以上教育的青年，组编青年远征军（简称"青年军"）。

当时，国民政府行政院发布《知识青年从军优待办法》：公职人员保留职务，退伍后可回原单位供职，优先升迁；企事业单位职工保留职务，退伍后回原单位；学生保留学籍，退伍后回原校，择优选送留学深造；公职人员家属享受原单位各项待遇，学生领取入伍补助金；阵亡者从优抚恤，伤残者由原机关学校优厚抚恤救济。强调招收知识青年，主要为补充技术兵种，如汽车团、炮兵团，以及联络盟军的翻译人员。

《征集办法》公布后，多地掀起报名热潮，从军运动标语遍布大街小巷。“一切为前线，一切为胜利！”“放下笔杆，拿起枪杆！”“人没有国家，知识何用！”“消灭敌人，再回学校！”最响亮的口号是：“一寸山河一寸血，十万青年十万军！”

即便是在山区长汀，激昂的情绪也在感染着每一个人。校园里到处都是呼吁参军的传单和口号，同学间也在讨论着同样的话题，“投笔从戎，保家卫国”一时间成了学校里最重要的主题。

11月13日，厦门大学校长萨本栋、暨南大学校长何炳松、江苏学院院长戴克光、福建省立师范专科学校校长李黎洲、福建省立医学院院长李鼎勋、福建省立农学院院长周桢、私立福建协和大学校长林景润、私立福建学院院长郭公木、私立华南女子文理学院院长王世静联名致电蒋介石称：“抗战已临决胜之阶段，必须提高兵员之素质，乃能把握最后之胜利，钧座倡导青年学生从军运动，实为民族更生之关键，……”①

“绪缨，你听到外面的口号声了吗？我准备去报名，要不要一同去？”一位同学叫住了绪缨。

正好绪缨内心也有这个念头，于是二人便一起前往校园内的征兵点。

令二人没想到的是，征兵点竟然排起了长龙，一眼望去已有百余人，其中有不少绪缨认识的同学和老师。二人打过招呼后，连忙赶到

① 兰雪花：《论抗日战争后期福建知识青年从军运动》，《军事历史研究》2014年第4期。

队尾。

队伍旁的墙上，贴着由福建省征委会制作的《万人颂词》：

> 敌人残暴，荼毒神州，尸横遍野，鬼哭人愁。
> 八年苦战，热血成流，志士十万，谊切同舟。
> 一心一德，有勇有谋，摧尖毁锐，灭贼赴仇。
> 山河再造，勒石岩幽，奇材际遇，奕奕千秋。

由于报名人数太多，筛选极为严格。甚至有学生拿着成绩单，以证明自身成绩优异，可以为国效力。无论男女，选中者皆欢天喜地，落选者也不肯认输，赶忙询问是否还有下次机会。

如此高昂的爱国气氛感染了绪缨，令他心潮澎湃，难以自持。此时的他顾不上其他，连忙向征兵处表示自己愿意参军。

在得知绪缨是会计学系的学生后，征兵处的工作人员颇为惊喜。由于军队里极为缺乏会计人才，后勤工作错漏百出，导致后方不稳，战事亦遭受影响。因此，上级要求此次征兵工作要重点征集数理优秀的统筹人才。

这样的场景在当时的福建同样极为普遍。上至耄耋老人，下至舞勺少年，为了保家卫国，人人情绪激昂、争先应征。

时年已82岁高龄的福鼎籍同盟会会员周忠魁向省党部请缨入伍；邵武县县长袁国钦、水吉县县长李和涛弃官从戎；漳浦县青年团负责人杨慎徨替其儿子、儿媳和女儿3人报名从军；20余名十二三岁的学生要求签名被拒后，竟反问："小国民岂不能救国？"

中央日报社福建分社的丁寄冰、章炯光等年逾四十，坚请从军，谓："吾人平日执笔而言，唤起同胞，卫国御侮，今日坐言起行，执戈杀敌，应不后人。"

巾帼不让须眉，仅在一个月内，福建省女青年报名人数就超过500人，初检合格者423人，远超100名的配额，只得通过抽签决定去留。永安12名复检合格女青年仅许秀琪中签"如愿以偿"，未中签者竟痛哭流涕地质问："国家兴亡，匹夫匹妇，均有其责，知识妇女，深明国族不存，知识何用，职业何有？"[①]

据事后统计，此次征兵活动，厦门大学应征人数205人，占全校师生的3/5。据省教育厅统计，至1945年2月25日，全省70余校签名从军的员生共有8000余名。据福建省征委会报告，截至1944年12月28日，全省报名从军青年已达13472名，仅次于四川，位居全国第二。

由于后续报名者络绎不绝，征兵活动原定于12月31日截止，最后延至1945年2月8日。至1945年1月20日，报名人数已增至16182人，国民政府原计划给予福建配额8000～9000人，其中国民党负责征集3000～4000人，三青团负责征集5000人。各县配额20～300人不等，全省65个县（市、区），除沦陷区金门、厦门、长乐未予以配额外，有50个县（市、区）皆已超出配额，南平报名人数居全省之冠，超过原定配额的4倍，只能通过严格复检、抽签来淘汰。全省初检合格者于1945年1月后分别在龙岩、长汀、永安、大田、南平复检，至1945年3月，复检合格的男青年有9869人。

在回宿舍的路上，厦门大学铁血歌咏团激昂的合唱声从远处传来，绪缨驻足听了许久，看着越排越长的征兵队伍，他的眼里仿佛有一团火苗正在燃烧，他决心要将生死置之度外，"苟利国家生死以，岂因祸福避趋之"。

君不见，汉终军，弱冠系虏请长缨，

① 兰雪花：《论抗日战争后期福建知识青年从军运动》，《军事历史研究》2014年第4期。

君不见，班定远，绝域轻骑催战云！
男儿应是重危行，岂让儒冠误此生？
况乃国危若累卵，羽檄争驰无少停！
弃我昔时笔，著我战时衿，
一呼同志逾十万，高唱战歌齐从军。
净胡尘，誓扫倭奴不顾身！
（《知识青年从军歌》）

1945年元宵节后，绪缨和其他应征入伍的厦门大学学生便离开了长汀这片净土，从长汀坐船至上杭县城，厦门大学师生和其他从各地赶来的知识青年，共同被编入青年军第209师第626团集训总队第二中队。

时任青年军第209师师长的是抗日名将温鸣剑，黄埔军校二期学员。他参加过著名的长沙会战，曾任国民党第十八军六十七师副师长、国民党第三战区参谋长、中国远征军副总参谋长、海南岛警备总司令等职。叶剑英元帅曾评价“温鸣剑是解放海南岛的功臣之一”。

据抗战老兵曾梅生回忆，他到上杭后被编入青年军第209师第626团1营2连1排当二等兵，于5月初行军至武平县岩前镇第626团驻地，接受士兵训练3个月。尽管当时正值盛夏，烈日当空、酷暑难耐，但大家都坚持训练，并谨记“平时多流汗、战时少流血”的教训，对出操跑步、卧倒、爬山、步机枪拆装射击等科目样样不马虎。①

兰雪花在《论抗日战争后期福建知识青年从军运动》中描述，知识青年入伍后，先是实施3个月的预备教育，目的是留强汰弱、分配兵种。预备教育有精神、学科、术科、一般教育4个课目。预备教育训练完毕后，各师根据每个从军青年的学识、体格、志愿、能力，将他们分配至

① 曾梅生：《八年抗战话经历》，http://dangshi.people.com.cn/n/2015/0916/c85037-27594117.html。

步兵、山炮、辎重、工兵、通讯、骑兵、卫生、迫炮、机枪、防毒等兵种，对其进行编组训练。女青年则按文化、经济、救护等专业编组。青年军的训练完全采用美式的教育与训练方法，第208师、第209师的训练官均从第三、第七、第九战区中挑选，经青年军编练总监部东南分部训练结业后担任。正式训练除进行基本军事常识和专门军事技能训练外，还增设英日语文、日美苏概况、国际公法、台湾研究、宪兵勤务、俘虏管理、日台鲜兵要地志等课程教育，教员均由东南各省大学教授及专门学者巡回各部队施教。

随慰问团访问的《东南日报》记者报道，青年军在两师过着“丰衣”“足食”“安居”“乐业”的生活。黄维曾说:“国家是以最大的财力满足青年军最低的生活。”

就膳食方面，两师的每个士兵每日白米27两、蔬菜10两、肉1两、豆2两等，远比一般士兵24两糙米的生活标准高出了很多。为使“军营学校化”“军营家庭化”，两师均配有教室、图书室、沙盘教育室、教练场、体育场、游泳池等设备，各师、团、营经常举办运动会、音乐会、新生活晚会，举行射击、演讲、辩论、写作、壁报、歌咏、劳动服务等竞赛。[①]

绪缨记得，当时第二中队大约有一个连的人数，几乎集中了福建所有高等院校赶来的大学生、大专生，进行了2个月左右的基本军事训练。

在此期间，这个中队的人员陆续分批到了不同岗位，209师师部军需处过来要军需人员，商学院来的同学大多报名参加，到各连去做司务长，经营连部的经费、伙食、粮米、被服等项。

绪缨对同来的同学说，他觉得这份工作能够结合自己所学的专业，所以参加了这一批，并成为连队的司务长。“下了连队后，由于要负责

① 兰雪花:《论抗日战争后期福建知识青年从军运动》，《军事历史研究》2014 年第 4 期。

烦琐的杂务，所有的术科、学科的训练活动，包括军事和正式科目，也完全没有参加。”绪缨先生曾向其女儿回忆道。

老兵程维和记得，自己在209师626团2营6连训练的时候，一天三餐，餐餐有肉吃，肉是部队的人去集市买的。穿的是草青色的军衣。全班只有几把枪，轮流练习打枪。当时训练的人数可能有一千人。[①]

而在这“餐餐有肉吃”的背后，是包括绪缨在内的众多司务长们辛苦奔忙的结果。此时，全部的知识青年，都在向着一个目标努力：赶走侵略者，保家卫国！

但训练中的知识青年们没有想到，这个消息来得如此之快！

1945年8月14日，日本政府照会美、英、苏、中四国政府，宣布接受《波茨坦公告》。8月15日，日本天皇裕仁以广播停战诏书的形式，正式宣布日本无条件投降。

绪缨先生曾向其女儿回忆：“当时要求所有人在操场集合，我们从广播里听到了日本宣布无条件投降的消息，大家喜出望外，兴高采烈。”

黄埔军校16期毕业生、当时正在第209师第626团任上尉连长的刘培鸿还记得[②]：

> 营地在福建西南的上杭县。“这里消息闭塞，直到第二天，才接到通知，全团官兵集合在大操场，和闻讯赶来的男女老幼近万人一起倾听蒋介石的广播演说，全场鸦雀无声。这才确信日本已经投降。”
>
> 8月20日，我209师在上杭县城举行抗战胜利大游行，驻在十场

---

① 《程维和：还未上战场 日本就投降了》，https://www.12371.cn/2015/10/16/ARTI1444976129644934.shtml。

② 《感受日本投降——刘培鸿》，http://www.huangpu.org.cn/zt/bagui/bagui14/bagui15/201206/t20120612_2735032.html。

的625团，蕉林的627团，我们626团，以及师属炮兵营、工兵营等全体官兵近万人，在西郊大操场举行了阅兵式及分列式。分列式中，各团均以连为单位，由连长指挥，正步通过检阅台，每个连成长方形阵，步伐整齐，精神焕发，除军乐声与指挥队伍的口令声外，只听到整齐划一的“正步”声，震人心弦，振奋军情！

阅兵式、分列式大约两个小时结束，即在上杭县城进行大规模游行。上杭县城纵横几条大道，张灯结彩，万人空巷，鞭炮声声，此起彼落，不绝于耳。游行队伍始终精神饱满，步伐整齐，所到之处，市民夹道欢迎，热烈鼓掌，满面笑容，不时还伸出大拇指打成“V”字形的手势，令人兴奋不已！

游行于下午结束，时值盛夏，烈日当空，每个人的军服为汗水浸湿，但彼此相顾一笑，意谓此情此景，终生难忘，尤为人生极具重大历史意义之盛事，志铭记也！

各团分别回到营地，早准备好的丰盛酒菜已在大操场上分成六人一席。我连战士按序就位，一听总值星官“开动口令”，全团饥肠辘辘者立即展开“扫荡战”，边吃边喝，有的眉飞色舞，先还小声窃窃私语，继则放声高谈阔论起来，狂欢不已，平时所谓“食不言，寝不语”，此时全然搁置一旁不予闻问了。8年抗战一年辛劳，而今嘉年华会，何不任其开怀长啸，以舒积诉！其情其景，至今历历在目，犹如眼前。

激动之余，也有同学表达了些许遗憾。松溪籍青年军罗致中在复员合影照片后面写道：“从军方六月，日寇俯首降，未尝沙场味，复员回故乡。”

抗战胜利后，绪缨和几个同学打算尽快离开部队，重回学校。但青年军却始终不肯放人。

第209师第626团2营6连的老兵汤怀亮回忆道，抗战虽然胜利，国民党却不许青年军复员回乡，而是要求第209师徒步行军前往福州，准备调去接管台湾。汤怀亮在福州学习了半个月的日语，却被告知已改派别的部队去台湾。[①]

随后，第209师奉命乘船前往浙江绍兴，编为陆军第31师，作为预备军官接受训练。

绪缨则因为身体不佳，并没有跟随大部队离开。1945年12月，因患有黄疸病，绪缨被安排在第209师部的野战医院住院。在医院的治疗下，绪缨的病情很快有所好转。此时抗战已经胜利，但蒋介石却迟迟没有宣布青年军解散的消息。绪缨归心似箭，无心再去理会军队里的暗流涌动。为了尽快脱离部队，绪缨找了诸多借口，始终不愿出院。1946年3月，野战医院跟随大部队由福州迁往宁波、绍兴等地。此时的绪缨只得跟随医院前往宁波。

此时正是抗战胜利后，祖国大地迎来的第一个春天。从福建到浙江，沿路春光明媚，一派生机盎然的气息。一路上，绪缨也感受到了这股清新动人的变化，心情愉悦之下，病情也日渐好转。

1946年5月，国民党宣布解散青年军，青年军可选择复员回乡，也可选择留在国民党军队任尉级军官。那时解放战争烽火已经点燃，大多数人都不愿意与同胞自相残杀，汤怀亮和几个老乡一商量，决定退伍。此时，大病初愈的绪缨归心似箭，听同学来信称，抗战胜利，厦门大学已启动搬回厦门的计划。绪缨那时从未回过母校的老校区，仅是听前辈和老师说起过鹭岛的山海风光、凤凰花开，恨不得立即飞回长汀。

无奈作为司务长的绪缨还需要办理连部的结账、清账工作，因此只得耐心完成所有工作后，于1946年6月离开青年军。

---

① 徐立文：《漳州一批“青年军”抗战后期　踊跃报名上前线》，http://zz.mnw.cn/news/967092.html。

绪缨对这段经历印象深刻。因为没有真正上过战场，这段经历说起来很平淡，但绪缨等人当时确实是抱着去了就不打算活着回来的决心上前线的。

世事无常，谁也没能想到，也正是参加这段青年军的经历，日后会给绪缨带去不小的灾祸。

“参加过青年军的，‘文革’时期都遭了不少罪，我被下放到诏安3年，复员证、参军时拍的照片、书信一件都不敢留，偷偷烧掉了。”汤怀亮说。

抗战胜利不久，第208师、第209师两师的800余名女青年已于1945年10月先行复员。1946年6月3日，全国青年军各师同时开始复员。第208师、第209师两师4772名福建籍男青年先由嘉兴抵沪，于6月13日、14日、18日从上海分3批乘轮驶往榕、厦两地，其中经由厦门登陆者1418名（另一说为1243名），由福州登陆者3354名。复员青年荣归故里，受到各界的热烈欢迎和慰劳，其盛况不亚于一年前的出征。

福建协和大学学生郑慰白在《从军一年的观感》中写道:“此次归来，途经杭州、上海、福州，国人对于复员青年的热烈欢迎，以及国家对于我们的优待，诚感受之有愧。”省复委会颁给复员青年荣誉章、青年军服役证书、复员补助费5万元。

对于未毕业的从军知识青年复员，当局要求他们回原校入学或转学。在征召之前，国民政府规定在校学生从军后保留学籍，且复员回校后还可享受各种优惠待遇；在他们真正复员时又规定凡未毕业之大学、高中、初中者一律回原校复学，因而这部分人的就学问题“比较好办”。

他们只需填明原校名称、地点、年级，然后按其学校所在地由各师分省市造具名册两份送复员管理处，以凭借转饬各省市复员委员会通令所属各校核准予以复学。如复员学校停办而志愿继续求学者，须按入伍时原年级、科系并检呈学校证件，“由各师就学甄审委员会审查合格后发给转学证，并造具名册两份送处以凭转请教育部分别转交。”[①]

各校对于本校学生的复员极为欢迎，厦门大学从军同学返校后，学校于1946年12月7日，在群贤楼图书馆举行从军学生复员茶会，“此番欢迎情况和两年前的欢送情况同样热烈，给予复员返校的从军同学以无限温暖”[②]。

由于是毕业班参军，回校就算毕业。因此，绪缨虽是1946年才正式回校，但仍然算是1945年的毕业生。而会计学系系主任萧贞昌则给了绪缨一个更大的惊喜——邀请绪缨回母校会计学系任助教。

原来，萧贞昌一直知道绪缨在校成绩极佳，如今也正是恰当时机，厦门大学已搬回厦门，院系亟待扩张，正处用人之际。这也让绪缨感到惊喜：“我觉得自己的性格还是比较适合留在大学里的。母校相邀，我自然同意。”于是，绪缨并未有太多犹豫，欣然接受邀请，担任厦门大学会计学系的助教一职。

那时的厦门大学会计学系需要绪缨，绪缨同样也需要一方治学传道的净土。如今看来，这个选择集天时、地利、人和于一身。

“合抱之木，生于毫末；九层之台，起于累土。”绪缨的学术和教学生涯也从这里正式起步，执着守望，行稳致远，终成大师。

---

① 黄伟：《抗战胜利后国民政府对从军知识青年复员就学的应对》，《安徽史学》2022年第1期。

② 同上。

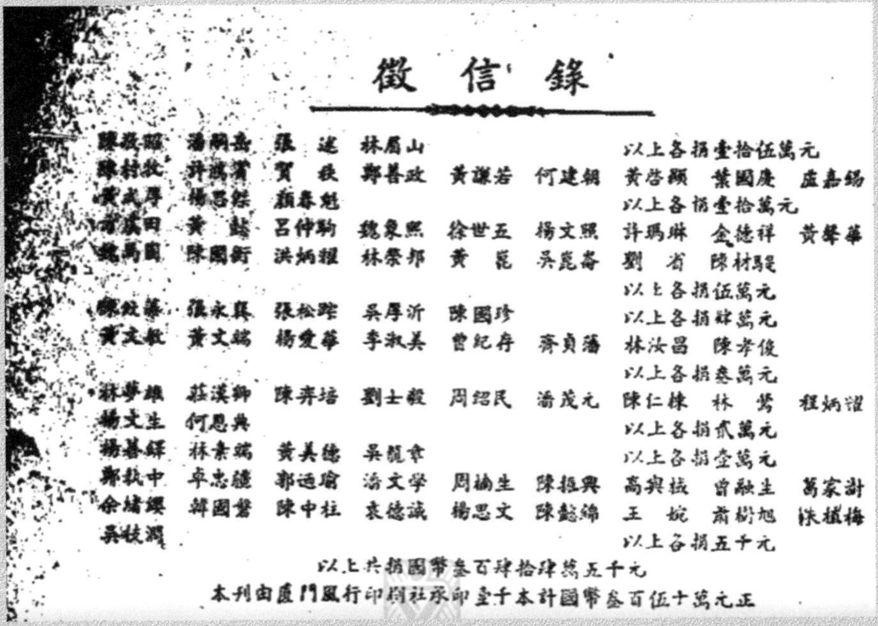

徵信錄

陳毅璐　潘炳岳　張　逑　林眉山　以上各捐壹拾伍萬元

陳材敦　許鴻賓　賀　毅　鄭善政　黃謀若　何建朝　黃啓顯　葉國慶　盧嘉錫

黃武厚　楊思傑　顏春魁　以上各捐壹拾萬元

肖漢田　黃　懿　吕仲駒　魏象熙　徐世五　楊文照　許瑪琳　金德祥　黃馨華

魏萬國　陳國衡　洪炳耀　林榮邦　黃　琨　吳崑壽　劉　省　陳材駿

以上各捐伍萬元

陳紋藩　張永昇　張松踪　吳厚沂　陳國珍　以上各捐肆萬元

黃文敏　黃文端　楊愛華　李淑美　曾紀存　齊貞藩　林汝昌　陳孝俊

以上各捐叁萬元

林夢雄　莊漢卿　陳奔培　劉士毅　周紹民　潘茂元　陳仁棣　林　鶯　程炳謡

楊文生　何恩典　以上各捐貳萬元

楊善鋒　林素端　黃美德　吳龍章　以上各捐壹萬元

鄭執中　卓忠穗　郭適瑜　潘文学　周榆生　陳振興　高與械　曾融生　萬家澍

余緒纓　韓國磐　陳中柱　袁德議　楊思文　陳懿錦　王　婉　肅樹旭　陳植梅

吳枝潤　以上各捐五千元

以上共捐國幣叁百肆拾肆萬五千元

本刊由廈門風行印刷社承印壹千本計國幣叁百伍十萬元正

厦门大学往届毕业同学录，厦门大学校友总会1947年编撰

第六节

号角声响　罢课游行

1946年，抗战已然胜利，曙光似乎就在前方。然而，乐观的人们突然发现，革命尚未成功，前路阴霾密布。这一点被敏锐的厦门大学师生察觉到了，他们开始积极地探索，试图撕去国民党统治者伪善的外表。

革命的号角，传遍校园；前进的道路，始于脚下；光明的未来，已触手可及。

1946年，厦门大学校长一职已由著名细胞生物学家汪德耀接任。他是厦门大学历史上第四任校长，在抗战胜利后组织学校的重建工作，解放战争期间在保护厦门大学师生及资产安全方面作出了不可磨灭的贡献。

接近8年的长汀岁月给厦门大学增添了一抹坚韧厚重的色彩。1937年年底，厦门大学迁往长汀时有学生196人，教职员工83人，其中教授18人、副教授4人、讲师8人、助教14人。回迁时厦门大学有4所学院15个系，教授、副教授94人，在校生达1044人，是初迁长汀时的4倍多。与当年迁来时的寒酸狼狈迥然不同，这时的厦门大学已经是“军容”整齐。

就在厦门大学师生殷切盼望厦门解放之际，困难却接踵而至。要迁回厦门，首先必须解决的就是场地问题。厦门大学在日军侵华期间受损严重，仅校舍损毁造成的损失就在40亿元以上。

此时，作为厦门大学会计学系助教的绪缨，与会计学系师生共同迁回鹭岛。这也是绪缨首次回到厦门大学的原校址。在演武场广场上，群贤楼、囊萤楼、映雪楼、集美楼、同安楼5座大楼一字排列，因为沦陷期间日本军队将之作为海军前线司令部，所以得以保存下来。

在长汀时期，时任校长萨本栋便使用旧楼的名字来命名长汀的校舍。因此，当绪缨看到这些楼的名字时，并不觉得陌生，而是有一种亲切而熟悉的感觉。

绪缨后来回忆说，刚搬回学校时，便被学校里诸多“白墙红瓦”的建筑吸引了。校园虽被日本人破坏得十分严重，但仍然能看出以前是何等的气派。红瓦、绿树、青山、碧海，相映成趣，让其对这片土地的第一印象极佳。

厦门大学独特的建筑风格被称为“嘉庚风格”，可以简单地概括为“穿西装、戴斗笠”。“穿西装”即所建房屋楼身为西式，“戴斗笠”即覆盖绿筒瓦或嘉庚瓦的中国房屋的坡形屋顶。白岩红砖嘉庚瓦加配琉璃瓦，骑楼走廊配以绿栏杆的楼身，体现传统民族风格又不乏南洋的亚热带风情，红绿白三色搭配，色彩调和、鲜艳夺目。

早在1922年，校主陈嘉庚就进一步向厦门大学的教授们说明了他的建筑理念。他向教授们说，建筑要有个性，自己民族的建筑要有属于自己民族的个性，不必追求或模仿洋人的建筑；每个民族都有它的历史传统和民族性的建筑艺术，不必强同于异族而来抹杀自己民族的建筑文化艺术；而走上模仿洋化的道路，乃是埋没自己民族和本国伟大历史传授下来的建筑文化艺术，是没有国性的。

陈嘉庚在1920年以后建造的教学楼或宿舍的欧式大楼的顶上，加上了中国传统的燕尾或马鞍屋脊或重檐歇山顶，用中华民族的传统建筑形式“压制”欧陆建筑或殖民地建筑，塑造出强烈的闽南地方特色——“嘉庚风格”。

站在五老峰上自北朝南看去，可以一窥当时厦门大学的全貌：最前面是民居，被学校租来用于安置教职员工，后面则是一大片农田，有一条曲折的土路进入校区。当时厦门大学的校门已被毁坏，因此仅有校门之名，却无校门之实。

一进门，便是一字排开的5座石砌楼房的背面及其左方近海的石砌博学楼，它们共同形成厦门大学的中心楼建；居中的是群贤楼，一楼中央有布告栏，也可用来公布诸生每次考试成绩，以学号示出；再南是郑成功当年的“演武亭”，已为体育场；继而是鹭江；最后面便是鼓浪屿。

与绪缨同时担任厦门大学助教的潘懋元先生回忆：当时的这些大楼只够迁回的大学生作为上课与生活之用，迁回的职工除少数外，只能散居在华侨建造的大南新村和当地农民居住的东边社农舍。1947年招收的新生无法容纳，当时厦门市市长黄天爵是厦门大学往期毕业生，因此当时的市政府把在鼓浪屿的敌产“陆军医院”拨给新生作为生活区，将“日本小学”作为新生教室，把原日本领事馆作为厦门大学教职工宿舍。由此，厦门大学成立了“新生院”。①

由于校舍紧缺，所以包括绪缨在内的诸多助教都曾在鼓浪屿的新生院住过。当时市政府临时征用了原日本领事馆的房子。原日本领事馆面积很大，中间为两层半的办公大楼，被隔成了许多房间，作为职工宿舍；底下是地下室，平时堆放杂物。

在长汀待久了的厦门大学师生们，如今搬到了风景优美的鹭岛和鼓浪屿。海风习习中，回想起长汀的艰苦岁月，生出了许多感慨。

潘懋元先生曾自述自己在厦门大学迁回鼓浪屿后当助教的时光：

“许多华侨——主要是东南亚华侨，在南洋赚了钱，就在鼓浪

① 朱志凌：《著名教育家、百岁厦大教授潘懋元讲述鼓浪屿解放故事》，https://news.xmnn.cn/xmnn/2020/08/06/100762849.shtml。

屿建造一座有特色的华丽的房屋，门庭幽雅，准备退休后回来养老，平时交代亲戚精心看管。在这里生活的男女青年，都具有一种优雅的形象。当你在夜间尤其是夏天的夜间开启窗户时，可以听到处处的钢琴声。

当年的鼓浪屿，除了龙头路和登日光岩的步道较宽外，都是曲曲折折的小径。曲径通幽，我最喜欢的散步是在这些小径上探索前行，有时豁然开朗，似乎能到达世外桃源。

当时鼓浪屿的不少小路都是石子路面，只能步行，连自行车也不能骑，我在厦大上课时，把自行车寄在对岸的朋友家中，先从鼓浪屿乘舢板小船到对岸，然后骑自行车到厦大。后来厦门开通了1路汽车，我不用骑车去厦大，就索性把自行车扛到鼓浪屿，挂在墙上。”①

虽然生活看起来比长汀自由悠闲，但在彼时的中国，解放战争已在华北地区打响。校园里同样弥漫着战争的气息。厦门大学如同一个火药桶般，只差一颗火星便能引爆。

厦门大学的建设工作还未完成，一些师生甚至还没来得及看一眼战后的校园，1946年6月26日，国民党以30万军队围攻中原解放区，向解放区发动了全面进攻。强加在中国人民头上的内战爆发了，解放战争由此正式开始。

地处东南一隅的厦门尚未被战争殃及，但战争局势吸引了所有师生的注意。在群贤楼旁的墙壁上，张贴着各个社团组织的壁报，以讨论时事为主，争论极为激烈。下课后去看壁报是当时不少师生的习惯。

在校园中，壁报社是最常见的社团组织之一。当时的每个壁报社都

---

① 朱志凌：《著名教育家、百岁厦大教授潘懋元讲述鼓浪屿解放故事》，https://news.xmnn.cn/xmnn/2020/08/06/100762849.shtml。

等于一个小组织，大都由几个或几十个不同年级的学生组成。这种壁报社常常和读书会结合在一起，他们既是一个学习的集体，也是一个宣传思想的集体。

如政治学会的《风雷》、经济学会的《经济学人》、教育学会的《黑土层》等都是备受欢迎的壁报社。壁报内容丰富多彩、形式多样，可为研究论文，可为政论杂文，亦可为文艺诗歌，文章短小精悍，供师生们围观阅览。由闽西南地下组织主编的《实践》《新曙》《钟士》《新生》等多种壁报，宣传时事与介绍革命运动，推动了厦门大学校园革命运动的发展。

与此同时，在内战阴云笼罩下的厦门，通货膨胀剧烈。1946年7月，厦门米价每石（1石约120斤）高达十一万元，较抗战前上涨一万多倍。厦门大学教职员工“以平均一千五百倍之薪俸应付一万余倍之物价，窘迫负债无以为继”。

虽然助教只有微薄的工资，但在学校的福利补贴等政策之下，绪缨等人的生活虽不富裕，但仍可以勉强糊口。绪缨和同事偶尔也会前往厦门市区购买物品。在那里，他目睹了国民党统治区的残破景象：

在救济会的门口，有着一列同益同人公会门口那样子的人们，他们在等着善士们施一碗粥；在益同人公会门前，有着一列蛮长的男女老少们，他们或蓬头垢面，或鹑衣百结，赤着脚、忧着脸，都具着“面有菜色”的资格，在等善士们施发寒衣。

而当时的开元路是劫后厦门畸形热闹的街道，那里有无尽长的一排故衣摊。街心除了观光及采购者的行列外，全是一群手臂挂着旧衣服兜卖的可怜人。这里有资本家享受过的柔软的绒毯地毡、别致的台布窗幔、丝质的旗袍礼服、西装，有1世纪前的古董大褂及破烂了的衬衣短袄，甚至女人的单衣小裤、小孩子的雪罩尿布等，都在尽量应售。

与此同时，在同一地区的另一番景象则让绪缨愤怒异常：

大街上，有很多的男人们身着价值10万金的西装，脚着万元的油光皮鞋，手握千元的司托克（拐杖），还有那头发上的光也油上5元关金，更有很多的密斯（女士）们，满身穿戴着各种各样的装饰品。他们嬉笑地招摇过市，真是乐呀乐的……

在咖啡馆里、在餐室楼上，有很多的红男绿女们在喝咖啡、吃西餐，饮各样各色的酒。一掷几千金或几万金，名曰“聚餐”……

据厦门《江声报》报道，厦门自光复后，百物腾贵，民不聊生，几与沦陷相符，仍呈颓黯气象：“其稍不同者，乃舞场之歌舞升平，一般发胜利财者及特殊阶级多趋之如鹜。一夕万金，迷而不醒。讵舞厅老板，唯恐是辈不溺而不毙，并拟于每星期日，集各舞厅乐队暨全体舞女，联合举行茶舞会，议定17日星期日下午2时至6时，在仙乐舞厅举行，第二周好莱坞咖啡厅，第三周百乐门，第四周国泰舞厅，依序循环举行。”

这不应该是抗战结束后的场景。在凋敝的民生下，还隐藏着多少权贵和资本家的腐败堕落。即便如此，国民党反动派仍加紧对厦门的控制，生怕出现任何一点的革命迹象。

大连理工大学教授陈方培1945—1946年在厦门大学新生院读书，他回忆道：那时我已感到国民党在厦门加紧了控制。有一星期日我们同寝室的几位同学渡海到市内租自行车去南普陀游玩。我骑车技能不熟练，被远远丢在后面。突然路旁几个穿便衣的人，估计是国民党特务，把我拦住盘问；我说我是厦大学生，与同学出来游玩。他们盘问了几句才让我离开。那时我还听说，新生院有两位从青年军复员的女同学，由于她们在青年军时曾被怀疑思想“左”倾，到厦门后还受到国民党特务的监视。这些亲身经历和见闻使我开始对国民党的统治感到不满。①

① 陈方培：《1945—1946年在厦门鼓浪屿厦大新生院八个多月的学习生活》，https://wap.sciencenet.cn/home.php?mod=space&do=blog&id=267200。

1946年12月24日，北平发生驻华美军强奸中国女大学生的暴行。消息传来，厦门大学师生义愤填膺，于1947年1月6日成立“抗议美军暴行委员会”，次日发表《为抗议美军暴行告全市同胞书》，并举行抗暴大游行，参加者650多人。

廖开治等7位同学以“映雪宿舍123室同人”的名义率先将《文汇》《华商》等报纸的剪报张贴在校园显眼的过道上，接着其他壁报也先后贴出一期期评论，敦促同学们走出书斋。这推动了厦门“抗议美军暴行”的示威大游行。

1944级机电工程系校友苏林华回忆，1947年1月7日，厦门大学师生在群贤楼前方大操场集会。学生自治会会长陈景汉在台上声色俱厉、暴跳如雷地指责美军，艺术家朱一雄则在台上看着蓝天，像朗诵诗歌般地漫步说：“我们手拉手，我们向前走……”之后，游行队伍进入市区，在码头处有大一新生（包含台湾籍学生）来聚，绕市一周后才返校。[①]

1947年2月，台北街头的女烟贩林江迈遭到缉私警察殴打，引爆了台湾同胞反抗专制统治、争取基本权利的正义行动，史称“二二八”起义。厦门大学的《实践》壁报社在映雪楼123室连夜奋战，首发专刊，包含海内外各种报道此事的报刊剪贴资料、学生所写相关政论杂文，以及王亚南、郭大力、林惠祥、罗志甫、熊德基、欧阳琛等教授的慷慨陈词。

1947年5月4日，由中共地下党组织主持的壁报社联合举办“五四”文艺晚会，吸引众多同学观看。文艺晚会在新落成的厦门大学学生公社举行，会场悬挂着托尔斯泰、高尔基、普希金和罗曼·罗兰的画像，鲁迅的彩画像被高高地安置于上。当晚，汪西林、郭一岑、王亚南、熊德基等教授发表了精彩演讲。

---

① 苏林华：《梦回鹭江滨——1946—1948年间之厦大》，https://alumni.xmu.edu.cn/info/1020/2433.htm。

演讲之后，以口琴合奏的马赛曲为引，诗朗诵和文艺节目正式开启。独唱《茶馆小调》和秧歌男女轮唱《兄妹开荒》尤为吸引眼球。它们作为民间曲目，第一次走进高等学府，曲调的通俗、内容的真实，道出了人民的声音与现实的美丑，唱进了现场每一位观众的心中。

《茶馆小调》是当时“讽刺歌曲”的代表作。歌曲采用民间说唱叙事的风格，由三个部分构成。20世纪40年代的国民党统治区，民生凋敝，民怨沸腾，民变迭起，特务多如牛毛，到处钳制人民言论自由，连茶馆店也贴上了“休谈国事”的告示……当时的人们已是那样地蔑视国民党反动派，连讽刺也不必转弯抹角，而是燃起愤怒的烈火，要把那些扼杀言论自由的独裁者焚毁。

晚风吹来天气燥呵，
东街的茶馆真热闹，
楼上楼下客满座呵，
“茶房！开水！”叫声高，
杯子碟儿叮叮当当
叮叮当当叮叮当当响呀！
瓜子壳儿噼里啪啦
噼里啪啦满地抛呵
有的谈天，有的吵，
有的苦恼，有的笑！
有的谈国事呵，
有的就发牢骚。
只有那茶馆的老板胆子小，
走上前来细声细语说得妙，
细声细语说得妙：

诸位先生！生意承关照，
国事的意见千万少发表，
谈起了国事容易发牢骚呵，
引起了麻烦你我都糟糕，
说不定一个命令把你的差事就撤掉，
我这小小的茶馆贴上大封条。
撤了你的差来不要紧呵，
还要请你坐监牢。
最好是今天天气哈哈哈哈！
喝完了茶来回家去，
睡一个闷头觉，
睡一个闷头觉。
哈哈哈哈！哈哈哈哈！
满座大笑，
老板说话太蹊跷，
闷头觉睡够了，
越睡越糊涂呀，
越睡越苦恼呀，
倒不如干脆大家痛痛快快地谈清楚，
把那些压迫我们剥削我们不让我们自由讲话的混蛋，
从根铲掉！
倒不如干脆大家痛痛快快地谈清楚，
把那些压迫我们剥削我们不让我们自由讲话的混蛋，
从根铲掉！

绪缨也是台下的观众之一。他和身边的其他人一样，王亚南的演讲令他的心里燃起了熊熊的怒火，《茶馆小调》则让他感知到了来自底层老百姓的呼声。这样的中国，绝不应是无数先烈抛头颅洒热血所换来的中国，这样的景象，也绝不应是仁人志士前赴后继所开辟的新天地。看看如今这凋敝残破的厦门，又是什么原因让它如此死气沉沉？

1946级的石文英还记得，1947—1948年，全国学运兴起，厦门大学被誉为“华南民主摇篮”。当时墙报很多，而且不断翻新；学生会候选人竞选激烈；要求民主，反对独裁，反对暴政，反对美国扶植日本，反内战、反饥饿等游行示威，一浪高过一浪，有力地震撼了全厦门市乃至附近省份。校内出现了“啄木鸟”“海音”“大家唱”“铁流”等不同立场的歌咏队、合唱团，其中以“海音”最有号召力。剧团在大礼堂（其实是男生膳厅，有上百条条凳，观众大都站立）先后公演了《陛宫图》《反把头斗争》《茶馆小调》等新锐讽刺批判现实的话剧、小品。中文系的周炳荣、徐因两位同学还在大操场演过《兄妹开荒》活报剧。到处是轰轰烈烈的气氛，同学中一时涌现出许多出色的人才，不只百家争鸣，且是百花争艳。①

这一时期解放战争的烈焰燃烧到华北，北方的一些高校暂时停课，一批进步教授暂时撤离南下。厦门大学来了有名的经济学家郭大力、教育学家林砺儒、戏剧学家洪深父女等。洪深女儿还登台献艺，出演了《打渔杀家》。他们的到来有如一把火，校园里的气氛更热烈了。此时学运已进入高潮。

“我虽游离于学运的政治斗争之外，但深深感受到作为华南民主摇篮的那种充满活力、磅礴而伟大的气息，它是催生送死的号角，是正义光明的力量，是我们这一代厦大同学高昂精神的生动展示。”石文英说。

① 石文英：《我们这一代厦大师生》，https://alumni.xmu.edu.cn/info/1020/3022.htm。

为了镇压学校内的反内战运动，国民党当局出动军警特务，大肆逮捕进步人士。1947年6月1日凌晨3时，国民党当局派出大批军警，突然包围厦门大学。当时的厦门市市长黄天爵率人到校长公馆，拿出一份13人的名单要进校搜捕。所幸，在校长汪德耀的斡旋下，警察只带走3人。

军警离开后，全校师生群情激愤。法学院院长王亚南、化学系主任卢嘉锡等也都发表讲话，谴责政府肆意逮捕学生，并表示一定设法营救。

当天晚上，汪德耀亲自到要塞司令部及市政府恳求保释学生，直到夜里11时左右才将被捕的3名学生带回。

第二天，厦门当局为防厦门大学学生上街游行，宣布特别戒严，派出大批军警到厦门大学一带布防。有材料说，这次戒严的架势，“较之当年对付日军的袭击有过之而无不及”。

1948年是全国人民艰难的一年，学生、老师、工人时刻处在饥饿的边缘，厦门大学学生助学委员会印发的歌词十分形象：“活不起，一半薪水扣预支，一半薪水还老李，剩下零头回家去，是买油还是去买米？”

厦门大学学生自治会于1947年9月21日发起了助学运动，校本部同学参加者500余人。厦门大学的教职工同样也处在断粮的境地，国民党政府多次拖欠教职工的薪资。在此情形之下，轰轰烈烈的“三罢”（罢课、罢教、罢工）运动在厦门大学发起。

1948年4月8日，厦门大学教职员因为无法维持最低限度生活而罢教3天。1948年4月16日，厦门大学学生罢课2天，抗议解散华北学联及各地非法逮捕的学生，要求改善教职员工的待遇，要求全面公费。1948年4月18日，厦门大学学生的民主运动从学生罢课逐渐扩展到教授罢教、职工罢工。“三罢”运动使教授、学生、工友在反迫害反饥饿的主张下团结得更紧密。

当时，师生经常聚集大操场开“夕阳会”，听王亚南、林砺儒等民主人士演讲，揭发弊政，诉民生之苦。为了保护被国民党特务威胁的学生，作为助教的绪缨和葛家澍积极行动，与其他教职工组成了“教授会”“助教会”，并保持密切联系，随时准备组织活动、营救学生。

如今的厦门大学学生活动中心，也就是当年的“三家村”，是当年教授和助教们私下聚会的主要地点。在当时，这里仅仅是两条马路相交路口北端的一栋建筑，其后是一片村民的池塘菜地。四周有一圈小围墙，进门是一个三四十平方米的天井，天井北有幢浅黄色欧式、坐北朝南、一层三个单元的住宅。

彼时，厦门大学将其分配给了经济学系、历史系和化学系的3位教授居住。其中，历史系的教授是厦门大学的第一届毕业生、历史学家叶国庆。

叶国庆之女、1950级生物系校友叶雪音在《“三家村”思绪》中，提及了绪缨先生在这些组织中忙前忙后、活动频繁。

> 王亚南时任厦门“民钟报”副刊编辑，副刊旨在揭露弊政，我为其作一篇《论秦始皇焚书坑儒》，讽刺国民党专治。进步书籍在师生间悄悄传阅，中文系主任余謇先生暗中借我一本“新民主主义论”，说是学生传阅。历史系熊德基与我联系甚多，当时我并不知道他是地下党，只知道他的经济状况捉襟见肘，便介绍他与我一起去集美中学兼课。熊德基夫妇撤离厦门赴香港前还委托我代为保管一箱物品，解放后取回。
>
> 为反抗国民党特务迫害仗义敢言师生，校园中成立多个组织，如职员会、助教会、讲师会、教授会。教授会的干事有安明波、林砺儒、叶国庆、萧贞昌、罗志甫等。大家推举安明波为主干事，他去过苏联，擅长演讲和组织活动，后来因故离开。随后推举叶国庆

> 继任主干事，其职责是草拟通电，制定共同行动方案，联络各会组织罢课、游行、索薪，当时联系最多的是经济学系余绪缨和葛家澍。

在厦门大学共产党地下党支部的领导下，1948年5月28日，厦门大学学生带领侨师、英华、双十等学校的学生代表，组成了2000多人的游行队伍，高举“厦门大中学生为反对美国扶植日本大游行”的横幅，游行历时2小时，学生高喊口号、张贴漫画壁报向市民宣传，高歌《反对美国扶植日本》《游行进行曲》《你是灯塔》《反法西斯进行曲》《五月进行曲》，这是厦门历史上规模最大的学生运动。

《游行进行曲》的歌词是：“前进，一齐向前进！前进，一齐向前进！看敌人挥动明晃晃的刀枪准备再屠杀。一世纪来，耻辱堆得比山还要高，百年仇恨比海要深。同胞们，惊醒吧！”

一位亲历游行的侨师学生林多速在日记中写道：“歌声激励了我，也激励了同学们。”“继续前进，歌声、口号声充满着队伍，不！冲入云霄。很多老百姓来看，我们发传单给他们。到了双十路，又大呼‘双十你们下来’。真的，他们来了，队伍更长，力量更大。”这场反帝爱国游行活动在《一家人》《团结就是力量》的歌声中结束，“唱着歌，高呼厦门学生是一家”。

1948年5月30日，厦门重要的地方性报纸《星光日报》发表《厦门大学反对美国扶植日本抢救民族危机宣言》，揭发美国扶植日本意在侵略中国，指责国民政府不仅不加反对，反而还让岗村宁次在南京做军事顾问，请日本战犯掘内干城做经济建设的顾问。

《星光日报》刊发了《教授笔谈》，王亚南、卢嘉锡、熊德基、林惠祥、徐霞村（徐元度）、欧阳琛、方锡畴、吴兆莘、林砺儒等多位厦门大学教授慷慨陈词：“凡有血气，凡有心肝，莫不切齿，全国各界正奔走呼号，声罪致讨。”同时也进行了自我反省：“我们怪人家好呢，还是应该要怪自己？在我看起来，似乎是应该厚责己而薄责人。我们还是自己硬干、苦干、快干——才有办法。”解放战争时期的一系列爱国民主运动，使厦门大学赢得“东南民主堡垒”美誉。

厦门大学1946级数学系校友陈溶年曾自述称，在厦门大学4年中，最大的收获是思想进步，受学生运动教育，对当时国家前途逐步认识。1947年年初反美暴行游行，知道政府无能，受美帝欺凌；1947年5月反饥饿反内战游行，知道政府腐败反动，地下党组织两个歌咏队，理工叫“啄木鸟”，文法商叫“海鹰”；学习进步书籍，传播解放区消息，知道共产党将在全国胜利，新中国就要出现，激情奋起。①

与此同时，由于国民政府滥发金圆券，通货膨胀情形继续恶化，厦门大学学生几乎到了连米都吃不到的地步，学校生存举步维艰。汪德耀多次向国民政府、教育部及福建省政府致电求救，但都如石沉大海一般，杳无音讯。

1949年年初，厦门大学几近断炊，校舍甚至都被抵押出去借款买米，实可谓山穷水尽。

为了果腹保命，从2月开始，厦门大学学生组织起各种形式的自救活动。从厦门大学陷入绝境时的报道，可看到厦门大学将校舍抵押的情形：卖水队用手推车将淡水从五老峰运往市区，按市价八折出售，所得甚微；义卖队到码头叫卖，冒着寒风，顶着苦雨；做打石工，上街卖艺，挥锄垦荒……为了生存，厦门大学学生只得暂时放下手中的书本，不断奔走。

不仅学生疲于奔命，厦门大学教职员工的生活也难以为继。以最高标准计算，1949年2月，厦门大学教授一个月只能拿3000元不到的薪酬。

① 《陈溶年：永不忘怀的岁月——回忆老厦大》，https://alumni.xmu.edu.cn/info/1043/6230.htm。

而按当时的物价计算，这笔钱可以买20多斤米，或3担柴，或30斤菜花，或不到10码质地最劣的土布，买了这样，就买不到那样。

学生发动救饥运动时，教授们苦笑着对前来拜访的学生说，若不是年龄和其他种种的限制，他们真想随着同学们的队伍去卖水或者打杂工。人类学教授林惠祥直言：“现在越来越坏，待遇低，简直活不下去。”①

汪一凡教授对安明波教授的女儿安老师的采访，也从侧面证实了两位会计学系的年轻助教是“教授会”里的关键人物，负责组织协调，还要去买米买面。

在1949年“改朝换代”的时点上，国民政府败退了，货币体系崩溃，而新政府尚未接管，厦门大学的教师们没有薪水可领，陷入行将断炊的绝境。后来是“厦门大学教授会”时任会长、经济学系教授安明波以“教授会”的名义向银行借来金条，年轻的会计学系助教葛家澍则领人到角美一带采购米、面等，使大家渡过了难关。②

绪缨先生不仅为厦门大学师生的困境奔走呼号，也试图通过自己的专业知识对这一切进行解读。在绪缨先生看来，在国民政府的统治之下，长期的通货膨胀使得币值出现剧烈变动，这会导致会计在实务操作中失去其稳定的计算基础。

“如我国经此长期而剧烈之通货膨胀，会计数字所代表之经济事实，稍易时日，即已失去其原始之意义。”③这足以证明，当时的绪缨先生正试图用专业知识，为积重难返的民国经济制度建言献策。一名年轻

---

① 《致敬！这是黎明前夕的厦大……》，https://www.sohu.com/a/347713442_404521。

② 汪一凡：《青年时期的葛家澍和余绪缨》，参见“厦大会计”微信公众号的《厦门大学会计系往事（八）》一文。

③ 余绪缨：《币值变动之会计理论及其方法》，《公信会计月刊》1948年第十二卷第4期。

的大学助教便拥有这份勇气和胆识，足以看出绪缨先生不畏权威、仗义执言的性格特点。

在1948年第十二卷的《公信会计月刊》上，绪缨先生的《币值变动会计之理论及其方法》分上下两期发表。在该篇论文中，绪缨先生指出，当币值变动剧烈时，传统会计方法无法作为企业盈亏的正确表达方式。传统的会计计算方式以货币为媒介，无论是货物流通还是劳务，都采用货币值来表示。这也要求了在传统的会计模式下，需要保持币值稳定。

而在那时的中国，连续多年的通货膨胀早已击溃了稳定的货币制度。物价飞涨下，呈现出了“虚假的繁荣”景象。在文中，绪缨先生忧心忡忡地提道：“此时，企业之会计报表均显示营业扩张、资产增加、利益优厚，企业管理者如据此虚夸之账面数字进行分派股息，其结果将使企业之‘实物营业量’与‘资本实值’日益缩减，再生产过程无法长时继续。”

绪缨先生建议，会计报表应该以“营业损益”与“货币损益”的方式划分，并保持原本投资的经济价值作为基本要件，且采用“资本维持学说”，“此说以通货继续膨胀时期，货币资本之维持固失资本维持之本义，即财物资本之维持，如遇此一定量财货之相对价值未尽稳定，仍无以达资本维持之效果”①。

在论文最后，绪缨先生也颇为幽默地表达了战乱年代下经济数据统计的无奈：“唯我国经济统计尚未臻发达，信实可用之指数得之不易，此种困难应如何克服，则非本文所欲论列者矣。”

这篇文章切合当时的经济形势，提出了极富实践意义的方法。论文凝练的语句和字里行间透露出的真知灼见，很难想象会是出自一位年轻

① 余绪缨：《币值变动会计之理论及其方法》，《公信会计月刊》1948 年第十二卷第 3 期。

54 公信會計月刊 第十二卷

幣值變動會計之理論及其方法(上)

余　緒　纓

一・幣值與會計

企業會計爲今日工商業用以統制其經濟活動之主要工具。一企業紛繁之經濟活動，苟無會計爲適當之記載，分析，和整理，企業管理者及其利害關係人將無以得知企業之財政狀況及其經營過程，營業政策，信用政策之厘定亦無爲依據。爲使會計方法能普遍應用於繁複之經濟社會，會計學者乃擇定一共同之估價單位(Valuation unit) 爲計算之基礎，非藉此共同之估價單位爲之媒介，形態各殊，性質互異之各種資產負債勢無法相加減，會計亦無所用其術。由於近代之經濟交換，悉以貨幣爲媒介，財貨與勞務之經濟價值，均以貨幣表示之，因此各國通用之「法償幣」亦同時被採用爲各該國之記帳單位。一切紛繁複雜之交易，經精密之會計程序，最後均轉化爲貨幣數量之增減。根據貨幣數量之增減記錄，財產淨值與營業損益，亦易于確定。此傳統會計方法之所以被稱爲「金錢會計」或「貨幣會計」也。

凡稍具經濟學識者，咸知貨幣之經濟意義，不在其本身之內的價值，而在其每單位所能購買財物或勞務之數量。換言之：貨幣之經濟價值視其「購買力」(Purchasing Power)而定。傳統會計方法旣以貨幣爲「共同之估價單位」，必須幣值穩定，以貨幣單位所表示之財貨或勞務之相對價值，始有其正確性；如遇貨幣價值之本身動盪無定，貨幣單位自不足以盡其「價值尺度」之功能。申言之：物價（財貨價值之貨幣表示）之漲落，或由於貨物之原因，或由於貨幣內原因，或受二者共同之影響。其由於貨物之原因者，乃基於生產（指廣義之生產而言）技術或供需關係之轉變，爲財貨「經濟價值—Economic Value)之漲落。其由於貨幣之原因者，指市場通貨之膨脹或收縮，以致表示同一經濟價值之貨幣單位必須增加或減少。因此，物價之變動，非分析其中貨值與幣值增減之比例，仍無以獲悉其變動之經濟意義。通常「一般物價水準」(General Pricelevel)之變動可視爲幣值變動之反映；而「個別物價水準」(Specific Pricelevel)之升降，則由於幣值與貨值二因素所組成。此間之關係，可寫成簡單公式如下；

(1)幣值＝100／一般物價指數

(2)貨值＝個別物價指數／一般物價指數

因此「貨幣會計」之應用，必須幣值穩定，其貨幣數字之增減記錄始無碍於財政狀況與營業成績之正確表示。如我國目前情況，通貨膨脹繼續不已，物價因幣值下落而急劇上漲，其影響所及，工商業之外表無不顯示虛僞之繁榮。此時，企業之會計報表均顯示營業擴張，資產增加，利益優厚，企業管理者如據此虛誇之帳面數字逕行分派股息；其結果，將使企業之「實物營業量」與「資本實值」日益縮減，再生產過程無法長時繼續。會計學者有鑒於此，及期於會計技術上所有改進，藉謀記帳單位之相對穩定。

二・幣值變動與資本維持

基於上述之分析，「貨幣會計」因幣值下落所顯示之虛僞之繁榮，將使企業之「資本實值」蒙受無形之虧損。因此，會計方法之改善，當以「資本維持學說」(Capital maintence theory)爲其理論之中心。向之持資本維持說者，又有貨幣資本(Money capital) 維持說，財物資本(Material capital)維持說，與經濟資本(Economic capital)維持說諸種。所謂貨幣資本維持者，又稱名義資本(Nominal capital)或法定資本(Legal capital)之維持，意卽企業之資本以維持經官署登記之貨幣數量爲滿足，其因幣值下落所受之損害，非起因於企業之內部因素，亦非企業管理者所應負其咎。所謂財物資本之維持，意卽股東之出資雖爲貨幣，然其背面實代表有實價值之財產，此定額之資本經管理者週轉運用，若干年後、無論貨幣價值之漲落，至少必須以投入資產之相等價值返還各投資人，企業之原投資本始可稱完整無缺。至於經濟資本之維持，亦稱「眞實資本」或「購買力資本」之維持，此說以通貨繼續膨脹時期，貨幣資本之維持固失資本維持之本義，卽財物資本之維持，如遇此一定量財貨之相對價值未盡穩定，仍無以達資本維持之效果。因此「資本實值之維持，嚴格言之，應以市場一般財貨之總價值爲對像，庶原投資本不致損失其「一般購買力」，蓋非如此，將無以保持各股份之原有經濟價值也。

上述財物資本維持說與經濟資本維持說表現於

余绪缨先生《币值变动会计之理论及其方法（上）》部分内容截图

的大学助教之手。这篇论文一经发表便获得了众多业内人士的关注。

这篇文章在持续通货膨胀的条件下，探讨如何以“资本维持学说”为理论中心，对传统的会计理论与方法进行革命性的变革，至今看来仍有较大的现实意义。因而，该文被称为我国在这一领域的先导性文献。

好在这样的艰难生活，终于在1949年迎来了曙光。最深沉的黑暗，总是出现在黎明之前；最艰难的岁月，也孕育着新生的萌芽。

1949年10月1日，开国大典举行，中华人民共和国成立。与此同时，解放厦门的工作也在紧锣密鼓地准备着。

此时的绪缨先生已感受到了战争的来临，他告诫学生们，这段时间千万别外出走动，要随时做好躲避战争的准备。大家虽然紧张，但内心也不免有些兴奋：解放军来了，是不是也意味着希望终于来临了?

10月15日，解放军打响了解放厦门的枪声，战士们扬帆划桨，向鼓浪屿和厦门岛发起了总攻。16日中午，解放军在高崎成功登陆。10月17日拂晓，解放军围歼市区残敌，同时胜利攻占了鼓浪屿。17日上午9时许，全厦门宣告解放。潘懋元回忆道：“当天早晨，解放军从厦门本岛登上龙头路码头。当解放军前锋端枪迂回到鹿礁路上时，大家都拥立在大楼后侧的厨房屋顶平台上，高呼口号，欢迎解放军。”绪缨先生当时也在鼓浪屿，他和同事们兴奋地抱在一起，欢呼雀跃。那一刻，他们都清楚地看到了，一个崭新的时代来临了！①

---

① 朱志凌：《著名教育家、百岁厦大教授潘懋元讲述鼓浪屿解放故事》，https://news.xmnn.cn/xmnn/2020/08/06/100762849.shtml。

第四章

无惑无惧亦无忧
茫茫学海勇探求

第一节

学海茫茫 前沿求索

让我们把时间稍稍往前拨回，回到1947年——厦门大学会计学系助教绪缨先生第一次发表论文的时候。

1946年，绪缨先生从抗日青年军复员返校后，在时任会计学系主任萧贞昌先生的大力邀请下，开始了在厦门大学的教学生涯。

在高等学府相对安静的环境中，绪缨先生闭门读书、潜心钻研，包括一些英美书刊。当时，绪缨先生还负责会计学系课程的实习课和作业批改等教学工作，也借此机会把学到的东西传授给学生。另外，绪缨先生还将主要精力用于写论文，1947—1948年完成论文4篇，1948—1949年完成2本专著手稿，但未正式发表。

经过绪缨先生弟子们的梳理，可以发现，绪缨先生的科研兴趣，在不同时期有不同侧重点。20世纪40年代为币值变动会计，50年代着力于批判吸收苏联会计，60年代前期着力于总结我国经济核算的经验，“文革”期间一度中断研究，自70年代末期以来，除参与会计理论上“拨乱反正”之外，主要研究现代管理会计。

绪缨先生第一篇论文的平台是江西裕民银行创办的综合性刊物《经建研究》。江西裕民银行是北伐军平定江西后，为解决市场辅币和处理金融善后工作而筹建的地方银行。名字取“裕国利民”之意，资本100万元，官商各半。后在1945年7月改组为江西省银行。

《经建研究》为季刊，背后亦受到了江西金融界的大力支持，因此影响力不小，是当时为数不多的专业性经济刊物。之所以选择投稿《经建研究》，绪缨先生的想法颇为简单。彼时，学长裘宗舜已在江西盐务局工作了几年，绪缨先生也有不少同学在金融行业任职，由此认识了不少江西金融界人士，对这本赫赫有名的刊物也颇有耳闻。

更深层次的原因则有些哀婉凄凉，彼时的神州大地正深陷国民党反动派挑起的全面内战之中。1938年家乡沦陷时，绪缨先生已离家在外求学，跟着学校走，故一直没有回过靖安祖宅，因此十分想念母亲和几位兄弟姐妹。如今，绪缨先生的第一份学术论文即将发表在江西省最知名的经济刊物上，既是向家人展现自己的学习成果，亦是在告慰亡父余昌灏的在天之灵。

于是，在1947年的某夜，绪缨先生匆匆将已封装好的论文交予信差。看着信差逐渐远去的身影，绪缨先生抬起头，月明星稀，万籁俱寂，仿佛看到了父亲在对着他微笑，似是满意之态。

果然，这篇《论企业之偿债能力》的文章一经发表便引发不少业内人士的关注。由于文笔极佳、用词凝练，且专业性强，不少从事会计实务工作的人士纷纷议论：这是哪所学校知名教授的手笔？这个“笔名”怎么从未见过？

在论文开头，绪缨先生开宗明义：

> 由于近代之资本集中，行大规模生产及市场分配，企业管理以理财为其首要。观夫今日之企业界，竞争激烈，市场情况变化万千，企业单位得幸免于淘汰，诚非易事。而多数企业之所以经营失败，又以理财不善，以致造成“不能清偿”，为其最直接而有力之因素。所谓“不能清偿”（insolvency），以会计术语言之，可分

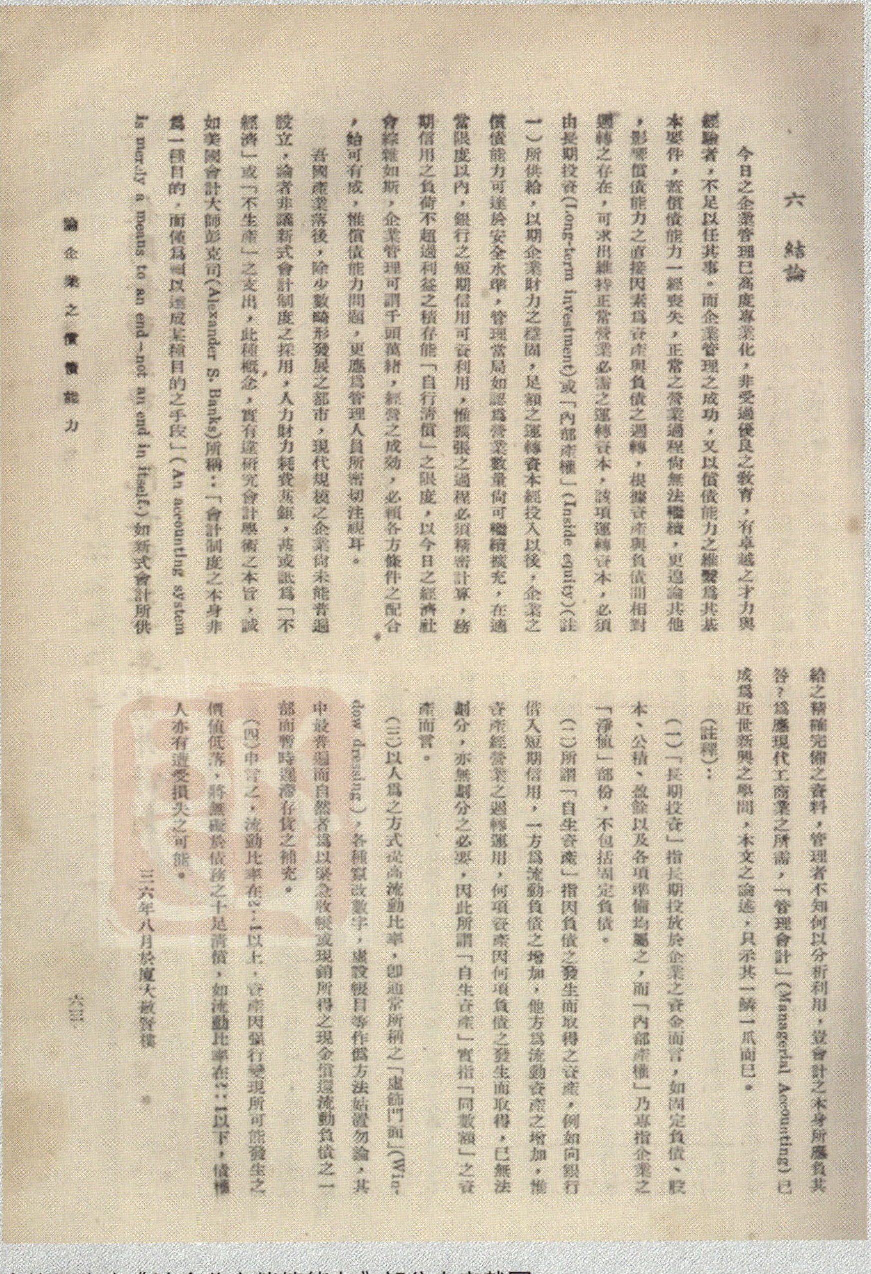

六　結論

今日之企業管理已高度專業化，非受過優良之教育，有卓越之才力與經驗者，不足以任其事。而企業管理之成功，又以償債能力之維繫爲其基本要件，蓋償債能力一經喪失，正常之營業過程倘無法繼續，更遑論其他，影響償債能力之直接因素爲資產與負債之週轉，根據資產與負債間相對週轉之存在，可求出維持正常營業必需之運轉資本，該項運轉資本，必須由長期投資(Long-term investment)或「內部產權」(Inside equity)(註一)所供給，以期企業財力之穩固，是類之運轉資本經投入以後，企業之償債能力可達於安全水準，管理當局如認爲營業數量倘可繼續擴充，在適當限度以內，銀行之短期信用可資利用，惟擴張之過程必須精密計算，務期信用之負荷不超過利益之積存能「自行清償」之限度，以今日之經濟社會綜雜如斯，企業管理可謂千頭萬緒，經營之成効，必賴各方條件之配合，始可有成，惟償債能力問題，更應爲管理人員所密切注視耳。

吾國產業落後，除少數畸形發展之都市，現代規模之企業尙未能普遍設立，論者非議新式會計制度之採用，人力財力耗費甚鉅，甚或詆爲「不經濟」或「不生產」之支出，此種概念，實有違研究會計學術之本旨，誠如美國會計大師彭克司(Alexander S. Banks)所稱：「會計制度之本身非爲一種目的，而僅爲可以達成某種目的之手段」(An accounting system is merly a means to an end-not an end in itself.)如新式會計所供給之精確完備之資料，管理者不知何以分析利用，豈會計之本身所應負其咎？爲應現代工商業之所需，「管理會計」(Managerial Accounting)已成爲近世新興之學問，本文之論述，只示其一鱗一爪而已。

(註釋)：

(一)「長期投資」指長期投放於企業之資金而言，如固定負債、股本、公積、盈餘以及各項準備均屬之，而「內部產權」乃專指企業之「淨值」部份，不包括固定負債。

(二)所謂「自生資產」指因負債之發生而取得之資產，例如向銀行借入短期信用，一方爲流動負債之增加，他方爲流動資產之增加，惟資產經營業之週轉運用，何項資產因何項負債之發生而取得，已無法劃分，亦無劃分之必要，因此所謂「自生資產」實指「同數額」之資產而言。

(三)以人爲之方式提高流動比率，即通常所稱之「虛飾門面」(Window dressing)，各種竄改數字，虛設帳目等作僞方法姑置勿論，其中最普遍而自然者爲以緊急收帳或現銷所得之現金償還流動負債之一部而暫時遞滯存貨之補充。

(四)申言之，流動比率在2：1以上，資產因强行變現所可能發生之價值低落，將無礙於債務之十足清償，如流動比率在2：1以下，債權人亦有遭受損失之可能。

三六年八月於廈大敬賢樓

余绪缨先生《论企业之偿债能力》部分内容截图

为“即时的不能清偿”（immediate insolvency）及“最后的不能清偿”（ultimate insolvency）。当企业之资产总价值抵偿其负债原有余裕，惟以通常之营业过程，资产变现之速率不足以应债务偿还之所需，以若干债务到期一时无力偿付，此种情形，称为“实时的不能清偿”，或称“财政的不能清偿”（financial insolvency）；企业之支付能力一经丧失，通常之营业过程必被迫而停止，而依法进行清算（liquidation）程序，清算至最后，资产变现之总价值犹不足以抵偿其全部负债时，则称为“最后的不能清偿”，或称“经济的不能清偿”（economical insolvency）。因此在长期竞争之过程中，企业得尽其生产及分配之功能，必须因偿债能力之存在而后可。偿债能力问题之讨论，无论从企业管理或社会经济关系言之，自有其必要。惟一般会计著述均以企业之“继续经营”为其基本假定，不出静态研究之范畴；本文之作，乃从企业“财政结构”（financial structure）之动态分析，以为偿债能力衡量之准绳。明乎此，企业管理当局及社会利害关系人之措施当有所抉择矣。

这篇学术文章虽是由文言文写就，但语句简明扼要，即便如今读起来也毫不费力。由于绪缨先生有着扎实的古文基础，因此整篇文章读下来朗朗上口，有吟咏之感。

在文中，绪缨先生以公司具体经营为例，甚至附上了“甲公司营业过程计算表”“甲公司总分类账”“甲公司资产负债表——流动部分”等图表，数据信手拈来，极为熟稔。整篇文章丝毫不像一位初出茅庐的助教所写。

在最后的第六部分，绪缨先生表示：

今日之企业管理已高度专业化，非受过优良之教育，有卓越之才力与经验者，不足以任其事。而企业管理之成功，又以偿债能力之维系为其基本要件，盖偿债能力一经丧失，正常之营业过程尚无法继续，更遑论其他，影响偿债能力之直接因素为资产与负债之周转，根据资产与负债间相对周转之存在，可求出维持正常营业必需之运转资本，该项运转资本，必须由长期投资（long-term investment）或“内部产权”（inside equity）所供给，以期企业财力之稳固，足额之运转资本经投入以后，企业之偿债能力可达于安全水平，管理当局如认为营业数量尚可继续扩充，在适当限度以内，银行之短期信用可资利用，惟扩张之过程必须精密计算，务期信用之负荷不超过利益之积存能“自行清偿”之限度，以今日之经济社会综杂如斯，企业管理可谓千头万绪，经营之成效，必赖各方条件之配合，始可有成，惟偿债能力问题，更应为管理人员所密切注视耳。

由企业的偿债问题，绪缨先生进一步延伸到了中国当时的经济问题。在文中，绪缨先生指出：

吾国产业落后，除少数畸形发展之都市，现代规模之企业尚未能普遍设立，论者非议新式会计制度之采用，人力财力耗费甚巨，甚或诋为“不经济”或“不生产”之支出，此种概念，实有违研究会计学术之本旨，诚如美国会计大师彭克司（Alexander S. Banks）所称：“会计制度之本身非为一种目的，而仅为赖以达成某种目的之手段。”（An accounting system is merely a means to an end-not an end in itself.）如新式会计所供给之精确完备之资料，管理者不知何以分析利用，岂会计之本身所应负其咎？为应现代工商业之所需，“管理会计”（managerial accounting）成为近世新兴之学问，本文之论述，只示其一鳞一爪而已。

三六年八月于厦大敬贤楼

作为后辈，看到这篇论文何等震惊！原来绪缨先生早在自己发表的第一篇论文中便已经阐述了“管理会计”的概念。当时，国内还没有人引进和提出“管理会计”这个概念，谁能想到“管理会计”竟然成为绪缨先生未来数十年的研究母题，他孜孜不倦，深耕其中。这亦可看出绪缨先生的兴趣之所向，从青年直至壮年再至老年，求索探秘，其犹未悔。

在会计发展史上，第一次提出“管理会计”术语的是1922年美国会计学者奎因坦斯写的《管理的会计：财务管理入门》一书，当时称“管理的会计”（managerial accounting）。而就在这一年，在中国江西的山村里，有个男孩出生了，他将成为把管理会计学引入中国的关键人物。

直至1952年，在伦敦举行的世界会计师大会（WCOA）上才正式提出“管理会计”这一术语。“管理会计”的提出无疑是会计学史上的一个里程碑，它的形成与发展同企业的管理问题密切相关，随着时代的发展而不断创新，会计的作用不再局限于对生产经营活动的事后反映和单纯记录企业的历史信息，而是能够利用企业过去的信息对未来的经济活动进行全面的规划，并且形成了更为科学的事先计划、事中控制、事后分析管理体系。

弟子们曾听过这样的故事：“余老师的第一篇论文发表之后，立刻就引起当时在我国素负盛名的公信会计师事务所的重视。他们以为此文出自名家之手无疑，便以教授头衔致函邀去讲学。此后余老师也经常提到这个故事，看得出来他对此也很骄傲。”

同一年，绪缨先生还在由福建省会计处主办的《会计知识》上发表了《偿债能力与流动性》一文。

经过几年对货币会计及企业偿债能力的研究，加之民国政府统治下通货膨胀严重，绪缨先生后来又在1948年第十二卷的《公信会计月刊》上发表了《币值变动之会计理论及其方法》。该论文分上下两期全文收录。这篇论文也是绪缨先生对币值变动理论研究的集大成之作。

在文章开头，绪缨先生如此描述：

企业会计为今日工商业用以统制其经济活动之主要工具。一企业纷繁之经济活动，苟无会计为适当之记载、分析和整理，企业管理者及其利害关系人将无以得知企业之财政状况及其经营过程，营业政策、信用政策之厘定亦无为依据。为使会计方法能普遍应用于繁复之经济社会，会计学者乃择定一共同之估价单位（valuation unit）为计算之基础，非借此共同之估价单位为之媒介，形态各殊，性质互异之各种资产负债势无法相加减，会计亦无所用其术。由于近代之经济交换，悉以货币为媒介，财货与劳务之经济价值，均以货币表示之，因此各国通用之“法偿币”亦同时被采用为各该国之记账单位。一切纷繁复杂之交易，经精密之会计程序，最后均转化为货币数量之增减。根据货币数量之增减记录，财产净值与营业损益，亦易于确定。此传统会计方法之所以被称为“金钱会计”或“货币会计”也。

之所以会关注到币值变动的话题，也跟当时的经济环境息息相关。绪缨先生在文中亦有论述：

“货币会计”之应用，必须币值稳定，其货币数字之增减记录始无碍于财政状况与营业成绩之正确表示。如我国目前情况，通货膨胀继续不已，物价因币值下落而急剧上涨，其影响所及，工商业之外表无不显示虚伪之繁荣。此时，企业之会计报表均显示营业扩张，资产增加，利益优厚，企业管理者如据此虚夸之账面数字径行分派股息；其结果将使企业之“实物营业量”与“资本实值”日益缩减，再生产过程无法长时继续。会计学者有鉴于此，及期于会计技术上所有改进，借谋记账单位之相对稳定。

《公信会计月刊》由民国会计理论学家奚玉书于1939年创刊。该刊物是当时国内最为知名的会计学期刊，也是1949年之前出刊持续时间最长的会计刊物，影响力不俗。

这篇文章还曾在20世纪90年代引起过讨论。据弟子们回忆，20世纪90年代，某地财院的几位教师专程来厦门大学，就物价变动会计的疑难问题，登门求教绪缨先生。交谈中，绪缨先生提到他在40年代发表的关于币值变动会计的论文，事后客人借来文章阅读时发现，他们的疑难问题大部分在绪缨先生40多年前发表的论文中已给出了答案，令客人折服。

短短几篇论文，足以证明绪缨先生拥有着当时极为超前的研究视野以及忧国忧民的人文关怀。这几篇研究论文也为绪缨先生的专著打下了良好的基础。1948—1949年，绪缨先生在前述几篇论文的基础上完成了《币值变动会计之理论及其方法》《间接费用与真实成本》两本专著，每本手稿均为4万～5万字。只可惜由于当时政局不稳，两本专著均未发表出版，后来变动频繁，10余万字的手稿也逐渐流失在数次运动之中，如今想来真是件憾事。

也是在1948年这年，人民解放军在各个战场大踏步前进，在国民党的“白色恐怖”之下，厦门大学地下党组织了几次活动，为焦躁不安的师生们带去了一抹红色的希望。

这也让绪缨先生的目光转向苏联——这个红色苏维埃政权建立的国度。这一年，绪缨先生在《厦大会计》上发表了《苏联会计制度概述》。当时，国内会计学界对苏联研究甚少，这篇文章打破了这个不成文的传统，让会计界刮起了“研究苏联”之风潮。

在文中，绪缨先生从苏联和欧美国家根本制度的差别谈起，认为苏联会计制度采取的是“产业国有和计划经济”。

> 苏联会计制度之异于英美，非由于会计本身之技术（accounting technique），实由于经济组织之基本差异。盖苏联之会计记录，亦基于通用之双重记录（double entry）原理也。吾人素知资本主义经济制度（capitalistic economy）以私有财产和自由竞争为其主要特征，企业之经营旨在追求利润。社会主义经济制度（socialistic economy）则不然。苏联采用之制度乃基于产业国有和计划经济，企业活动悉由政府直接管制，企业之经营必须遵行预定计划，以提高全民之生活程度为目标，故其所用之会计制度自亦不无独特之处。本文之作，端在介绍，无所批评，以供会计界同仁之参考。

如今看来，绪缨先生对苏联会计制度的概括依然精准。直至一年后，中华人民共和国成立，会计学界才意识到绪缨先生的眼光竟是如此超前。

中南财经政法大学郭道扬教授在《20世纪中国的会计改革》中说明，中华人民共和国成立后，会计制度要适应社会主义经济建设的要求，这是由我国古代经济与近代经济演化的特殊性决定的。因此，中华人民共和国成立之初，在经济恢复及经济体制建立方面，不可盲目地对外开放，实际上也缺乏建立与实行市场经济的根本条件。当时借鉴苏联社会主义经济建设经验，选择计划经济体制是唯一出路，势在必行。

我国会计界也在学苏联，《新会计月刊》的发刊词（1951年1月25日）说：“苏联是社会主义先进的国家，学习苏联是举国一致的要求。据我们了解，苏联会计学原理和应用的方法有很多独到的地方，值得我们取法，尤其对于计划经济的会计处理，值得我们参考。……我们要学习苏联经验，这是我们今后努力的一个方向。”

苏联对会计制度也格外重视。曾广泛游历欧洲发达国家的列宁，

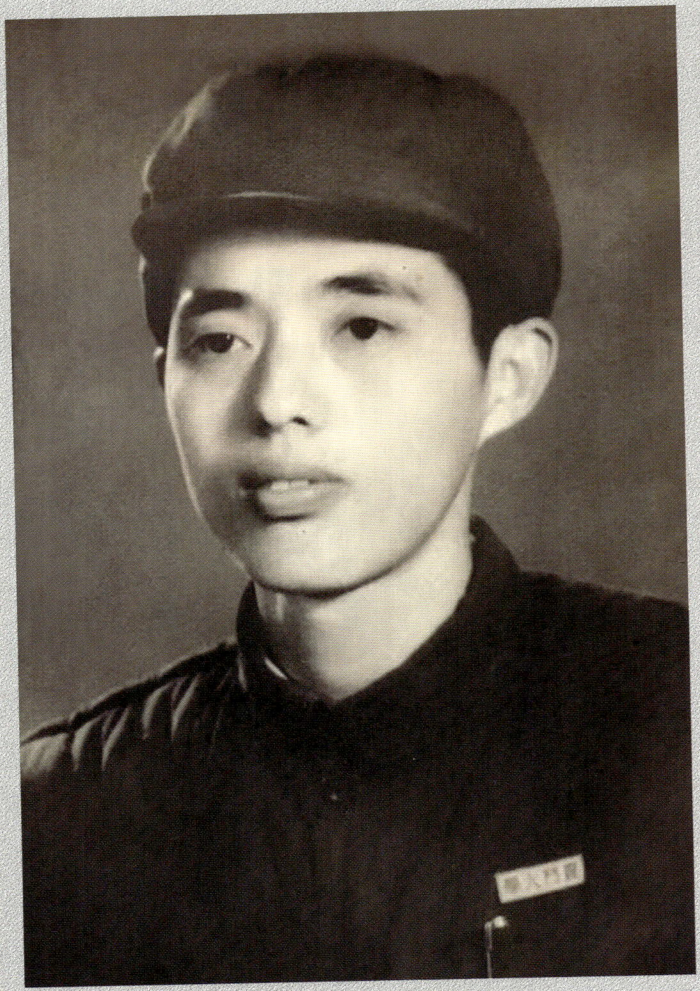

余绪缨先生青年时期（摄于1953年年初）

极为重视欧洲会计技术的巨大价值和意义。他在论述粉碎旧国家机器后新政权组织应如何建设时曾说："可以并且应该在一天之内，就开始用'监工和会计'的简单职能来代替，这些职能现在只要有一般市民水平的人就能胜任，只要发给'工人的工资'就完全能够执行。"

1952年，苏联会计专家马卡诺夫在《工业会计》上发表了《论会计核算的阶级性》，当时业界称之为"新中国会计界划时代的重要文献"。日后，阶级性问题也确实长期影响了中国的会计学界。1952年10月上旬，在中国人民大学会计核算教研室举办的展览会上，悬挂着列宁的名言："任何一件制品，任何一块面包，都不能处于核算之外，因为社会主义首先就是核算。"

如今回看，自上而下效仿苏联会计制度也导致了所有与之相反的学术思想都受到了前所未有的批判。众多著名会计学者如陶德和陈重丞，在当时受到了批判和政治上的压制。

正是这种"会计具有阶级性"的观点，导致我国长期抵制西方国家的会计理论和实务，包括"借贷记账法"等会计方法都被视为"资本主义记账方法"而遭到抵制和排斥，直到20世纪80年代才逐渐成为主流。

除了学术指导外，苏联专家在实践上也对中国会计业影响颇多。当时，包括维纽阔夫、雅吉莫夫和塔塔连科等专家均在财政部任职。

作为国民经济计划的一部分，国营企业的财务计划工作在当时是一个完全陌生的问题。

资料记载，维纽阔夫密切地注意理论与实践相结合，紧密依靠群众来发现和解决问题。中央重工业部命令所属企业实行清产核资，并以石景山钢铁厂为重点，维纽阔夫曾几次下厂指导，在工作中发现了计划方面和会计方面的问题，例如固定资产折旧计划和流动资金分季的计划，"其中很多的缺点和错误，维纽阔夫同志都一一予以指出和纠正过来。这样，不但使该厂在编制1952年的财务计划时得到很大的帮助，而且也使中央财政部在改订国营企业财务计划表格时，得到了许多宝贵的参考资料”①。

可以想见，对刚刚进入社会主义经济的中国而言，已成体系的苏联会计系统仍然有众多需要学习之处。于是，全国的高校掀起了一股学习苏联的风气。即便是在南国之滨的厦门大学，从理论到实务，也都在进行着翻天覆地的革新。

绪缨先生作为会计学系最年轻的助教之一，思想活跃，又曾发表过研究苏联会计制度的论文，自然成为会计学系的学术带头人之一。

在学习吸收的基础上，绪缨先生并没有将苏联专家的意见视为金科玉律，而是不断地思考是否有改进的基础和空间。

1952年，绪缨先生在《厦门大学学报》上发表了《论固定资产的折旧与再生产》。在文中，绪缨先生表示，该文章是根据苏联专家葛洛茨多夫的《固定资产的折旧与再生产》一文的基本论点进行的进一步阐明，并自创了更为简洁、更为精准的计算公式。在该文中，绪缨先生论证和推导出“投放于固定资产的资金数量与可保持的在用固定资产实物量之间比例关系”的计算公式。与当时苏联学者提出的同类公式相比，更为简单易懂，经企业实际验证，结果也更为准确。

直到30年后，该论文依然是这一领域研究的经典文献。以至于到了1982年，由于研究需要，日本九州大学图书馆特别致函厦门大学图书馆，请求将该文“尽快复印，航空寄去，以应研究上急需”。

作为一名研究者，绪缨先生不仅关心会计理论本身，也关心会计理论提出的时代背景，并将其与理论相结合。这种关心社会、关心时政的精神在他的论文中有着鲜明的体现。

在1954年发表的《论流动资金周转率指标体系的结构》一文中，绪缨先生提到，从1949年年初开始，在苏联莫斯科先进企业的倡导下，

① 汪一凡：《“喀秋莎”中国回响》，《新理财》2008年第10期。

“加速流动资金周转”成为全民性的爱国主义竞赛。“如何制定一套完整、有科学依据的指标体系，借以正确地评定竞赛结果，指引斗争方向，成为经济和会计工作者的迫切任务。”

从绪缨先生20世纪50年代以来发表的论文可以看出，他的研究前后呼应，极具连贯性。在深入学习苏联会计理论的基础上，他撰写了一系列的学术论文，详尽地阐述了财务与成本核算原理、复式记账原理、会计报表结构和分析原理等多方面的问题，形成了一个首尾一贯的具有中国特色的会计理论体系。

在1962年10月发表的《再论流动资金利用效果的指标体系及其分析》一文中，绪缨先生所设计的评价与分析流动资金利用效果的指标体系在科学性与实践性方面均有较大特色，至今仍为许多论著广泛引用。

在该文中，绪缨先生对苏联专家的观点进行了批判和补充。在那个将苏联专家奉为圭臬的年代，这样的观点无疑是需要一些勇气的。他在文章中称：“尽管阿法那西也夫教授的基本公式有着重大的理论意义，但从实践来看，并非是完美无缺的。”在此基础上，绪缨先生认为，在具体实践中，阿法那西也夫的基本公式究竟该如何应用到现实的经济生活中，有必要作进一步的研究。

绪缨先生的论文在“流动资金的总周转率与各周转阶段的部分周转率的相互联系”和“如何分析产品品种构成的变动对流动资金利用效果总指标的影响”这两个重要方面，将苏联在这个领域内的著名专家阿法那西也夫教授、毕尔曼教授和拉特聂尔教授等已做的工作大大向前推进了一步，即通过独立论证、公式推导及具体计算，修正了上述苏联专家在有关论著中某些片面的或似是而非的认识，进而使之更加科学化、精密化了。①

与此同时，此前会计学系所属的商学院也正在模仿苏联模式，进行

① 胡玉明：《鞠躬尽瘁献余年——纪念余绪缨先生诞辰100周年》，《新会计》2022年第8期。

着轰轰烈烈的改革。

在中华人民共和国成立之初，厦门大学共有5个学院18个系，商学院旗下拥有银行、会计、国际贸易3个系。1950年，著名经济学家王亚南担任厦门大学校长之后，对院系进行了调整：撤销商学院，设立经济学院，将商学院原有的3个系与法学院的经济系合并，改为财政金融、会计工商管理、调查统计和贸易4个系。随后，经济学院又更名为财经学院，并吸纳了私立福建学院、福州大学财经学院的相关力量。

1953年，厦门大学财经学院的企业管理系被合并到上海财经学院。1955年，厦门大学根据相关政策，停办了统计、会计、财金、贸易4个系，而在经济系之下设置了政治经济学、统计学、会计学、货币和信贷、贸易等5个专业。

据汪一凡教授考证，当时的政策要求综合性大学只能办经济学系，不允许财经学院存在，于是王亚南教授便办了个新的经济学系，把会计学等专业“打包”在经济学系中保护起来。在此后20多年里，会计学系则一直作为“经济学系会计专业”而存在，学生们都从经济学系毕业，会计学专业的教师则在经济学系的财务会计教研室工作。①

虽然所属学院的名称频频更迭，但在王亚南校长的保护下，会计学系最核心的人才资源没有流失，包括时任会计学系主任的萧贞昌以及陈仁栋、余绪缨、葛家澍、黄道标等年轻讲师，始终坚持科研和教学工作。这些人成为厦门大学会计学系复兴的重要力量。

绪缨先生时常感怀王亚南校长的贡献。据弟子们回忆，绪缨先生曾说过：“没有王亚南，厦门大学的会计学系大概就消亡了。他用了很多办法把会计学系的根底给保存了下来，而且时常关心我们的工作，有时候还会跟我们一起讨论学术问题。”

---

① 参见“厦大会计”微信公众号中汪一凡《厦门大学会计系往事（十一）》一文。

第二节

大师引领 勇于探求

1949年中华人民共和国成立以后，我国的经济活动逐步进入正轨，会计学科也迎来了发展的新阶段。百废待兴的中国，也需要一个符合国情的新会计学科出现。

在当时，近代会计方法的普及工作任重道远。会计学家杨纪琬、余秉坚在《中国现代会计手册》中提道："旧中国会计工作十分落后，近代会计方法仅在政府机关、官僚资本主义企业、外国在华企业及少数规模较大的民族资本企业中推行，古老的中式簿记广为应用；推行现代会计方法的单位也各行其是，没有全国统一的会计原则；会计教育极其贫乏落后；会计人才十分缺乏。"

中华人民共和国实行社会主义制度，推行计划经济，会计工作则要适应计划经济的需要。计划经济下的会计如何进行？只能效仿苏联的做法，这是国家政治制度所决定的。但学习苏联会计模式也有不同的方法——全盘照搬还是有选择地引进、改造。在这个问题上，中国的会计走过漫长的实践道路。

因此，建立符合中国国情的新式会计规范，成为当时会计学科的重中之重。尤其是对会计对象的研究，是会计所反映和控制内容的理论概括。这无疑是会计基本理论研究的重大课题。在中华人民共和国成立初期，曾出现过“经营资金循环论”“社会主义财产论”“资金运动论”和“双重运动论”等众多理论流派。一时间百花齐放，各大会计院校各有立场，并对后世的会计研究产生了深远的影响。

作为会计学科建设最完善的高校之一，厦门大学会计学系在这个问题上也表达了自己的观点。

根据葛家澍先生的回忆，1952—1953年，斯大林出版了《苏联社会主义经济问题》，受此影响，众多的社会科学都要重新进行梳理。基于此，厦门大学几位年轻的会计学系教师——葛家澍、余绪缨和黄道标，举办了一个讨论会，叫作“新会计研究会”，研究会计学科出现的新问题。①

在研究中，研究小组发现，苏联的会计教材内容比较单薄，讲的不是会计原理，而是簿记原理，很多问题都没有在教材中阐述清楚。通过实际教学，研究小组发现，苏联会计教材讲的应该是会计核算原理，而非会计原理。

因此，在苏联的会计教材的基础上，对会计原理的几个基本概念进行补充就变得尤为重要。

三人发现，无论是苏联还是西方，对会计对象的研究都不太深入。葛家澍先生曾笑称，这是当时大家的误解，实际上，西方在讨论这个问题时，用的是“会计要素”而非“会计对象”这个名称，会计要素实际上就是会计对象的具象化。

三个初出茅庐的年轻人有着作出一番事业的决心，于是决定在这个问题上深入研究下去。“当时有这么个想法后，其他两位老师鼓励我来写一篇文章，因为他们教的是工业会计学，我教的是会计原理。当时的研究成果，就是先写了一篇《试论会计核算这门科学的对象和方法》，

① 葛家澍：《葛家澍：自由思想 创新精神》，载上海国家会计学院会计口述历史项目工作组主编《会计口述历史（第一辑）》，立信会计出版社，2019。

发表在《厦门大学学报》上。这篇文章经过不断修改，变成了后面的资金运动论。”葛家澍先生在自述中说。

在后世的学者看来，资金运动论对我国的会计理论和会计实践的发展产生了很大的影响，为建立与计划经济相适应的会计实践奠定了重要的基础。比如我国长期实行的“专款专用”财务管理制度、以三段平衡为主要特征的资金平衡表，都得益于会计对象问题认识的逐步深化和统一。

学术小组的建设也得到了时任厦门大学校长王亚南先生和时任会计学系主任萧贞昌先生的大力支持。

据葛家澍先生回忆，当时，王亚南和萧贞昌二人都住在“卧云山舍”（厦门大学大南8号楼）2楼。1950年，王亚南正式出任厦门大学校长。学校将一套房子分配给王亚南居住，由于王夫人没有一同前来，房间富余，王亚南便邀请同是湖北老乡的萧贞昌同住，萧贞昌欣然应允。

王、萧二人住在面对面的两个房间里，中间是公用客厅。萧贞昌的房间分为前后两间，由于会计学系没有资料室，因此前间堆满了会计学系的书籍资料。当时，会计学系的年轻教师们常常去前间查询资料，也时常在此开会讨论，王亚南和萧贞昌也经常参与讨论。

萧贞昌先生时常把青年教师们召集到他家讨论学术问题，但他自己却很少写文章。萧先生脾气极好，从来没有领导或者前辈学者的架子，大家在他家里也可以毫无顾忌地畅所欲言。

正是这种自由开放的学术氛围，让萧先生的客厅成了当时厦门大学会计学系的“学术中心”。前述的研究小组成员在这样的学术氛围下进步极快，逐渐开始培养自己结合教学进行科研的能力，成为后来厦门大学会计学系的中流砥柱。

值得一提的是，在萧贞昌的带领下，部分会计学系教师也参与到了20世纪50年代初的土改工作中。

1951年，萧贞昌代表厦门大学工会参加了由厦门市各界人士组成的禾山土改参观团，获益匪浅，回校后一再向学校领导请求参加土改实际工作。

同年10月，部分学生与留校教师奉华东教育部令，组成土改队到厦门市郊区禾山参加土改，萧贞昌被委以土改队队长一职。出发前，王亚南将土改队队旗授予队长萧贞昌。萧贞昌受委任时心情激动，表示定不辜负校领导的信任，代表全体队员庄严保证，一定站稳立场，坚决支持禾山农民兄弟完成土地改革。

据厦门大学会计学系1980级同学回忆，萧贞昌先生于1983年10月病逝于上海。当时，他们恰在上海作毕业实习，全班师生到龙华殡仪馆为他送行。由作为弟子的绪缨先生主持追悼会，厦门大学经济学院副院长罗郁聪教授致悼词，厦门大学校友、复旦大学原校长谢希德等也参加了追悼会，追悼会规格颇高。

除了萧贞昌先生外，另一个对绪缨先生影响极大的便是校长王亚南先生。

在某次研讨会上，王亚南对研究小组的成员说："在大学教书，如果不搞科研，你就只能是一个教书匠，不可能成为名副其实的大学教授。"

1957年12月，已过而立之年的绪缨先生收到了王亚南校长发放的聘书，聘请其为厦门大学的"付教授"（即副教授）。在当时，全国的会计学教授、副教授寥寥，这无疑是对绪缨先生教学及科研工作的肯定。当时绪缨、葛家澍这批"长汀厦大人"都已经成长为厦门大学学术研究的中坚力量。从陈嘉庚到萨本栋再到王亚南，厦大精神代代传承，弦歌不绝。

而让绪缨先生印象格外深刻的则是王亚南校长在1962年的一次关于

青年教师如何治学的演讲。这次演讲让在场众人受益匪浅，无论是教学还是研究，都让青年教师们有醍醐灌顶之感。

当时的厦门并不平静。一海之隔的国民党突然叫嚣要“反攻大陆”，导致厦门前线的形势再度紧张。就在这样的环境下，5月22日，王亚南校长向厦门大学青年教师、职员和学生300余人谈及自己的治学经历。这场活动由学校教育工会主席萧贞昌先生主持。

在演讲中，王亚南校长提到，既要奠定基本理论知识的基础，也要注意积累知识和学以致用，更要建立良好的学习生活秩序。

> 凡事预则立，不预则废。学习也同样，如果没有妥善的安排，则容易落空，不能坚持。因此，要使学习能长期坚持，取得良好的效果，就必须有规律地安排学习和生活，努力做到“好整以暇”，这就是既要严肃紧张，又要从容不迫。我在正常情况下，通常每天清晨四五点钟就起床，学习理论性较强的书籍，坚持有规律的工作和生活，几十年不轻易更改。而在出差、突击工作来临的情况下，我就适应新的情况另作相应的安排，保证在任何情况下，每天都能抽出一定的时间学习。在这里，关键是要不懈地跟个人生活上的自由主义作斗争，树立远大的理想与崇高的生活目的。只要能够这样，则干起任何事情，在任何时候，都能精神焕发，精力充沛，永远有中心、有组织、有计划、有规律地前进，学习也就能够取得应有的效果。

以身作则的王亚南校长为全校师生带来的榜样意义是难以估量的。绪缨先生一生都在践行着王亚南校长对这一辈学者的寄语，直到晚年仍然保持着极其自律的作息习惯和高强度的学习状态。

王亚南校长的教育思想，在一个故事中可见一斑。在他和某位老师散步时，王亚南校长问道：“你说一所大学的运行，哪些人最重要？”那位老师回答：“大师、教授和校长。”王亚南校长摇摇头笑了，说：“我认为是排课的、敲钟的和食堂的厨师最重要。”①他的教育思想，时至今日仍然以某种方式流淌在厦门大学的校园里。

王亚南校长对厦门大学作出的贡献，并不逊色于他在学术上的成就。厦门大学现在作为知名的研究型大学，就是他打下的基础。他坚信一条：大学不仅仅是教学机构，还应该是研究机构。如果没有半个多世纪前王亚南先生留下的“种子”，现在厦门大学会计学在全国的地位也许就无法这么牢固。

---

① 朱水涌：《厦大往事》，厦门大学出版社，2011。

第三节

切磋问难　见微知著

1957年的厦门大学，一共有9个系，文科中文、外文、历史、经济4个系，理科数学、物理、化学、生物、海洋5个系，招收本科新生703人（海洋系只招3人）。加上老生，全校学生近3200人。

此时的经济学系在校长王亚南的率领下，也是厦门大学的王牌院系。1956年厦门大学提出的12项研究重点，其中之一便是“我国国民经济第一个五年计划问题和我国过渡时期经济规律问题的研究”，会计学系的师生均参与其中。1957年，绪缨先生便作为带队老师带领学生进行了生产实习活动，也为自己的研究积累了实践经验。

在反右派斗争开始之前，即校内的“鸣放”活动尚未正式开始前，绪缨先生便于1957年4月初带学生去安徽马鞍山钢铁公司生产实习。到场后，业务实习的内容较多：既有全厂的，又有车间的；既有核计，又有计划、分析方面的内容。实习安排得很紧，因此无暇“鸣放”，更没组织学生“鸣放”。

当时的马鞍山铁矿厂是全国的明星企业。1953年9月16日，马鞍山铁矿厂流出了第一炉铁水，正式拉开了马鞍山生产钢铁的序幕。1957年11月，全国开启“大炼钢”，马鞍山铁矿厂更名为马鞍山钢铁公司，次年9月8日，华东地区最大的炼钢炉“9号钢炉”建成投产。同时，中华人民共和国第一家车轮轮箍厂、第一套高速线材轧机、第一条H型钢生产线在这里建成。

1953级经济学系的丁汉潮回忆，1953年夏天他考入厦门大学经济学系会计学专业时，经济学系主任为萧贞昌，而会计学各科由厦门大学的年轻校友葛家澍、余绪缨、黄道标等人担任授课老师。

> 1957年春季，厦大五七届会计学专业学生30余人分成2个专业实习队离校到外地参加企业生产实习。一队由葛家澍老师带队往上海纺织企业实习，另一队由余绪缨老师带队去安徽马鞍山钢铁公司实习。由于周密安排，严格要求，带队老师指导有方，两队都取得可喜成绩，圆满完成实习任务。笔者约于7月初左右，由马鞍山市返校，搭车到江西鹰潭改乘鹰厦铁道慢车回厦门。①

也正是如此，会计学系的师生幸运地躲过了最开始的“鸣放”，并未因此遭到太严重的批判。据《厦门大学校史》记载，在“鸣放”期间，厦门大学有180多名教职员工及学生被错划成右派分子，此举挫伤了广大知识分子的积极性，造成了严重的不良后果。

在多次与国营企业的接触和实践操作中，绪缨先生的研究方向逐渐转向了社会主义经济核算问题。

这也是会计理论中的重要问题之一。经济核算即对企业经济活动中的人力、物力消耗及经济成果进行核算。从而促进企业挖掘潜力，改进生产技术和劳动组织，改善经营管理。因此，通过更科学的经济核算手段，可以提高劳动生产率，以尽可能小的消耗取得尽可能大的经济效果。

---

① 丁汉潮：《五十年代中期与陈景润相识在厦大》，https://alumni.xmu.edu.cn/info/1020/3125.htm。

1961年1月，绪缨先生在《中国经济问题》上发表的《社会主义经济核算的客观基础问题》一文中明确指出，社会主义经济核算的客观基础是在社会主义条件下还存在着商品生产和货币经济，“社会主义企业之间的经济核算关系实质上是由价值规律决定的……在社会主义企业经济核算中自觉地运用价值规律，从经济上鼓励先进，鞭策落后，才能卓有成效地推动企业的领导者和广大职工群众经济合理地运用物质资源和劳动资源，力争以最小的物资和劳动消耗取得最大的经济效果”。

绪缨先生认为，会计是用来巩固和加强企业经济核算的重要工具。社会主义企业全部的生产经营活动，则以经济核算关系为基础通过资金运动这个脉络全面串联起来。

在文中，绪缨先生也直言不讳地指出：

> 企业转入经济核算制，就使它的全部的生产经营活动和一定的财务指标体系建立了相应的联系：企业愈能增加产量、降低成本，提高生产经营管理水平，加速资金周转，企业的财务状况就愈好，盈利水平就愈高；反之，企业如果不能完成生产和成本计划，在供、产、销的各个环节存在着资金的积压、浪费，那么，它也就不可能完成原定的利润计划，并不可避免地招致财务状况的恶化。经济核算制的企业，借助于生产技术指标和财务成本指标之间这种内在的制约关系（相互依存关系），能促使企业的领导者和全体职工群众，在国家的统一领导和坚持政治挂帅的前提下，从经济上关心企业生产经营活动的各个方面，为全面地完成和超额完成国家的计划任务而进行坚持不懈的斗争。

绪缨先生的感受与当时的经济活动也息息相关。20世纪50年代末“大跃进”期间，全国各地人民多快好省干经济，兴办了许多街道工厂，建立了许多人民公社。但工厂和人民公社却因会计短缺导致生产效率低下。一时间，会计人才供不应求，为了缓解这种情况，不少地方出现了短期会计培训班，因此乱象频出。如“无账会计”：为了简化登账手续，部分地方企业开始以表代账，即对某些经济业务所应用的报单，具有账簿形式的，可以报表（单）来代表记账，这样就无须另行登记账簿，以简化核算手续。

后续由于指导方针的错误，“简化”变成了“简掉”，在舆论导向上又支持了“无账会计”“以表代账簿”等一系列错误做法，使我国会计工作在改革的过程中遭受了严重挫折。

首先是破坏了会计工作的正常秩序，造成账目混乱、家底不清、心中无数，许多单位出现收支不实、财产不实、资金不实、盈亏不实，债权债务不清等混乱状况，有的连本单位的银行存款到底有多少都心中无数，无账可查。过去被人誉为“铁账”的银行会计，在有的基层处所变成了“豆腐账”，差错率很高。有人形容当时会计工作的情况是“单据在抽屉里，账簿在脑子里，钱在银行里，物资在仓库里，肉烂在锅里”；此外，由于账目混乱造成会计数据不实和“浮夸风”，许多单位虚夸财务成果，同时又以“敞开”的银行贷款将虚报利润“上缴”国库，造成财政虚收实支，给国民经济运行带来了严重后果。

可以想见，在绪缨先生写下这段文字时，心里满怀的是对国家的热爱，才会对会计实践中遇到的种种乱象直言不讳。很可惜的是，一位年轻学者的殷殷之心，反而在后来极左思潮泛滥时期被人攻讦指责，实在令人遗憾。

1963年2月，绪缨先生又在《中国经济问题》上发表了《社会主义企业经济核算的基本特征和指标体系探讨》一文，又将此前所述的理论原则进一步展开和具体化了。该文明确指出：

余绪缨先生中年时期（摄于1963年）

社会主义工业企业，作为实行经济核算的基层单位，是以独立资金为基础、等价交换为纽带、收支配合为条件，不断实现企业的再生产活动。……在现实经济生活中，之所以要形成经济核算关系，正是由于以这种经济关系为基础，组织生产经营活动，可以形成一种经常存在的经济上的客观强制力量，借助于这种经济上的客观强制力量，能促使企业在服从统一领导、坚持政治挂帅的前提下充分挖掘潜力，改善经营管理，提高生产经济效果，全面完成和超额完成国家计划。经济核算之所以优于供给制，其主要经济根源即在于此。

上述两篇论文所阐述的基本论点，在极左思潮泛滥时期，虽被斥之为修正主义谬论而横遭批判，然而，它们却与20年后1984年《中共中央关于经济体制改革的决定》中的有关精神暗合。由于这些论点经得起时间和实践的考验，具有时代的超前性，不会随着时间的流逝而丧失其学术价值，因此，这两篇论文被选入《建国以来经济核算论文选》。该论文选由张问敏、张卓元、吴敬琏、晓亮、宋淑珍等学者编纂而成，集中反映了中华人民共和国成立后会计学界对经济核算问题的认识。

中南财经大学教授方正生回忆，他曾和山东的何生棠（后任山东省潍坊生建机械厂总会计师）于1963年考取了厦门大学会计学系的研究生，但由于政策原因并未录取。后葛家澍老师让他去上海人民出版社招待所找他，接待他的是葛老师的助手吴水澎老师。那时，他和吴水澎老师还谈到葛老师、余老师，“他们先后在1945年、1946年毕业于厦门大学。他们两人的英语都很好，对青年老师要求很严，要求将政治经济学、哲学和数学搞好。……还谈到葛老师、余老师的思想都比较敏锐活跃”[①]。

① 方正生：《我与葛家澍老师》，参见“厦大会计”微信公众号的《厦门大学会计系往事（十五）》一文。

从1966年开始，“文化大革命”的火焰从北京一路南下烧到了厦门。1966年6月，部分“红卫兵”在校园内召开全校、各系、各单位的所谓“声讨”“揭发”大会和小组“鸣放”、辩论会。200多位教职工由于政治历史、社会关系、家庭成分、“学术权威”、“走资派”等原因被编入劳动队劳动。10月，这批教职工又被关进了“牛棚”，集中起来学习和改造。

随着运动的深入，校内原本平静的环境荡然无存，一切规章制度和政纪法规都沦为一张废纸。绪缨先生也是被批斗的一员，他因为此前的学术观点而遭到了不小的冲击。据绪缨先生的女儿健娜回忆，当时绪缨先生被打为“反动学术权威”，被抄家、戴高帽游街、扣工资、监督劳动……对此，家人和学生们看在眼里、痛在心里。一个学生后来给绪缨先生写信说道：“在颠倒是非的‘文化大革命’中，您受到冲击，受了委屈，我们不能给您支持和保护，回想起来，至今仍然感到愧疚和悲哀。”

但在这种环境下，绪缨先生依然保持着看书学习的习惯。英文版的《毛主席语录》和《毛主席诗词》是他最爱翻阅的两本红皮书，这样既可在阅读中提高自己的英语水平，又让看管他的红卫兵抓不到把柄。绪缨先生时常勉励女儿们，要从“ABC”开始学习英语，孩子们年纪小，不理解学习的意义。绪缨先生摸着几个女儿的脑袋，耐心地告诉她们：“你要相信，知识总是会有用的。”

在难熬的夜晚，绪缨先生在“牛棚”里来回踱步，时常发出“长夜漫漫，深憾报国无门！岁月蹉跎，徒有白首！”之叹。

由于“文革”废除了全国统一考试招生制度，1970年，厦门大学革委会派出70多支教育革命小分队，深入全省各地30多个工厂和20多个生产队进行社会调查，开展“教育革命实践”。小分队先后在工厂、农村办了各种短训班100多期，为工厂、农村培训技术人员近千人。

1970年，厦门大学在集美建立了校办农场，举办“五七干校”。农场有土地150余亩，主要种植水稻，也搞点禽畜副业。留校的教职工分批到“干校”劳动、学习，每期一般为半年。

在“文革”期间，由于老会计大多下放，众多工厂无法正常运转。根据指示，会计学系开始试办工农试点班，教授财务会计，先后在校办工厂、厦门造船厂、电化厂、工程机械厂等单位办了试点班，学员做什么就学什么，以产品或工作任务引导教学。这些短训班时间大多是3～6个月，教授内容为“工业会计”“农村生产队会计”等内容。会计学系的师生也能借此机会偶尔外出与其他财经院校交流经验。

东北财经大学的欧阳清教授回忆，当时他一直非常敬佩的厦门大学余绪缨教授也来访问了。“他带着几位年轻教师来到我们学校。我负责接待，跟他交流，我把我写的文章给他看，就这样打下友谊的基础。”这种“文革”时期结下的情谊一直延续了下来。“余教授的确是管理会计的泰斗。他为人正派，坚持原则，不阿谀奉承，一是一、二是二，不唯上。”

1976年10月6日，党中央一举粉碎了“四人帮”，“文革”结束。历史从此翻开崭新的一页。得知此消息的师生们群情激奋，热烈欢呼着“四人帮”的倒台。

物理系吴伯僖副教授撰文写道：“我在厦大学习、工作、生活已33年了，其中有28年是在解放后过的。解放前，厦大文、理、工3个学院的学生总共才300多人。解放后，在党的领导下，在毛三席的革命路线指引下，厦大发生了翻天覆地的变化。就拿我们物理系来说，‘文革’前全系人数最高时达500人，教师130多人，而且全系工农子弟占百分之七八十。教学设备不断更新，每年为国家培养大批的科技人才。”他气愤地说：“正是万恶的‘四人帮’狂叫‘要和十七年[①]对着干’，要把大

① 指“十七年教育”，即1949—1966年所形成的教育经验。

学办成‘和走资派斗争的专业’，结果是物理系不学物理，4门基础课全被砍掉，物理系成了‘无理系’。”

“四人帮”的垮台，为彻底平反冤假错案扫清了障碍。福建省委作出了指示：厦门大学的广大干部、教职员工是好的和比较好的，他们忠诚于党的教育事业，为培养社会主义建设人才，发展社会主义教育事业作出了应有的贡献。“文化大革命”期间，把一些同志诬为“牛鬼蛇神”“资产阶级反动学术权威”“叛徒”“特嫌”等都是错的，一切诬蔑不实之词，应予全部推倒，彻底平反，恢复名誉。

得知这一消息的绪缨先生面露喜色，笑着对孩子们说：“这样的政治运动是不会有好结果的，始作俑者们一定会被滚滚向前的历史巨浪所淹没。”在会计学系的某次会议中，绪缨先生激动地吟诵起了古诗，恰如其分地表达了他的心情。绪缨先生说，自己现在的心情正是“却看妻子愁何在，漫卷诗书喜欲狂”，如今中国的前景则是“沉舟侧畔千帆过，病树前头万木春”。绪缨先生下定决心，一定要把“四人帮”造成的损失尽快补救回来，把因“文革”而耽误的时间抓紧夺回来。

与此同时，另一项工作也被摆上台面——评定职称，这项工作已中断14年，大量的优秀学者都没有得到应有的晋升空间。

1978年9月21日，厦门大学首次批准提升320名讲师和确定5名讲师；同年12月11日，经福建省革委会批准，又提升了16名教授、29名副教授和重新确定了3名教授。会计学系的余绪缨、葛家澍均榜上有名。

【本刊讯】 经省革委会一九七八年十二月十一日批准，我校提升和确定四十八名教师为教授、付教授。

提升为教授十六人名单

潘茂元　韩国磐　葛家澍　余绪缨　刘士毅　田昭武　周绍民
张乾二　李法西　何恩典　黄厚哲　张松踪　吴伯僖　袁镇岳
李文清　张鸣镛

确定为教授三人名单

郑朝宗　陈碧笙　林疑今

提升为付教授二十九人名单

罗耀九　陈国强　陈　安　蒋绍进　黄道标　邓子基　黄良文
谢佑权　钱伯海　洪笃仁　许怀中　陈世民　林纪熹　朱天顺
赵　民　邹永贤　贺建勋　黄启圣　郭奇珍　黄开瑅　潘容华
张其永　何大仁　林宇光　翁绳周　周　济　季　欧　许天增
陈金泉

《厦门大学报》报道余绪缨先生提升为教授的信息

第四节

满腔孤勇　不畏权威

经历了“文革”漫长的十年浩劫，不少知识分子都遭受了身体和精神的双重打击，身心俱疲。但面对着“四人帮”对国家经济运行和科教事业的严重破坏，他们毅然决然地奋力高呼，既要发展经济、振兴国家，又要在这满目疮痍的废墟之上重新建立学术地基，为国家培养人才。

已是知天命年纪的绪缨先生不顾已身， 一面重新对会计前沿理论发起挑战，广泛地吸纳西方会计知识，一面关心着国家的走向，以知识分子的身份向相关部门建言献策。

1978年，在国家商业部的指导下，福建省商业厅财会处在厦门鼓浪屿的菽庄花园举办了会计学术联谊会。出席会议的有八九所财经院校，出席人数有20多人。

在会议上，绪缨先生作为嘉宾被邀请来作学术报告。在场的众多年轻教师纷纷被绪缨先生的学识所折服，向绪缨先生诚心请教年轻教师应该如何提升自已、如今的会计教育业又应该如何发展。

绪缨先生将自己在近些年思考的心得悉数传授。绪缨先生对他们说，年轻教师切勿闭门造车，要多走出去交流。每次的交流活动应该言之有物，不可空谈泛谈，最好每个人都拿着论文来，大家坐在一起讨论谁写得好谁写得不好。

在绪缨先生的建议之下，会计学术联谊会的定期会议便被确定下来，由各财经院校申报筹办，报名者需携带自己的论文参加。会上主要讨论论文中提到的相关话题。论文会在会后出版供学界交流。1994年，会计学术联谊会更名为“中国商业会计学会高等财经院校分会”，在编纂《商业会计辞典》《会计辞海》等学术书籍上处理颇多，请来了绪缨先生、葛家澍、娄尔行、杨纪琬、阎达五、李宝震、杨时展等顶级学者亲自撰稿。

会计学界展现出了一派新气象。与此同时，时代的车轮滚滚向前，新政策、新风气、新变化无不显示着中国开始向着正确的方向飞速前进。

1978年12月18日，中共十一届三中全会如期在北京举行。此次全会的中心议题是讨论把全党的工作重点转移到社会主义现代化建设上来。

中共十一届三中全会开始全面认真纠正“文化大革命”中及其以前的“左”倾错误，坚决批判了“两个凡是”的错误方针，充分肯定了必须完整、准确地掌握毛泽东思想的科学体系，高度评价了关于真理标准问题的讨论，确定了解放思想、开动脑筋、实事求是、团结一致向前看的指导方针，果断停止使用“以阶级斗争为纲”的口号，作出了把党和国家工作中心转移到经济建设上来、实行改革开放的历史性决策。

中共十一届三中全会的胜利召开也让厦门大学师生的精神为之一振。很快，厦门大学就确立了建设“两个中心”的目标：既是教育中心，又是科研中心，即既出建设人才，又出科研成果。1979年6月，厦门大学召开思想理论工作会议。时任厦门大学校长曾鸣指出：“文科科研要抓两头，即基本理论和为四化（四个现代化）建设服务问题，要组织力量，把和四个现代化密切联系的重要课题搞上去。”[①]

这样的转变让绪缨先生感慨不已。经历了10余年的曲折前进，没有人比他更了解这番话语背后的深刻意义。

激动之余，绪缨先生提笔写下了《经济科学要向精密科学发展》一文。在文中，他用科学史的案例证明，近代科学发展的重要趋向，便是向着定量化的方向发展。绪缨先生提出，经济科学的精密化，就是要求要用数学“武装”经济科学，使它向着量化的方向发展，并以现代数学方法，如线性代数、数学规划、数理统计等和电子计算技术的广泛应用作为基本特征。

从中可以看出，经过长时间的总结思考，绪缨先生对会计理论已经有着独到的观点，也极为精准地预测了会计数字化、会计电算化的发展方向。在同辈学者中，绪缨先生的数学功底算是极好的，这为绪缨先生之后将目光转向以现代管理科学为基础的管理会计提供了扎实的基础。相比财务会计，管理会计会更加广泛地应用数学方法，也要求会计人员把经济活动尽可能地用简明而精确的数学模型表述出来。

在这篇文章中，绪缨先生还大胆地提出要吸纳西方经济学中的精华为己所用。在文中，绪缨先生说：“对资产阶级经济计量学，有些部分可以为我们批判地吸收。”这一观点如今来看似乎平平无奇，但在那个还在争论会计的“阶级性”、将借贷记账法视为“资本主义记账法”的年代，敢于公开表达这样的观点，足以看出深藏在绪缨先生心中那股不畏权威、仗义执言的勇气。

没过多久，绪缨先生再度向会计的“阶级性”这一观点发起了冲击。

对会计“阶级性”的讨论早在中华人民共和国成立之初便已开始。

---

① 厦门大学档案馆、厦门大学校史研究室：《厦门大学校史【第二卷】（1949—1991）》，厦门大学出版社，2006。

余绪缨先生在书房工作（大致拍摄于1978年）

1950年，著名会计学者章乃器提出，应该用中国发明的收付记账法取代从西方引入的借贷记账法，他称收付记账法是中国人“自己的簿记原理”。

此举引发了学界和业界的广泛讨论。随后，大家的重点转向了对会计本质的探求。有学者提出，中国有着与西方完全不同的社会经济制度，应该建立与资本主义会计完全不同的社会主义会计。

有不少学者对此抱有异议。1951年，年轻学者陶德提出：“会计在本质上是无所谓阶级性的，它只是文字与数字相结合的应用技术罢了。”另一名学者陈重丞则认为，会计具有“两重性”，即科学性和阶级性两种属性。

但在会计行业整体效仿苏联的时代背景下，两位学者的观点都遭到了严厉的批判，二人甚至因此受到了不公正的政治待遇。

此后，“会计具有阶级性”便成为学界、业界的“金科玉律”。如今，争论已经过去了近30年，可以想见，如今再对会计的阶级性进行讨论，是何等的“大逆不道”。

随着改革开放的进行和经济建设的发展，会计在社会经济生活中的地位逐步提高。1979年12月，中国会计学会成立大会在广东佛山举办。在思想逐步解放的环境下，重新认识会计含义变得尤为重要。于是，一场思想和观点的争锋恰逢其时。

在会上，杨纪琬和阎达五提出了“会计管理论”，即会计是一项管理活动或社会关系。会计本身具有管理职能，在他们看来，会计具有双重属性，即技术性和阶级性。

虽然杨、阎二人已是国内知名的学者，且绪缨先生与二人也相识多年，但绪缨先生并未因此而对这一论点无条件支持，反而是在细细研究之后，表达了对此论点的反对意见。此时，一个原本有些模糊的观点在绪缨先生的脑海中渐渐清晰了起来。

就在不久前，绪缨先生主持了对美国威斯康星大学沃尔金巴克（Paul H. Walgenbach）等3位教授合著的《会计原理》教材的翻译工作。在该教材中，绪缨先生负责翻译的第一章便是“会计—— 一个信息系统”。在本教材中，明确表示了“会计是一个信息系统”的概念。这也是大洋彼岸的美国会计学界早已达成的共识。早在1966年，美国会计学会（AAA）便已将会计定义为“识别、计量和提供经济信息，以便信息使用者得以有根据地作出判断和决策的过程”。

在此基础上，绪缨先生提笔写就了《要从发展的观点，看会计学的科学属性》。在该文中，绪缨先生开宗明义：“怎样认识会计学的科学属性，是以怎样认识会计的性质为其基本前提。”

随后，绪缨先生便直接表达了对“会计管理论”的看法，他对这一观点有着不同的意见。同时，绪缨先生提出了自己的观点，认为会计是一个信息系统，实质上是一种特定的语言、一种特定的方法。

> “语言或方法，是无所谓阶级性的。一种语言或方法，不同阶级可以用来为其不同的阶级利益服务，但不能把语言或方法的运用，同语言或方法本身混为一谈。由此可见，所谓‘双重性论’，不能认为已正确揭示了客观事物的本来面貌。”

在明确了会计的基本性质后，绪缨先生在文中对会计学的范畴也进行了阐述。在他看来，会计学是一个专门的知识领域，是以马克思主义哲学的基本原理为指导，着重研究如何科学地组织和完善会计信息系统，使之更好地发挥其管理咨询作用的一门方法论的科学。

在文中，绪缨先生也提到了近些年在西方国家被越来越重视的管理会计学。他提道：“近几十年来，资本主义国家迅速发展起来的‘管理会计’，在这一方面表现得更为明显。对于现代管理会计，已经不能从

要从发展的观点，看会计学的科学属性

余绪缨

怎样认识会计学的科学属性，是以怎样认识会计的性质为其基本前提。

当前会计学界较流行的一种有代表性的意见认为，会计（包括财务）是人们进行经济管理的一种活动，它既为管理提供资料，又直接履行管理的职能，而管理是有双重性的。特别是会计的监督职能，基本上属于处理人与人之间的关系，要适应不同阶级的利益和要求。进行会计监督的是非标准，有着强烈的阶级性。因此，会计的职能除了合理地组织生产力以外，还要不断地完善生产关系。它不但有技术性，而且有阶级性。会计学是一门管理科学，是经营管理学的一个分支，是一种既研究生产关系也研究生产力的双重性科学。① 对此，我有些不同的看法，特提出商榷，不妥之处，敬请批评、指正！

大家知道，随着科学的不断发展，一方面表现为科学的门类越分越细，越趋向于专门化；另一方面，又表现为多种学科的相互渗透、相互影响，在一定的衔接点上相互融合。会计科学也是如此，它的发展也表现为分化与融合的辩证统一。从严格的意义上说，我认为，财务应从会计中分化出来，成为独立的学科，而一般所说的会计监督，实质上是属于财务监督。科学地确定会计的内涵，对正确认识它的性质，有着重要的意义。那么，什么是会计呢？根据当前的现实及其今后的发展，应把会计看作是一个信息系统，它主要是通过客观而科学的信息，为管理提供咨询服务。会计部门是企业中的一个服务部门，会计人员在企业中是居于参谋或顾问的地位，他们为企业管理部门正确地进行最优管理决策和有效经营提供所需的数据，但他们并不对企业的生产经营活动直接进行管理或决策。所以，会计只具有咨询或参谋的职能，并不如某些同志所说，直接履行管理的职能。会计作为一个信息系统，实质上是一种特定的语言，一种特定的方法，而语言或方法，是无所谓阶级性的。一种语言或方法，不同阶级可以用来为其不同的阶级利益服务，但不能把语言或方法的运用，同语言或方法本身混为一谈。由此可见，所谓"双重性论"，不能认为已正确揭示了客观事物的本来面貌。

会计的形成和发展，有其客观的需要和条件。随着生产经营的日趋复杂，企业规模的不断扩大，为了提高管理水平，争取实现最大的经济效果，企业管理日益朝着定量化的方向发展。正确运用精密而完备的数据，来科学地管理复杂的生产经济活动，这是现代化管理的一个重要方面。会计掌握着大量的各种经济活动的数据，成为一个相对独立的会计信息系统，可以在现代化管理工作中发挥重要作用。这是因为，会计人员配合科

---

① 参见：杨纪琬、阎达五：《开展会计理论研究的几点意见——兼论会计学的科学属性》。《财务与会计》月刊，1980年第5期。

传统的原始意义上的‘会计’去理解它了，它具有很大的综合性，表现为多种学科的互相渗透和结合，许多现代数学方法和电子计算技术等都已在管理会计中成功地应用。”

公开资料显示，绪缨先生是国内第一个提出“会计是一个信息系统”，即“会计信息系统论”的学者。在后续的几篇文章中，绪缨先生不仅坚持着自己的观点，而且将其逐步完善并发展壮大。

1982年，绪缨先生在《关于建立适应我国社会主义现代化建设需要的会计学科体系问题——兼论与此有关的几个会计理论问题》中再次提出，会计是一个相对独立的会计信息系统。

后续也有更多学者参与到讨论中来。除了绪缨先生外，同学兼同事的葛家澍先生和学长裘宗舜也都是“会计信息系统论”的铁杆拥护者。葛家澍先生在1983年将会计定义为“以提供财务信息为主的经济信息系统”。裘宗舜则在1985年发表了《会计与信息革命》，在文中，他提到会计信息系统是由会计、信息和系统等概念组成。所谓会计，包括了财务会计、管理会计，是一个企业的主要信息来源。

当时，裘宗舜在江西财经学院（现江西财经大学）担任会计学系教授。他们就“会计信息系统论”交流频繁。后来，裘宗舜先生还出版了《会计信息论》，为“会计信息系统论”奠定了较完整的理论体系。裘宗舜也因此被誉为我国“会计信息系统论”的奠基人。

可以看出，从“资金运动论”到“会计信息系统论”，绪缨先生和葛家澍先生都默契地站在了同一立场。绪缨先生和葛家澍先生都是该理论流派的主力成员，他们为两大理论的成熟壮大发挥了重要作用。再加上20世纪80年代回归厦门大学会计学系的常勋先生，葛、余、常三人对厦门大学会计学系的发展起到了举足轻重的推动作用。如汪一凡先生所说：“他们的研究领域相互配合补充，有如三足鼎立般，助推本系形成门类齐全的学术重镇。”①

在越来越多观点的相互争锋中，“会计管理论”和“会计信息系统论”在逐步完善壮大。两种观点的辩论贯穿了整个20世纪80年代，彻底摒弃了原有的“会计仅有阶级性”的观点，转而开始探索会计研究的内涵和外延。由于“会计管理论”的发源地是中国人民大学和财政部财政科学研究所（今财政部财政科学研究院），而“会计信息系统论”则是发源于厦门大学，“管理会计论”和“会计信息系统论”因此被称为“北派”和“南派”。南派与北派之争，讨论之激烈，影响范围之大，是中国会计理论发展史罕见的“景观”。

这场源于20世纪80年代、至今未能终了的关于会计本质认识的大讨论具有如下三个特征 ：一是会计性质大讨论的参加人数多，参与人员的级别高，不仅有高校的著名学者，也有政府高级官员，且参与讨论的杂志多，发表的文章也多。二是讨论围绕解决实际问题，而不是无的放矢。 讨论是为了解决会计理论落后于会计实务的问题，解决重会计实务、轻理论研究的问题，解决会计学科体系建设问题。许多教授多次写论文来参与讨论，他们绝不像现在是“为发表论文而发表论文”。三是讨论“百花齐放、百家争鸣”，大家为了说明一个观点引经据典，畅所欲言，没有因为讨论各方的地位、声望而讳言或妥协。当时杂志也没有等级名次之分，文章的优劣也不以所发表的杂志论高低，仅以论文的创新程度及其文章发表先后来判别。②

值得一提的是，牵扯到“南北纷争”的诸位会计名家们都是心胸开阔之人，不会因观点不合而影响到交情。虽然双方在学术期刊上看似你

---

① 汪一凡：《有关萧贞昌教授的两个猜想》，参见“厦大会计”微信公众号的《厦门大学会计系往事（七）》一文。

② 许金叶：《智能会计理论基础：“会计信息系统论”的发展——纪念余绪缨教授诞辰100周年》，《财务研究》2022年第1期。

来我往好不热闹，但在会议上遇到，则是相视一笑，毫不在意。这种氛围着实令人心驰神往。

时至今日，绪缨先生的这篇《要从发展的观点，看会计学的科学属性》虽然已历经40多年的风雨，但仍然有着极高的学术价值。

绪缨先生的弟子、暨南大学教授胡玉明对这篇论文的评价极高。曾有学者问他："如果只选余老师发表的一篇论文，你会选哪篇？"胡玉明教授毫不犹豫地回答："如果只选余老师发表的一篇论文，我会选《要从发展的观点，看会计学的科学属性》这篇。"

在《鞠躬尽瘁献余年——纪念余绪缨先生诞辰100周年》一文中，胡玉明教授写道：

> 绪缨先生时年58岁，率性而发，直抒胸臆而写的《要从发展的观点，看会计学的科学属性》一文，短小精悍，言简意赅，直击主题（会计没有阶级性，会计就是一个信息系统），堪称"超级微型论文"。该文不足两个版面，包括题目和作者姓名在内的电脑统计字数只有2229字，按照现在的学术规范，该文根本算不上一篇合格的论文。纵观余绪缨先生一生所发表的论文，该文的字数最少，但该文信息量极大。该文除了基于当时特殊情境（当时中国刚刚结束"无产阶级文化大革命"的非常时期即"文革"时期，进入拨乱反正时期），突破会计阶级性的思维桎梏（既然会计没有阶级性，也就不存在社会主义制度下的会计与资本主义制度下的会计之间的本质差别，应该终结会计领域的"姓资姓社"之争，从而扭转或引领中国会计发展的方向标），根据"当前的现实"与"今后的发展"（既立足现实，又展望未来），以超常的胆识和洞察力，在中国首次引入"会计信息系统论"之外，还涉及财务与会计的关系，更涉及会计的本土化（如何总结、继承中国会计工作的实践）与国际化

（如何借鉴国外经验和成就）问题。

沿着“会计信息系统论”的脉络，绪缨先生对会计与财务之间的关系进行了梳理。这个问题在当时引发了学界的不少争论。

在计划经济时代，我国几乎所有企业都是国营企业，这些企业不是独立经济法人，没有独立财权、财责和利益，而是依附于各个主管部门，因此企业只有会计核算职能，财务管理的职能被无限弱化。财务管理也因此成为一门依附于财政学科或会计学科而存在的课程。随着改革开放进入新时期，“国营企业”变更为“国有企业”，这意味着国有企业成为独立核算、自负盈亏的独立经济法人。因此，财务管理是否要从会计学科中独立出来，成为众多学者讨论的话题。

比较有代表性的观点就是杨纪琬和阎达五两位先生提出的“大会计论”，即财务管理包括在会计之中，以及部分学者提出的“大财务论”，即强调财务管理的主导地位，会计依附于财务管理。而绪缨先生则基于“会计信息系统论”提出了完全不同的见解，认为财务管理和会计两个学科应该相互独立、互不依存，会计是一个信息系统，而财务管理则是价值管理系统。

在《要从发展的观点，看会计学的科学属性》一文中，绪缨先生明确提出：“财务应从会计中分化出来，成为独立的学科。”在后续的系列文章中，绪缨先生进一步对自己的观点进行了补充和升华。在1993年发表的《社会主义市场经济体制下财务与会计的关系》中，绪缨先生指出，在社会主义市场经济充分发展的环境下，企业作为市场主体，以独立经济实体和利益主体的身份在市场竞争的大海中“游泳”，其财务管理活动（理财活动）必然会被大大地复杂化，并在企业整个经营管理工作中占有举足轻重的地位。部分内容如下：

从实践上看，财务工作和会计工作是两种性质不同的工作。财务管理部门同劳动管理部门、物资管理部门等一样，都属于业务管理部门，以人、财、物等为其直接管理对象，这些部门的主管在各自的专业范围内，具有直接决策的职能。会计部门不是业务管理部门，而是综合性的信息部门，是企业决策支持系统的重要组成部分。会计人员作为信息专家，是属于决策支持系统的参谋人员，对企业生产经营管理的各个方面（包括财务管理）并不具直接决策职能。他们的主要作用，在于通过会计信息的提供和分析研究，对企业各有关方面如何正确进行经营决策和改善经营管理施加重大影响，为促使它们在最优的轨道上运行作出贡献。

正是基于这些情况，西方作为现代市场经济主体的企业，会计主管领导的会计部门和财务主管领导的财务部门从来是明确区分、分别设置的。这也是现代市场经济体制下值得我们借鉴的一种国际惯例。如果现在还继续把过去在特定历史条件下形成的财会不分的旧体制奉若神明，就有点近乎抱残守缺了。

以后辈的眼光来看，绪缨先生关于财务管理和会计两大学科“相互独立”的观点，无疑是符合我国社会主义市场经济体制的。后续学界也逐渐认同了这一观点。时至今日，许多财经院校都同时开设有会计专业和财务管理专业。而随着《中华人民共和国公司法》等法律法规的颁布和完善，现代企业制度也逐步确立。从实践中可以看出，会计和财务管理两大学科之间的关系在独立的基础上再度趋于融合，呈现出“你中有我，我中有你”的状态，都有着长足的进步。如今回头来看，绪缨先生的观点对财务会计、管理会计和财务管理“三足鼎立”局面的形成，发挥了极为重要的作用。

第五节

历经沧桑　豪气犹雄

如今，会计学界公认绪缨先生是“中国管理会计学科的开拓者和奠基人”。从20世纪70年代末开始，绪缨先生便致力于将这门学科引入中国，从一片荒芜中开辟出道路。在中国管理会计学科从创建到发展的过程中，绪缨先生进行了大量的开拓性工作，填补了我国在这个领域中的空白。

可以说，中国的管理会计学科从无到有、从小到大、从大到强，每一步都浸透着绪缨先生的汗水与心血。管理会计学科如今能够在中国大地落地生根，与财务会计学科、审计学科一同构成会计学科的三根支柱，绪缨先生作为开拓者和奠基人，功不可没。

如今回溯绪缨先生走上管理会计的学术道路，可以说既是必然，也是偶然。

必然性在于，从20世纪30年代起，西方会计界在吸取了经济危机的经验后，得出了结论：财务会计信息失真和财务管理混乱，以及股市管理失控与会计公司审计失职是造成经济危机的重要原因。因此，此后的会计学界开始对财务会计行为进行规范，并进行了财务会计准则的系统研究、制定与发布工作。这也让“传统会计”开始向“现代会计”转型。

20世纪70年代后，现代会计的理论基础逐渐形成。各学科之间的综合、交叉又构成了现代会计理论的框架结构，这其中就包括在突飞猛进的管理学科的影响下产生的管理会计学。管理会计学也因此成为彼时会计学界颇受关注的热点话题。

虽然“管理会计”一词是在1922年由美国会计学者奎因坦斯所写的《管理的会计：财务管理入门》一书上出现的 。但管理会计学科真正进入高速发展期则是在泰罗（Frederick W.Taylor）、法约尔（Henri Fayol）等学者创立的科学管理理论被广泛应用之后。

此时的美国企业，为了应对第一次世界大战造成的经济大萧条，而广泛地推行科学管理理论。但这套理论过于倾向“刚性管理”，只注重提高生产效率而忽视了目标决策。把重点放在了生产过程中的个别环节、个别方面的高度标准化，而对企业管理的全局、企业与外部的关系则很少考虑。对此，绪缨先生的评价是“这种理论在新的情况下就显得有些本末倒置了”。

在绪缨先生看来，管理会计正是在“现代管理科学”的影响下逐步壮大的一门学科。在泰罗的科学管理理论的基础之上，“现代管理科学”吸纳了“运筹学”和“行为科学”，在很大程度上克服了泰罗的科学管理学说的重要缺陷。吸纳了“现代管理科学”的管理会计在后续发展与演进中，与企业管理中出现的新问题密切关联。正因如此，到20世纪70年代，管理会计学风靡全球，管理会计的专门方法和技术不仅被制造业广泛采用，而且被推广到包括服务业在内的各种行业及包括非营利组织在内的各种经济组织。

而令绪缨先生关注到管理会计学前沿理论的“偶然性”则是其受邀为“管理会计师资培训班”培训。1981年2月至7月，教育部委托厦门大学举办高等财经院校管理会计师资培训班。第一期1981级“管理会计师资培训班”只有6名成员，但他们却成为管理会计学在全国开枝散叶的重要力量。其中就包括天津财经大学的盖地，江西财经大学的郭盛儒，南京大学的朱元午，嘉兴学院的傅东，郑州航空工业管理学院的陈国昌和梁永胜。

傅东回忆称，刚站上讲台的自己，因为从没有上过大学，感到压力巨大。在学校领导的支持下，他先是阅读了《工业企业经济活动分析》的高校教材，后又去厦门大学、东北财经大学等高校听课。在厦门大学进修期间，他根据教学体会写了一篇短文《漫谈成本降低率》，在《财务与会计》1981年第6期上刊登。“这为我后来撰写论文、开展科研增强了信心与决心。”傅东说。①

在盖地的自述中，也回忆过自己在厦门大学进修的时光。

> 1981年教育部给各高校发通知，让学校选派青年教师去进修。系里就派我到厦门大学进修。那个学期（秋季）对我来说收获很大。厦门大学多位会计教授给我们讲课，比如说葛家澍老师、余绪缨老师、常勋老师等都给我上过课。那时还没有正式招收研究生，葛老师、余老师他们给本科生上课，我们这些青年老师到厦大进修，主要就是跟着本科生一起听课。除了听课，还有就是课后跟老师直接沟通交流。
>
> 那学期，我们重点是听余绪缨老师讲授管理会计。当时，余老师给学生上管理会计课时还没有公开出版的教材，用的是他撰写的、学校打印的教材。当年10月份，中国财政经济出版社两位资深编辑到厦大去组稿，就是准备出版余绪缨老师的这本书。回校后，我撰写了《试论行为科学在管理会计中的应用》一文，在《天津财经学院学报》1983年第3期上发表了，当年被《经济学文摘》摘录，

① 傅东：《从零探索，勇于创造——记我这四十年》，http://xyxt.zjxu.edu.cn/info/1038/1517.htm。

这是我撰写的第一篇算是学术论文的长文（7000多字）。感谢余绪缨老师的教导，感谢厦门大学。①

后来，这个由教育部委托而成的培训班历经了多次更名，如“助教进修班”“教育部师资专修班”等。该培训班也在中国播下了管理会计师资的“种子”，堪称管理会计师资的“黄埔军校”，影响极其深远。当年，许多高等财经院校的管理会计师资都出自该培训班。

正如绪缨先生所言：“一门新兴学科的学习和引进，教材是一种重要的媒介。”也正是在一次次与本科生、进修教师的沟通交流过程中，绪缨先生逐渐对管理会计学科有了全新的认识。在认真研究美国具有代表性的管理会计教材之后，绪缨先生结合其对管理会计对象与方法、管理会计基本框架与学科属性的思考，形成了独特的具有中国特色的管理会计观点。

幸运的是，这套理论很快便在新的场合中得到了实践和运用。

时间回到1979年，时任国务院副总理的邓小平应卡特总统邀请访问美国。在邓小平访美期间，中美两国政府签订了《中华人民共和国国家科学技术委员会和美利坚合众国商务部科技管理和科技情报合作议定书》（下称《中美政府间科学技术合作协定》）。成立“中国工业科技管理大连培训中心”是该议定书中的一个子项目，其任务是对大中型企业的厂长（经理）、政府工业与科技管理部门的干部以及大专院校从事企业管理的骨干教师进行现代企业管理知识的培训。

时任大连工学院（今大连理工大学）院长的屈伯川得知这个信息后，连夜赶往北京，找到国家经委的相关负责人，建议把这个培训中心办到大连去。他的建议得到了国家三个部委和美方代表的赞同。

① 盖地：《坚守会计领域，耕耘不问收获》，载上海国家会计学院会计口述历史项目工作组主编《会计口述历史（第二辑）》，立信会计出版社，2020。

1980年8月18日，“中国工业科技管理大连培训中心”正式开学。这个中心成为改革开放后我国学习和引进国外先进管理思想、理论和经验的第一个窗口。2002年，这个培训中心成为原国家经贸委确定的“全国企业经营管理者培训重点基地”——“国家经贸委大连经理学院”。2006年1月13日，中国大连高级经理学院揭牌，成为国家级干部教育培训体系的重要参与力量。

厦门大学作为当时会计学科实力最强的几所高校之一，自然也派出了精兵强将支援培训中心的建设，包括绪缨先生、常勋先生等，他们和来自美国高校的教师一起开设了财务管理、会计与控制、管理会计等课程。绪缨先生同时担任“管理会计”中方教学组的组长。

作为中方的教师代表，必须要懂英文。因为不仅要和美方教师交流业务，而且连部分教材都是美国原版。因此，对教师的英文水平要求极高。

当时，教授管理会计这门学科的共有三位教师，分别是来自厦门大学的绪缨先生、来自上海财经大学会计学系的徐政旦教授、来自美国纽约州立大学的伯特·霍威斯（Bert Horwitz）教授。当时绪缨先生和徐政旦教授两人作为中方的教师代表，使用的教材是一本英文的《成本管理会计》。伯特·霍威斯在培训中心仅待了一年左右，之后便由绪缨先生和徐政旦教授二人轮流教授这门课。

根据《大连工学院学报》的报道，培训中心的教育理念颇为先进。

> “培训中心所采取的教学方法，除了系统的课堂讲授外，还广泛采用了案例教学法。应用事先到厂矿企业进行调查所编写的实例，组织学员讨论，分析产生问题的原因，提出改进管理的措施，来训练和提高学员分析问题、解决问题和作出正确决策的能力。在组织教学中，还安排了一定的时间让学员上计算机模拟实习，使学

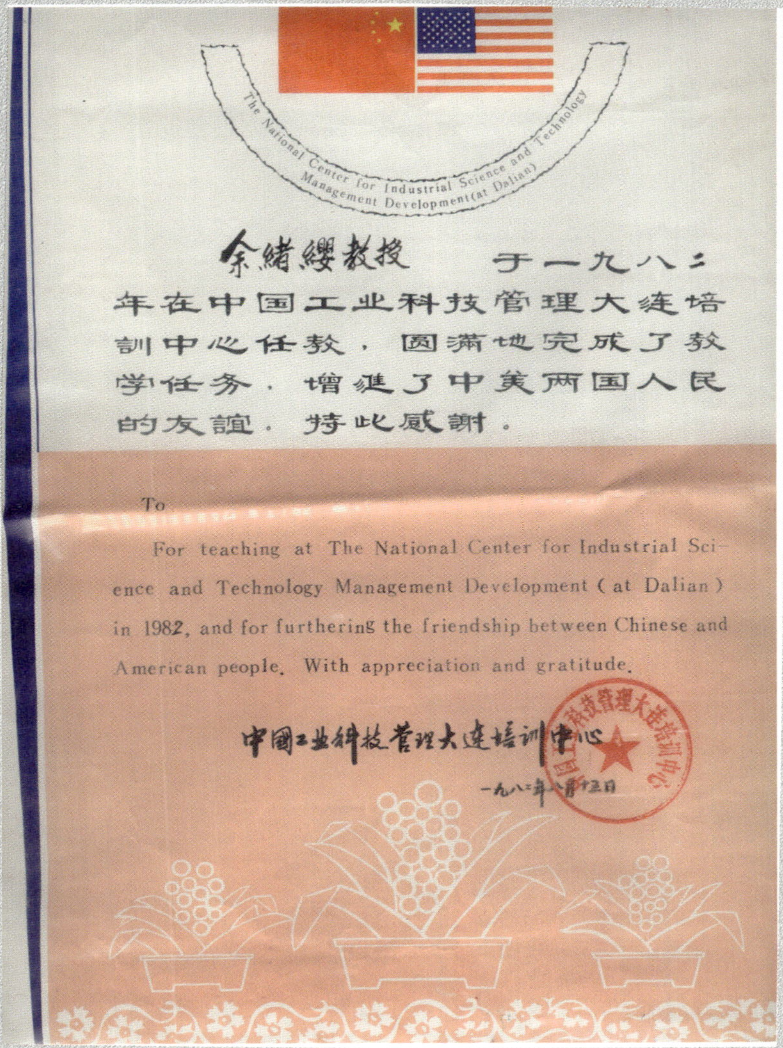
The National Center for Industrial Science and Technology Management Development(at Dalian)

余緒纓教授 于一九八二年在中国工业科技管理大连培训中心任教，圆满地完成了教学任务，增进了中美两国人民的友誼。特此感谢。

To

For teaching at The National Center for Industrial Science and Technology Management Development (at Dalian) in 1982, and for furthering the friendship between Chinese and American people. With appreciation and gratitude.

中國工業科技管理大連培訓中心

一九八二年八月十五日

中国工业科技管理大连培训中心致余绪缨先生的感谢信

员初步掌握了应用计算机进行管理的基础知识。”[①]

而培训中心之所以要开设管理会计课程，是为了培养高端会计人才，既要懂理论，也要懂实务。学员分布也极为广泛，不仅有高校教师，也有高级官员和国企的高级管理人员。根据当时的新闻报道，培训班着重传授和研究两国工业企业管理的经验和方法，时间为4个月，第一期学员有120人，“绝大多数是来自省、市、自治区和部分工业城市经委具有专业知识的处级、科级及以上管理干部，大型企业的经理、厂长以及总工程师、总会计师，大专院校和工交干校从事企业管理教学的骨干教师，年龄一般在三十五岁至四十五岁，具有大专文化水平”[②]。

正是在众多名师的共同助力下，大连培训中心成为国内第一个引入国外现代管理教育的办学机构，也是最早建立管理会计学科的单位之一。大连培训中心也因此被誉为中国现代管理教育的发祥地，为政府部门到教育界直至企业界培养了一大批掌握现代管理知识的宏大队伍，涌现出了一大批管理教育名家、管理学科专业奠基人以及在改革中叱咤风云的人物。

对绪缨先生而言，在培训班与来自高校和政商界的学员的交流，也让他意识到，对当时的中国来说，管理会计这门学科是极为重要的。许多来自企业一线的学员曾向他抱怨，在原先的计划经济体制下，企业几乎没有自主经营权，而这样做只会让企业的生产行为变得僵化迟钝，缺乏对市场的认知。

而在管理会计理念的指导下，企业的自主经营权能够大大增强和解

---

① 朱舜卿：《中国工业科技管理大连培训中心第一期结业》，《大连工学院学报》1980年第4期。

② 张燕：《工业科技管理大连培训中心讲习研究班开学》，《企业管理》1980年第3期。

放企业作为市场主体的动力。这也是当下的中国经济体制所欠缺的。

绪缨先生在1982年发表的《第一讲　现代管理会计的形成、发展与“洋为中用”》中就提到：

长期以来，我们背离商品经济的客观要求，采用大一统的经济管理体制，实行单一的计划调节，不承认社会主义企业是在国家计划指导下的相对独立的商品生产者，严格限制它按照商品生产的客观要求开展经营活动，使企业的生产经营失去了应有的活力，因而不能取得较好的经济效果。

现在，我们认识到了这一方面的问题，正在进行经济管理体制的改革。新的经济管理体制，将实行计划经济，同时要充分发挥市场调节的辅助作用，承认社会主义企业的商品生产者的地位，在国家计划的指导下，扩大企业的自主权，同时加重企业的经济责任，贯彻发展优势，保护竞争，促进联合的方针，使企业的生存、发展和职工的经济利益同企业经营的好坏建立直接的联系，从而使企业获得具有内在经济动力和外部经济压力相结合的经济机制，这就为价值规律和与它相联系的供求规律、竞争规律在社会主义经济中正常地发挥作用开辟了广阔的场所。

在同年发表的《现代管理会计的主要特点及其吸收利用问题的探讨》一文中，绪缨先生对这个问题也进行了阐述：

在新形势下，企业要把正确地进行经营决策放在首位，因为这是关系到企业盛衰成败的问题。过去国家对企业的供产销统得很死，企业习惯于按上级指令办事，所谓正确地进行经营决策，既无必要，也无可能。

> 在新形势下，企业为正确地运用其生产经营的自主权，就必须综合考虑企业内外的主、客因素，对生产经营上各种可能采取的方案，事先进行全面的分析、评价，扬长避短，择优选取。在这一方面，现代管理会计中关于经营决策分析、评价的方法原理，大多是可以参考、借鉴的。
>
> 目前我国一些工业企业生产任务不足，设备闲置、人浮于事的现象比较严重。在这种情况下，如何广开生产门路，为剩余生产能力找出路，无论从企业以至国民经济看，都有重要意义，经营决策要特别注意这方面的问题。显然，现代管理会计中关于差别成本分析的原理，对此有直接指导意义。又如，在产销直接见面，国家允许某些产品可以在一定范围内实行浮动价格的情况下，应把价格定在什么水平上，才能既提高竞争力，又可使企业获得最大的经济效益，也要认真地进行研究。

从以上的文章中可以看出，绪缨先生引入管理会计学科的重要目的之一，是为了使得当时的经济体制改革乃至企业改革有理论工具可使用。这种学术思路既着眼当下，又放眼未来，闪烁着实用主义的智慧光芒。绪缨先生以一名知识分子应有的责任和担当，以一肩之力承担起管理会计学科的中国化，并希望通过自己的方式解决眼下的“真问题”。这样的精神，足以令后人敬仰叹服。正如绪缨先生自己所写的诗一般：

> 历尽沧桑路不平，
> 丛生白发“气犹雄”！
> 满纸文章何足论，
> 芬芳桃李蔚成荫！
> 莫道鬓霜人已老，

尚期展翅翱长空！
何时了却平生愿，
长征接力有来人！

乙亥年八月五日

20世纪80年代中后期，绪缨先生富有创见性地提出包括微观管理会计、宏观管理会计和国际管理会计三个模块组成的“广义管理会计”新体系。

其中，微观管理会计是从企业的角度看问题，包括微观投资决策会计和微观经营会计两个组成部分，从微观上研究如何为提高经济资源的配置效益（体现在项目的投资效益上）和使用效益（体现在项目建成投产后的经营效益上）提供有用信息。

宏观管理会计是从国民经济的角度看问题，在更高层次上建立为宏观经济管理服务的经济信息系统，包括宏观投资决策会计和宏观经济会计两个组成部分，从宏观上研究如何在整个国民经济范围内，为提高经济资源的配置效益（建设项目从国民经济层面看的投资效益）和使用效益（项目建成投产后从国民经济层面看的经营效益）提供有用信息。

而国际管理会计则是适应当代国际经济一体化的发展趋势，研究如何为跨国经营活动最大限度地提高经济资源的配置效益与使用效益提供有用信息，它是现代管理会计的基本原理与方法结合跨国经营活动的环境和条件后具体运用而形成的一个新领域。

在绪缨先生的弟子、厦门大学教授傅元略看来，“广义管理会计”体系的研究突破了国内外现行管理会计研究仅限于微观管理会计的局限，无论从国内还是从国际来看都属于首创，处于国际领先地位，具有广阔的发展前景。

对绪缨先生在管理会计学科上的众多开创性研究，弟子们都以多种方式对其进行了精准的总结和概括。绪缨先生的弟子、中山大学教授刘运国在《余绪缨会计学术思想研究——纪念余绪缨教授诞辰100周年》一文中表示：

> 在管理会计领域，绪缨先生论证了现代管理会计的对象是“现金流动”，现代管理会计的方法是“差量分析法”，在学科属性上，管理会计是一门综合性的交叉学科，是信息科学的一个组成部分；先生还总结、提炼出中国特色管理会计的主要特点，构建了包括微观管理会计、宏观管理会计和国际管理会计在内的广义管理会计体系，并编写了影响管理会计教材的《管理会计》教材体系。该教材体系是以管理会计对象——现金流动为经，以管理会计的职能为纬，包括决策会计、计划会计、执行会计等主要内容，兼顾管理会计新发展领域的教材结构新框架体系，其对战略管理会计、管理会计的社会文化观、行为科学与知识经济对现代管理会计的影响、作业成本计算与作业管理、体验经济与管理会计等新命题做了开创性研究，提出了许多创新思想。

第六节

博采众长　自成一家

改革开放初期的中国，从内到外都洋溢着生机和活力。从学生到教师，整个社会都充满了对知识的渴求。那时的人们，对中国的前景既乐观又迷茫。乐观的是中国正在以一种惊人的速度修复着动荡十年所带来的创伤，迷茫的是在意识形态剧烈变动的环境下，该如何对待来自西方的先进知识和经验。对此，没有人有准确的答案。

但无论如何，总要有人当那个“吃螃蟹的人”，总要有人走出国门，去看看外面的世界究竟是什么样的。

在同辈的学者中，绪缨先生的英文功底极好，不仅能够阅读会计学的英文原著教材，也能够与外国友人进行流利的交谈。“运气总是会青睐有准备的人”，可以说，绪缨先生恰好在学术活力最旺盛的年龄，遇到了中美关系的破冰期，并有幸成为中国最早一批访问海外的会计学者之一。

带着“中国管理会计学科该走出怎样的道路”等诸多疑问，绪缨先生自1985年起便频繁出访海外，与国际顶尖会计学者进行交流，并遵循着一套“以我为主，博采众长，融合提炼，自成一家”的经验模式，以独具中国特色的学术成果开展国际学术交流。时至今日，这套经验模式对中国学者来说仍具借鉴和学习意义。

1978年夏天，受美国政府指派，新成立的美中学术交流委员会组团前往中国作学术交流，为后续高级学者及留学生的项目奠定了良好的基础。1985年7月，中美又签署了《教育交流合作议定书》，为两国的教育交流确定了指导原则、交流领域和合作范畴。

1985年派出的这一批高级学者也是首批人文社科类学者，且名额极为稀缺，仅有五名。因此，名单的敲定经过了有关部门的审慎考量，对学者的英语口语交流能力、学术水平等进行了全方位的衡量。在这种条件下仍然能够入选，从侧面证明了绪缨先生在会计学科的出色造诣。与绪缨先生同期出访美国的，还有后来成为中国科学院院士的流体力学专家周恒，著名语言学家、中国人民大学教授胡明扬，著名社会活动家、山东大学教授孔令仁和《世界建筑》主编、清华大学教授吕增标。

1985年，绪缨先生应美中学术交换委员会（即美中学术交流委员会）的邀请，前往美国明尼苏达大学（为主的接待单位）、纽约州立大学、伊利诺伊大学和圣克劳德州立大学进行学术访问。每到一处，绪缨先生都以“中国经济体制改革与中国管理会计的演变”为主题，“作专题报告和座谈、讨论，产生了广泛影响，并由美国明尼苏达大学授予研究生院‘荣誉成员’证书。此行堪称笔者后续持续进行的一系列国际学术交流活动的‘破冰之旅’”①。绪缨先生此行在美国会计学界引发了不小的讨论。

由于此前在中国工业科技管理大连培训中心便与纽约州立大学的会计学教授伯特·霍威斯建立了良好的友谊，因此绪缨先生便把访问的第二站定在了纽约州立大学，并受到了伯特·霍威斯教授的热烈欢迎。两人的友谊从20世纪80年代初期一直持续到了先生仙逝。据绪缨先生的女儿伟琪回忆，伯特·霍威斯教授在先生驾鹤西去后曾给她发了一封很长

① 刘运国：《余绪缨会计学术思想研究——纪念余绪缨教授诞辰100周年》，《财会月刊》2022年第10期。

的邮件，回忆了从80年代初两人在大连相识，到之后多次的学术交流以及一直保持的联络，“最后他对我说：‘你父亲是一个有才华的人但最重要的是他是一个很好的人，你必须引以为豪。’”

两位顶级会计学者的情谊，持续了20余年，跨越了国家和山海的距离。这样的友情正是建立在两位学者互相钦佩对方的品格及学术造诣的基础上，言有尽却意无穷，可谓是“君子之交淡如水”。

1986年，绪缨先生应美国伊利诺伊大学会计国际教育与研究中心的邀请再度访美，参与由该中心主持的以“远东会计与经济的新发展”为主题的会计国际学术讨论会。如果说首次出访美国是由中国筛选的名单，那么此次出访则是美国的会计学界的主动邀请。这意味着绪缨先生的学术地位获得了美国同行们的高度认可。

在会上，绪缨先生作了《论中美管理会计的共性和具有中国特色的管理会计》的主题报告。1988年，绪缨先生再度受该中心的邀请访美，并发表了题为《中国金融市场的形成与发展及其会计的影响——侧重于如何建立中国新会计模式的理论分析》的报告。

后来，该中心认为，鉴于绪缨先生“不平凡的学术生涯和对中国及世界的贡献”，特聘请他担任该中心旗下刊物《会计国际期刊》的编辑。该刊物是国际权威会计刊物，编辑政策部由五名全球著名会计学者组成。一名中国本土成长的学者，成为国际权威刊物的学术编辑，这在当时的国内学术界是难得一见的。

代表中国会计学界去海外交流，让绪缨先生感到分外骄傲和自豪。在某次旅途中，他欣然写下了《访美感怀》一诗：

海外相逢倍觉亲，拳拳赤子动乡情。
壮丽山河萦梦境，光辉史册系人心！
“四化宏图”兴伟业，五州华裔竭精诚。

THE INTERNATIONAL JOURNAL OF ACCOUNTING

两岸情思割不断，江山一统共昌隆。

1989年，绪缨先生和葛家澍先生联袂前往加拿大达尔豪西大学进行为期半年的合作研究。中欧国际工商学院苏锡嘉教授在文章《一生耕耘在厦大》中，回忆了两位先生在加拿大的旅居时光：

我于1989年去加拿大当访问学生，有幸在当地接待去访问的几位厦大教授，包括葛家澍教授和余绪缨教授两位会计大师。我们四个同学义不容辞地承担起照顾先生起居的责任，在加拿大出入相随达半年之久。也难为了几位老师，居然忍受了好几个月现在回想起来是极其粗简寡淡的饭菜。饭前饭后，大家天南地北，高谈阔论，像极了一家人。那时几位老师都已不是第一次出国，但长时间居留还是第一次。这样近距离接触的机会不是每个学生都能碰到的，我辈生逢其时，回想起来真不是一般的运气。

连续三次的海外访问让绪缨先生对美国的会计学界逐渐熟悉起来。在对三次访问经历进行总结后，绪缨先生坚定地认为，中国学者绝不能怀着低人一等、“月亮也是外国的圆”的心态参与到国际学术交流中。在进行海外交流时，中国的学者们要意识到，中国传统文化包含着许多历久弥新的内容，可以挖掘、吸收和总结其中蕴含的理念、智慧、理论和方法，形成具有鲜明民族特色的学术成果。

与此同时，在与海外学者进行交流时，学者应该保持不卑不亢、从容大度和求同存异的态度，凸显应有的人文气质，要拿出“精品”进行交流。绪缨先生尤其厌恶弄虚作假的行为，在与学生的交流中，绪缨先生曾表示，作为中国会计学界的代表，在与海外学者进行交流时，一定不能做出有损国格的行为，否则会让国人蒙羞。而对一名学者来说，学术诚信是最基本的底线。任何粗制滥造甚至弄虚作假，有损人格和国格的行为，都应该坚决抵制。

为了纪念卢卡·帕乔利《计算与记录的详论——簿记论》发表500周年，1994年，绪缨先生以中英文对照的方式发表了题为《帕乔利对复式簿记的历史性贡献为此后会计科学的发展奠定了坚实基础》的论文。该文还被送往复式簿记的发源地——意大利，在全球性纪念卢卡·帕乔利《计算与记录的详论——簿记论》发表500周年盛会上展出。

当时，绪缨先生已年逾古稀，但精力依旧旺盛，他也格外珍惜每次海外交流的机会。

1995年9月，在台湾同胞的数次盛情邀请下，绪缨先生前往台湾进行学术交流。在交流过程中，绪缨先生兴致极高，随即赋诗一首：

参加海峡两岸学术交流感赋

应邀三次始成行，旧雨新知倍觉亲；
学术交流增共识，访问观光长见闻；
隐隐宽带深感愧，依依惜别盼重逢；
骨肉情深成一体，中华从此是巨龙！

1995年9月作于台北

在这次学术交流中，绪缨先生结识了众多来自高等学校和文化出版界的知名人士，并与他们保持着通信往来。

2006年，台湾老牌文化出版机构——五南文化事业机构创始人杨荣川给绪缨先生回信。

绪缨教授大鉴：

谢谢您赠送的好书，《管理、管理会计理论与实践的新发展：

余绪缨教授从教六十周年师生纪念文集》一书已收到。六十年来，在教育岗位上奉献心力，如此出版的纪念文集，更是嘉惠学子，您的精神真是令人感佩！

专此 即颂

秋安

弟 杨荣川 敬上

2006/10/12

在10月结束了台湾学术交流后，绪缨先生又借道香港前往日本，从日本西部开始，对九州大学、熊本学园大学、长崎大学、早稻田大学等七所大学进行了学术访问，与日本会计学界十多位著名专家就当前管理会计领域的诸多问题进行了交流。同时，绪缨先生也极为关心日本产业实践的问题，因此还重点考察了丰田汽车九州工场与东芝电器府中工场这两个颇具名气的现代化企业工厂。

绪缨先生弟子、上海国家会计学院副教授陈胜群作为绪缨先生的博士研究生全程陪同了此次学术访问。在他所写的《余绪缨教授访日纪行》中，此次交流访问期间有几个片段让他印象极为深刻：

一

结束九州地区的行程转赴东京地区进行访问的前夕，在九州大学经济学部举行的欢送晚宴上，余教授热情赋诗，畅抒情怀。

由九州大学藤田昌也教授亲自周密安排的九州地区为期一周的访问行程，紧张而又愉快地圆满结束了，宾主之间充满着依依惜别之情，为此九州大学经济学部特为余教授举行隆重的欢送宴会，宾主畅叙友情，并交换今后进一步加强学术交流与合作的设想与建议。席间余教授忆古论今，豪情满怀，朗诵《访问九州大学临别感赋》一诗，对今后进一步加强中日之间的文化、学术交流表达了殷切的期待，得到与会专家、教授的一致认同和赞誉！在座的西村明教授当即表示要将该诗译成日文在院刊上登载。诗曰：

盛情相邀情意深，益友良师喜相逢；
先哲遗风垂典范，长征接力赖来人。
博采众长无国界，更喜扶桑是近邻；
自强不息天行健，东方世纪瞬来临！

二

余教授访问考察的两个企业的接待情况，看出日本实务界对余教授这次访日的重视程度，同时也反映了日本实务工作者尊重专家、学者的一贯传统。丰田汽车九州工场早就安排了专门的讲解员，并请成本管理课的主管专门解答我们对实际生产方面的疑问。特别是关于JIT（Just-In-Time）系统的运作方面，有实物作为参照，印象甚为深刻。（因）为九州工场非常之大，他们为余教授的到访配备了专车。由专职的司机和讲解员同行。临别时，除送我们每人一套丰田汽车的资料外，还各送了一个精致的不锈钢制的丰田汽车模型，这是访问该工场的特别贵宾才能享有的礼遇。在东芝电器府中工场也是如此。穿着制服的工作人员将我们引到四楼专设的房间门前，门匾上两行对称的大字格外醒目：厦门大学余绪缨教授——东芝电器府中工场。进入房门，桌上摆着呈扇形展开的中日两国国旗。在观看了专为余教授准备的英语录像解说后，成本管理课的课长、主任和两位课员四人一起陪同我们参观生产流水线。参观之后，他们又拿出事先专门印制好的成本管理流程图进行讨论，双方各抒己见，气氛甚是融洽。

三

在骏河台大学的学术交流活动，真正令人难以忘怀。其中可谓是当代日本会计学界泰斗的饭野利夫先生，以78岁的高龄亲自设宴主持招待。在席后长达四小时的学术讨论会上，饭野先生就中国会计改革遇到的阻力及其解决对策等方面提出了许多具有针对性的问题，比如中国应用性会计准则的不够完备，对土地的账户处理不够规范等。余教授一一作了详细的回答。这次学术讨论会骏河台大学可说是排出了其“最强阵容”，由饭野先生统率全局，长松秀志教授主谈当代管理会计的最新发展，八田进二教授则提出审计领域亟待开拓的课题，井上良二教授则推出当今日本备受瞩目的新金融商品会计问题，可谓是八仙过海、各显神通。这些对于学识广博的余教授而言并非难题，余教授既肯定了日方在这些领域的研究成果，同时又一一相应介绍了我国的研究现状。这次学术讨论会虽有相当的综合性，所涉及具体论题的深度却也不亚于专题讨论会，只是因时间有限，才匆匆而别。双方约定今后将进一步加强校际交流，力争在厦大举办第二次这样的学术讨论会。八田进二教授一直将我们送到车站，还一个劲地直喊：“厦门见!巴黎见!”（指于1997年与余教授共同出席在巴黎举行的第八届国际会计教育大会）

绪缨先生在日本也结交了众多好友。其中九州大学的西村明教授与绪缨先生格外投缘。西村明教授是日本会计学界颇具名望的学者，他不仅研究管理会计独树一帜，而且对中国古代至现代的会计也有较深入的研究，著述甚丰，有较高的汉语修养，因而素为中国会计学界所熟知。两人之后也保持着密切的通信。2003年11月，西村明教授给绪缨先生发来中文的电子邮件。

尊敬的余绪缨老师：

我最近收到你寄给我的一篇论文，表示衷心的感谢。这个论文

> 对现在的世界，特别是日本是重要的。精神文化和其伦理分析在只重视物质一面的现在世界很有意思。我常常还在（想）会计世界应该结合物质和精神两面。我最终地追求美、真和善。现在我慢慢地看你的论文。
>
> 西村明
>
> 九州大学教授

从1985年开始，绪缨先生马不停蹄，共赴美五次，赴加拿大、日本、英国、法国各一次，对西方发达国家的会计理论进行了充分的调研，也代表中国会计学界，对中国的会计理论进行了宣传。20世纪90年代后期，绪缨先生意识到，对管理和管理会计的认识不能只停留在物质和制度层面，而是应该进一步拓展到层次更深、境界更高的社会文化层面。因此，绪缨先生后期的海外交流活动，展现出了对中国传统文化的深刻了解，并将中国传统文化中的精髓融入管理会计中，形成了具有东方哲学特色的管理会计思想。

《孙子兵法》和“孔孟之道”是中国传统文化的两座高峰。绪缨先生对其进行了重点研究。1997年，绪缨先生应邀对伦敦吉尔德霍尔大学进行学术访问，并作了《文化对会计的影响》的主题报告，而在学术访问期间，绪缨先生又作了题为《简论〈孙子兵法〉在“战略管理会计”中的应用》的报告。传统的东方哲学与现代管理会计结合，对西方的会计学界而言，是极具颠覆性的体验。这也是绪缨先生的管理会计思想从刚性向柔性转变的过程。

20世纪90年代，西方发达国家正逐步完成从以物质资源为主导的工业经济社会向以精神资源（知识、智力）为主导的知识经济社会的转变。绪缨先生敏锐地察觉到了这一点。在《谈现代管理会计的刚与柔》

余绪缨先生出席在美国举行的“会计国际学术讨论会”（1990年）并在会上宣读论文（左边正面坐者为主持人、世界著名会计学家H. P. Holzer教授）

余绪缨先生到日本早稻田大学学术访问（1995）之后，与早稻田大学藤田幸南教授（左一）合影留念

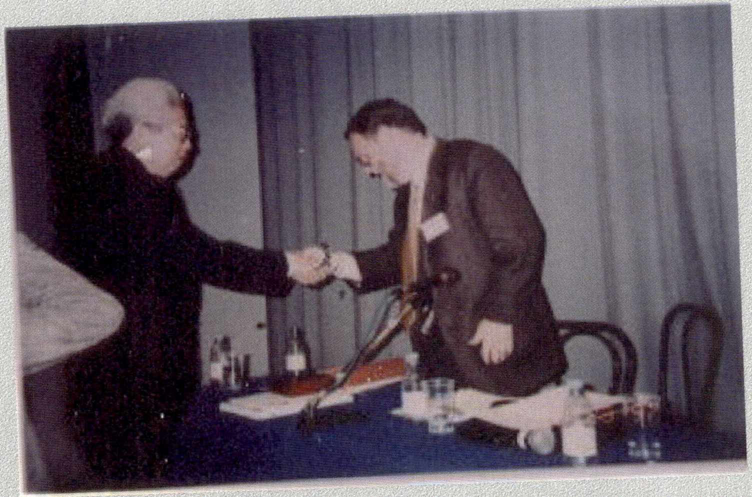

余绪缨先生出席在法国第八届会计教育与研究国际会议（1997年）并在会上会见会计教育与研究国际学会主席Prof. Belverd E. Needles，Jr

余绪缨先生在英国赫尔大学学术访问并做学术报告（1997年）

一文中，绪缨先生提出，企业管理总体上应该以“以人为本”的柔性管理为主导，而“以规章制度为本”的刚性管理职能起辅助作用。因此，要注重加强企业的文化建设，促使企业上下形成“风雨同舟、荣辱与共”“力恶其不出身也，不必为己”的良好精神氛围，这是企业经营管理的灵魂和根本。

进入晚年，绪缨先生非常强调管理会计理论研究与实践“由技入道”。在《谈管理的技与道》中，绪缨先生引用了画家刘海粟40岁诞辰时蔡元培送他的一句贺联：“技近乎道，庶几天惑。”意思是刘海粟在绘画艺术上的成就，已超越了浅层次的技法上的熟练，“由技入道”，达到出神入化的境界。在这篇文章中，绪缨先生也对管理会计的研究者及从业者提出了更高的要求：提高人文底蕴、哲学修养和艺术修养。

> 在今天信息技术高度发展的时代，管理会计提供的专业服务如果还停留于程序化和计算性的水平上，其专业性服务价值近于零。因为遵循逻辑思维的规则进行定量的信息处理，电子计算机信息处理技术完全可以比人脑做得更快、更好。但电脑不管怎样先进，还（都）不可能有“人性”，人脑产生精神现象的方式，还不能仅靠计算机程序的执行来实现。因而，“艺术思维”与“哲学思维”所能做到的“思接千载，视通万里”，电脑就无能为力了。
>
> 基于此，在新的历史条件下，管理会计师的自立、自强之路，在于努力提高自己的综合素质，特别要在提高人文底蕴、哲学修养和艺术修养上下功夫，借以不断增强自己的“艺术思维”和“哲学思维”能力。由此而取得的超常智慧与洞察力（见微而知著，鉴往而知来的能力）以及超常的想象与感悟能力，则是任何先进的信息技术无法取代的。管理会计在这些方面所取得的优势就足以使他们的专业性服务无可替代，从而为提高企业生产经营的经济效益和社

会效益作出有益的贡献。如此形成的管理会计师服务价值的增长，也是“由技入道”论的具体体现。

绪缨先生在10余年前作出的论断，如今来看，依然不过时。在大数据、人工智能等技术的加持下，会计行业发生着深刻的变化。对会计人才的需求也从专才转向通才。如今，传统的会计信息作用在下降，会计人员面临着诸多挑战，会计学的发展边界也在被不断拓宽。如今，回望绪缨先生对管理会计所面临挑战的“预言”，是如此精准。而绪缨先生对管理会计师们提出的殷殷期望，在当下的学术环境中变得格外重要。回看大师们留下来的思想结晶，常常会让人惊叹他们高远深邃的学术眼光。10多年前的殷殷期望，如今仍能引领众人、烛照后世。

第五章

满纸文章何足论
芬芳桃李蔚成荫

第一节

学透百家 自成一家

荷兰著名数学家、数学教育家弗赖登塔尔有一句名言："数学教育是数学的'再创造'。"在他看来，一本好的教材不仅需要编写者了解学科的发展历史，还要有宽广的学术视野，以高屋建瓴的视角指引学生，唤起他们的求知欲。

遗憾的是，在我国的高等教育界，有一种观念根深蒂固：一流学者不屑编写教材，教材是"小儿科"，体现不出学术水平。

不可否认的是，编写教材需要花费大量时间，不仅要查阅文献资料，补充自己的知识版图，更要耗费精力思考如何串联起各种知识点，使整本教材前后关联、浑然一体。这是个费时费力的活计，性价比不高。

编写教材也是一项长期活动。随着时代的变迁、学科知识的更新，教材内容也是时修时新。每隔一段时间便要根据高校师生的反馈进行修订。

因此，优秀的学者未必能编写出优秀的高校教材，而优秀的高校教材却一定是优秀的学者才能编写出的。教材才是最难写的那本书。

回顾绪缨先生的科研和教学经历，他于20世纪80年代初编著的《管理会计》教材是无法忽视的重要成果。

高等财经院校试用教材

管理会计

余绪缨 编著

中国财政经济出版社

这本由绪缨先生独立编著，于1983年以“高等财经院校试用教材”的名义出版的《管理会计》，凝结了绪缨先生自己对管理会计学科的众多思想结晶，成为后世学者研究绪缨先生管理会计思想的重要素材，在当时国内普遍缺乏优质高校教材的环境下，绪缨先生编著的《管理会计》堪称是中国管理会计教材的奠基之作。该教材启蒙并深深影响了恢复高考后的那一代学生，并让许多人走上了管理会计的研究道路。

回顾绪缨先生编著《管理会计》的艰辛历程，我们能从中感受到绪缨先生作为一名会计教育大家的殷殷心血以及“功在当代，利在千秋”的家国情怀。

绪缨先生参与编写的最早一部教材是1962年由上海财政经济出版社出版的《会计学原理》。绪缨先生为四名编写者之一，其余参与者分别是葛家澍、陈仁栋和黄忠堃，四人均是厦门大学经济系财务会计教研室的成员。

早在20世纪50年代末，厦门大学作为国内经济学科实力最强的几所院校之一，便已经开始在校方的领导和指挥下，以学科和教研室为单位编写教材。

在此前大量引入和翻译苏联专业教材的基础上，众多高校纷纷开始自编教材工作。1956年1月，高教部发布了《高等学校教材编写暂行办法》，要求组织高校教师在学习苏联教材的基础上，密切结合中国实际情况，编写适合中国高校的教科书、教学参考书。

在厦门大学党委的支持下，厦门大学经济系财务会计教研室便承担了编著《会计学原理》教材的任务。

那时的财务会计教研室以年轻教师为主，思想活跃开放，在对会计对象的研究上有着独到的观点。正是在那几年，厦门大学形成了“资金运动理论”的雏形。因此，财务会计教研室里的年轻教师们也都兴致勃勃，希望编写出一本与苏联教材完全不相同的会计原理教材。

于是，这本由四人合力完成的《会计学原理》教材便在这样的环境下出炉了。在编写过程中，四人以教学几年来采用的讲义为基础，参考和吸收了大量来自其他财经院校讲义的优点。

在该教材的“前言”里可以看到四人的分工。

> 本书共分十章和一个附录，由葛家澍同志负责主编，并具体执笔编写第一、八和九章；第二和五章由陈仁栋同志执笔；第三、四和十章由余绪缨同志执笔；第六和七章以及附录由黄忠堃同志执笔。全书的主要论点在编写小组中进行过反复的讨论。在本书整理和校对工作中，还得到庄瑞澄同志和其他同志的帮助。
>
> …………
>
> 本书力求保持作为一本会计基础知识读物应有的系统性和稳定性，并力求体现我国会计制度的基本精神和会计工作的丰富经验。但是，我们的理论水平很低，联系实际又很不够，加之在体系和内容上还做了一些新的尝试，书中可能存在着许多的缺点和错误。我们诚恳地期待着各方面同志们的审查和指正。
>
> 厦门大学经济系财务会计教研室
>
> 1962年8月

绪缨先生当时在学校主要负责教授工业会计这门课程，因此负责主笔了第三章“货币计价、成本核算和主要经营过程的核算”、第四章“本期发生额对照表和明细表”和第十章“会计报表分析”。

从这三章的内容来看，绪缨先生的写作已初具风格：文风流畅、用语平实、偏爱例证。与其他章节相比，绪缨先生执笔的章节明显有更多的实例。这个风格也一直延续到了20年后绪缨先生编写的《管理会计》教材之中。

何生棠回忆自己在1963年参加我国首次招考会计学研究生时，便是将厦门大学经济系财务会计教研室编著的这本《会计学原理》作为主要教学参考书。他在自学的过程中认为，这本书比当时的统编教材《会计原理》要更好。

> 《会计原理》基本上没有摆脱苏联来华专家马卡洛夫编著的《会计核算原理》的格局，创新较少；《会计学原理》则以《资本论》为理论基础（当时厦门大学校长王亚南先生是《资本论》的两位译者之一，著名的《资本论》研究专家），理论水平高，新创意多，科学性强。特别是对会计核算对象的阐述，独树一帜，自成体系。我是认真学习过的。
>
> 没想到，基础课主要考题就是“试述社会主义会计的对象”。我一看试题，喜出望外，心花怒放，从社会主义会计对象的一般说明开始，讲工业企业会计对象的具体化和社会主义会计对象的定义。在此基础上，我还临场发挥，把资金运动的依次继起性和同时并存性，作为资金的循环和周转的内容。自我感觉基础课考得还可以。[①]

在经历了动荡的“文革”岁月后，绪缨先生终于可以再度将全部精力放在会计学科的前沿研究中。他时常感慨，十年“文革”让他浪费了许多宝贵的时间，如今的环境来之不易，更应该抓紧时间投身于教学与科研中。

“文革”对高等教育事业的破坏是空前的，不少学生没有受到良好的基础教育，对会计学科也缺乏基本的认识。这让绪缨先生感到颇为可惜。基于这种境况，绪缨先生首先想到的就是会计人才的培养问题。在

① 何生棠：《报考我国首次会计学研究生的回忆》，参见“厦大会计”微信公众号的《厦门大学会计系往事（十五）》一文。

他看来，会计学科以至整个现代管理学科发展迅速，对会计人员的培养提出了越来越高的要求。加之数次的院系和学科调整，保留有完整会计学科实力的高等院校屈指可数。因此，编写能够在全国通用的会计学教材也成了厦门大学会计学系的首要任务。

1978年8月，由厦门大学经济系财务会计教研室编写的《工业会计》由中国财政经济出版社付印出版。此后，由于会计学系数易其名，编写者的名字也多次变更。在1988年的第二次修订新增前言中则点明了主要贡献者：

> 本书是在长期的教学实践中，经过调查研究，集体编写和修改而成的。先后参加本书原版编写和修改的有十多人，其中主要是：黄道标、黄忠堃、庄瑞澄、陈守文、林建武、李登河等同志，葛家澍同志对全书进行过总纂，最后一稿的修订和总纂工作由余绪缨同志担任。第二次修订从1988年春开始……成稿后曾在教学中试用。在此基础上，由庄瑞澄同志于最近对全稿作进一步的总纂和修订。

同时期，绪缨先生还分别于1979年和1980年主编了《工业企业财务管理》和《工业企业经济活动分析》两本教材。作者署名均为“厦门大学经济系财务会计教研室”。

值得注意的是，在《工业企业经济活动分析》一书的最后，绪缨先生专门为此书撰写了两篇附录，分别是《流动资金分析中几个专门问题的探讨》和《当代资本主义管理会计中的成本分析与利润分析》。汪一凡教授曾对此评价：

> 厦大会计教材的特色之一，是在教材正文之后以附录形式提供延伸阅读资料，包容相关的探索性、前沿性的内容，这也是相当吸

引读者的。[①]

这也足以说明，在改革开放之初，绪缨先生便已将目光望向了管理会计这门学科。

在当时的西方会计学界，管理会计已经是热门的研究方向之一。现代管理会计正逐渐成为一门与财务会计并列的独立学科。在20世纪50年代现代管理科学的指导和加持下，管理会计能够比传统的财务会计履行更广泛的职能。管理会计的出现意味着会计不仅仅能分析过去，更能够筹划未来，控制企业的经济活动。

在融合了管理经济学、工程经济学、经济决策分析、财务管理等方面的研究成果后，管理会计已经成为一门多种学科相互渗透结合的新兴综合性学科。而作为一门新兴综合性学科，一本中文版的教材无疑是极为重要的传播媒介。于是，绪缨先生开始着手准备编写一本管理会计学教材。

绪缨先生深知独立编写教材并非易事。他收集了当时市面上大量的西方管理会计学教材，并从结构、体系等多个方面进行了细致的剖析。在研究过程中，绪缨先生发现，在管理会计这个新兴学科领域，结构体系并没有统一的规范，往往是根据作者自己的认识和修养，各展所长，形成不同的重点和特点。

比如霍恩格伦（C. T. Horngren）1978年出版的经典教材《管理会计导论》，主要的优点是按照职能对管理会计进行分篇布局，并设置了专章来论述数量方法对管理会计的影响。在论述管理会计的基本内容和特点的同时，还为经理人员管理企业提供财务会计方面的基础知识。而穆尔（C. L. Moore）和杰德凯（R. K. Jaedicke）编写的《管理会计》在美国具有极大的影响力。经过仔细研读，绪缨先生认为，这本教材的特

① 汪一凡：《恢复高考后的教材建设》，参见“厦大会计”微信公众号的《厦门大学会计系往事（十七）》一文。

色在于从财务会计和管理会计的汇合之处讲起。同时，设置了专章论述“净运转资本与现金流动的追踪”。

受到这两本经典教材的启发，绪缨先生对管理会计初稿的框架内容进行了梳理。绪缨先生认为，这本教材应该突出管理会计的固有特点，同其他课程交叉的部分不宜被列入。教材的整个体系安排应该具体体现各章节之间的内在逻辑联系，使之环环相扣、前后贯穿、融为一体，并尽可能符合由浅入深、循序渐进的认识规律。

在此基础上，绪缨先生回想起当初与同事葛家澍、黄道标等人一同研究会计对象问题，并由此形成的厦门大学“资金运动流派”。于是，绪缨先生也对管理会计的对象进行了研究，并最终确定“以管理会计的对象即现金流动为经，以管理会计的职能为纬”的体系。

从整本教材的编写可以看出，绪缨先生真正做到了“以我为主，博采众长，融合提炼，自成一家”。绪缨先生认为，学习外国经验，要从头到尾、原原本本地学。学通了，才能从中吸取有用的东西，至少在专家范围内应该是这样。学得皮毛、满足于一知半解是不行的。只有把外国的东西学透，才会有分辨能力，才能真正消化吸收。所以，要勤奋地学。不把“众长”学透，就不能“博采”，要想自成一家，就得先学透百家。

也正是在这样的环境下，绪缨先生结合自身对管理会计的对象与方法、管理会计的基本框架与学科属性以及具有中国特色的管理会计特点等问题的独到见解，博采众长，融合提炼，得到了这套具有中国特色的管理会计教材结构体系。

作为一本面向广大师生的教材，具体的问题还是要经过实践的检验。

1981年2月至7月，教育部委托厦门大学举办高等财经院校管理会计师资培训班。据曾参加过培训班的学生回忆，当时绪缨先生用的便是尚未公开出版的《管理会计》教材，由绪缨先生撰写、学校打印。以这次教学实践为基础，绪缨先生对该教材初稿作了较大的增删、修订，形成该教材第二稿。

1981年11月，财政部人事教育司在厦门大学召开教材审稿会，邀请中国人民大学、中央财政金融学院（现中央财经大学）、北京经济学院（现首都经济贸易大学）、上海财经学院（现上海财经大学）、上海社会科学院、天津财经学院（现天津财经大学）、江西财经学院（现江西财经大学）、辽宁财经学院（现东北财经大学）、山西财经学院（现山西财经大学）、郑州航空工业管理专科学校（现郑州航空工业管理学院）、厦门大学和中国财政经济出版社的专家对该教材第二稿进行了审查讨论。当时的审稿专家充分肯定了这本教材——“内容丰富，自成体系，论述深入，结构严谨。迄今为止，这是国内有关管理会计教材中，质量较高、学术造诣较深的一本”[①]，同时也就如何进一步修改教材、提高教材的质量提出了建议。

机缘巧合之下，绪缨先生又受邀参加了由中美合办的中国工业科技管理大连培训中心项目。作为管理会计中方教学组的组长，绪缨先生与美国派来的管理会计专家、纽约州立大学的伯特·霍威斯教授建立了良好的友谊。

在培训中心，管理会计这门课程没有中文教材，只有一本英文的《成本管理会计》。绪缨先生便时常与伯特·霍威斯教授交流管理会计学科在教学上的诸多问题。与西方专家的面对面交谈让绪缨先生对教材的进一步修改有了方向。

于是在融合了众多专家的意见和建议的基础上，绪缨先生又对这本《管理会计》进行了较大的修改和补充，形成了第三稿，并最终经财政部教材编审委员会审批，在1983年3月正式以“高等财经院校试用教材”

① 胡玉明：《余绪缨管理会计学术思想述评》，《财会通讯（综合版）》2008年第9期。

的名义出版。

与现在的情况不同，当时高等财经院校使用的教材必须是经过财政部教材编审委员会审定出版的教材即“统编教材”。当年的统编教材基本上都是集体编写的，一个人独自编写一本统编教材相当罕见。在那个年代，能出版教材本身就是一种水平的代表和肯定，一般的学者是没有资格编写教材的，只有在学术方面已有卓著成就的专家才有资格编写教材。如果能成为全国统编财务教材的主编无疑等于他在这一领域的领军人物地位被肯定了。因为参加统编教材编写的都是各高校的知名专家，能够单独编写一本教材，也必定是在学术与人品等方面得到大家的认同。

在“前言”中，绪缨先生指出，管理会计是一门新的学科，国外正在发展中。并且谦逊地表示，自己作为本教材作者，在这个领域亦是初学者。“在编写过程中，虽然尽可能较广泛地阅读了国外有关的教材和专著，在材料的消化、提炼和体系的安排等方面作了一定的努力，但限于自己的水平，书中不妥和错误之处一定很多，恳请广大读者批评、指正。”

在参考了多本西方经典教材的基础上，绪缨先生根据教学经验，总结梳理了一套具有中国特色的体系。对刚刚踏入会计学理论大门的学生而言，这样的安排更容易入门，也更加贴近实际。

1983年版本的《管理会计》共分为十章：

第一章　总论
第二章　成本性态与变动成本计算
第三章　盈亏临界点和成本—产量—利润依存关系的分析
第四章　经营决策的分析、评价
第五章　资本支出决策的分析、评价
第六章　生产经营的全面预算
第七章　标准成本系统

第八章 存货的计划与控制

第九章 责任会计与企业内部单位工作成果的评价和考核

第十章 现代管理会计中的数量方法

在第一章“总论”里，绪缨先生便对“会计信息系统论”的观点进行了阐述：

> 会计是一个信息系统。近代的会计，一般是以企业会计作为主体。财务会计与管理会计，是当代资本主义国家中企业会计的两个重要领域。

在这本教材中，绪缨先生也对“管理会计的形成”“管理会计与财务会计的区别”“管理会计的主要特点”等重点问题进行了回答，使读者对于什么是现代管理会计有一个较完整的提纲挈领性的认识。

在绪缨先生看来，管理会计更侧重于为企业内部的经营管理服务。广义的管理会计服务于企业管理，以整个企业作为整体，从而提供集中、概括性的资料，为企业的管理人员服务。

> 与财务会计相比，管理会计的方式方法更加多样，也同时兼顾到了企业生产经营的方方面面。与财务会计一般只反映实际已完成的事项不同，管理会计则是为了有效率地服务企业内部的经营管理，因此必须“面向未来”。
>
> 管理会计为有效地帮助管理当局在决策中作出正确的判断和选择，就要依据其所掌握的丰富的资料，对生产经营各个方面可供采取的有关方案可能取得多大的经济效果，事先进行科学的预测和分析比较，以便为他们正确地选取最优方案提供客观依据。而计划

> （预算）又是决策的具体化。经营决策所要达到的目标，所要实现的经济效果，还要在有关计划（预算）中得到体现和落实，才能具体指导、控制企业的生产经营活动朝着决策预定的目标进行，使可能性转变为现实。所以，以决策为基础，正确地进行各项计划（预算）的编制，也是管理会计的一项重要内容。

《管理会计》一书自1983年初首次出版以来，受到了广大师生的欢迎，风靡全国。至今已重印9次，印数达几十万册。1988年初，绪缨先生编著的《管理会计》获得了国家教育委员会高等学校优秀教材一等奖（部委一级奖励），整个厦门大学当时只有两部教材获得了一等奖。

在1990年、1996年和2004年，绪缨先生又不惜耗费极大的精力对教材进行了修订，融入了自己的最新管理会计研究成果，力图在广度与深度上突破已有管理会计教材的结构体系。这也使得《管理会计》成为罕见的具有专著色彩的会计学教材。

1983年首版的《管理会计》教材具有非常广泛的影响。该教材启蒙并深深地影响了整整一代自中国恢复高考以后入学的管理会计学人。许多人是通过该教材才了解、理解和掌握了管理会计知识，从而对管理会计感兴趣的。

可以说，该教材不仅对管理会计在中国的传播、普及与应用起着非常重要的作用，而且也标志着绪缨先生已经完成了对西方管理会计的引进工作，开始进入创建具有中国特色的管理会计学科阶段。

而在1996年这一版本的修订中，绪缨先生又根据20世纪80年代西方管理学的研究成果，格外强调管理会计的行为特征，设立专门的篇章讨论管理会计发展的新领域，如信息经济学的引进与应用、行为科学的引进与应用、代理人说的引进与应用、国际管理会计等 。

绪缨先生于1999年主编的教材《管理会计学》则是绪缨先生对20

世纪管理会计学科的集大成式作品，并以极高的学术眼光总结过去、展望未来。在这本教材中，绪缨先生着重探讨了反映管理会计最新发展及其在21世纪发展趋势下的许多重要学科前沿课题，充分体现了管理会计“对内深化与对外扩展并举”的特征，涉及内容呈多学科化发展趋势。从内容上来看，这本教材堪称中国管理会计教材的巅峰之作，被业内专家誉为“一部值得阅读和珍藏的跨世纪著作”。正因如此，这本《管理会计学》被评选为“九五”国家级重点教材之一，整个会计学界仅有三本教材入选。

对此，知名会计史学家郭道扬先生曾专门撰文称，绪缨先生的这本《管理会计学》是一部充分体现了管理会计在20世纪所取得的重大成就，并对其未来发展趋势作出科学预测的开拓性著作。

郭道扬先生指出，这本《管理会计学》并不局限于阐述已经成熟和定型的基本原理，而是将这些基本原理与处于变化、发展之中的新内容有机地结合在一起，构成一个完整的管理会计学科体系。

本书既重视所述业务内容在中国的现实适用性，又致力于理论探索的前瞻性，体现世界范围内管理会计的最新发展；既阐述管理会计的技术观，又探索管理会计的社会文化观，使读者能据以扩宽视野、拓展思路，以适应环境的变化，灵活地运用本书所述的原理和方法，提高理论洞察力。

> 总体上看，本书的第二篇“基础性管理会计”适合会计学及相关本科专业教学使用，第一篇和第三篇则以作者的科研成果为基础，体现了作者独立的见解，具有专著性质，比较适合会计学专业高年级本科生、研究生和教师使用。教材的编写与专著的写作在本书得到和谐的统一。①

① 郭道扬：《跨世纪的管理会计学著作——评〈管理会计学〉》，《财会通讯》2000年第2期。

21世纪以来，我国研究生教育水平不断提高，本科生和研究生的培养目标和培养方式都发生了天翻地覆的变化。绪缨先生原本设想的“既适用会计学专业本科生又适用研究生的管理会计教材”，从当时的情况来看是几乎不可能的事情。

于是，绪缨先生再度关注到了研究生的教材编写工作。从2003年开始，已过耄耋之年的绪缨先生再度对《管理会计学》教材进行了修订，拆分为本科生用（2004年版）和研究生用（2005年版）两个分册。

相比此前的版本，新教材在形式上集理论研究、实务指导、案例分析和习题解答于一体，特别适用于不同层次的专业教学需要。同时，新教材更加强调综合运用系统观、社会观和文化观，而不是机械观、技术观和数量观去分析、解决管理和管理会计领域中的相关问题。从哲学与历史的层面探索管理会计发展的人文化趋势，更强调悟性思维在管理决策中的作用，更适应知识经济发展的客观要求。

众多会计学者对这一版本给予了极高的评价。首都经济贸易大学教授杨世忠撰文指出，新教材的特点之一是注重联系实际，从运用中体会管理会计的精髓与奥妙。

> 与过去的教材不同，余先生主编的新教材倡导了悟性思维。悟性思维是从看似平常的各种现象中感悟其中的异同和规律。所谓举一反三、触类旁通、恍然大悟、猛然开窍、找到感觉，都是悟性思维的表征。东方人的学习，常以练功为例，讲究用力用心，将身体各种感观相互联系贯通，不图一时一事之成败，追求融会贯通、运用自如的境界，素有功到自然成之说。对管理会计的学习能达至如此境界吗？余先生认为：“许多表面上看来是无序的随机现象，实际上其中也深藏着一定的有序性。大量无序现象中的有序性，并不

是直接通过电子计算机可以‘算’出来的，而有赖于高智慧的人通过悟性思维‘悟’出来，据以作为行动的指南。”

仅举一例。差量分析作为管理会计中经营决策分析的基础性方法，其要点和程序再简单不过。教师授课的时间，也只能以分钟计。可是，如果将差别收益和差别成本的概念加以泛化，不仅边际分析可以纳入，而且整个管理会计所涉及的决策分析均可运用。一块石头，在路人眼里，仅仅只是一块石头，路人所关心的，是它不要绊脚；在工匠眼里，它可能就会成为一块承载建筑的基石；而到了雕刻大师的眼里，它甚至会成为价值连城的工艺品原料。可见运用之妙，存乎一心。

管理会计也是这样，看似平平常常，实乃博大精深，学习之妙，运用之妙，存乎一心。[①]

清华大学教授郝振平则认为，这本教材反映了过去五年间教授辛勤耕耘之硕果，其内容丰富、气势恢宏，起点高、视野广，既立足中国又放眼世界，教材与专著完美统一，既展现了管理会计发展前沿之五彩缤纷，又开拓和探索出管理会计之博大精深，“堪称新世纪开山之作”[②]。

除了已被奉为经典的《管理会计》系列教材外，绪缨先生还曾作为主编，在1995年出版了《企业理财学》系列教材、《成本会计学》系列教材，从1982年开始编译了大量的西方经典会计学教材，包括P. H. 沃尔金巴克所著的《会计原理》、西德尼·戴维森主编的《现代会计手册》等，并作为副主编参与了《经济大辞典》的编写工作。翻译教材工作不

① 杨世忠：《先谋而后动 胜算定未来——余绪缨教授新书〈管理会计〉读后感》，《会计研究》2005 年第 6 期。

② 郝振平：《新世纪的管理会计开山之作——评余绪缨教授新版〈管理会计学〉》，《会计之友（B）》2005 年第 7 期。

仅需要有极佳的英文阅读写作能力，同时也要对学科知识了如指掌。原本绪缨先生已在业内拥有如此崇高的地位，不需花时间在琐碎的翻译工作上，但绪缨先生考虑到，国内的会计专业学生由于语言问题，往往缺乏对会计学的全面认知，因此不顾年迈的身体，翻译了多本会计学的经典著作。这些翻译著作很快在各大财经院校流传开来，成为许多课程的参考书目。

1991年，由绪缨先生主编的《西方会计丛书》第一辑出版，丛书包括《西方管理会计的产生和发展》《西方管理审计导论》《国际会计》《国际审计》《公司会计》《本—量—利分析》六本书。整套丛书约稿面极广，写作者均是当时会计、审计界知名的老学者，也有当时活跃于我国会计、审计理论界的中青年学者。这些学者来自全国多所院校，组织起来极为不易。绪缨先生希望通过整套丛书来体现我国老中青不同层次、不同地区和院校的学者对西方会计、审计的研究成果。

在绪缨先生看来，要全面、深刻地了解和客观科学地研究现代西方会计和审计，首先必须对其历史或者说对其在不同的资本主义经济发展阶段的演变过程有所了解。

正是在这种思想的指导下，《西方会计丛书》的每本书都较为详细地介绍了西方会计和审计中有关学科产生的历史背景，以及受当时经济发展的影响。例如，由费文星撰写的《西方管理会计的产生和发展》一书，就以翔实的资料，概述了从19世纪后期至20世纪50年代早期管理会计产生的背景、形成管理会计雏形的各种著作以及早期管理会计的两大支柱——标准成本和预算控制，使读者认识到管理会计是一定历史条件下的产物，而随着经济的发展，它的内容必将进一步发展。

又如，王文元和郭子健所著的《公司会计》，论述了西方企业组织形式的发展及其特征对西方公司会计产生的影响，为读者了解西方现代公司会计提供了一条清晰的线索。这些历史的介绍便于我们寻求和总结会计、审计的发展规律以把握其发展方向。

对此，徐政旦先生在《西方会计研究的新成果——简评余绪缨教授主编的〈西方会计丛书〉》中指出，本套丛书在让读者了解西方会计、审计历史的基础上，对这些学科内的一些新观点、新内容、新方法进行了阐述，使读者认识到现代西方会计、审计中的哪些方法在我国经济改革、对外开放进程中可加以借鉴利用。

> 我认为《西方会计丛书》既有一定的学术价值，又有一定的实用价值；既反映了我国老中青会计、审计学者对西方会计、审计的研究成果，也在一定程度上反映了我国会计、审计理论界的学术观点，因而是一套全面反映西方会计审计理论和实践的不可多得的著作。我期待着《西方会计丛书》的进一步成功。[①]

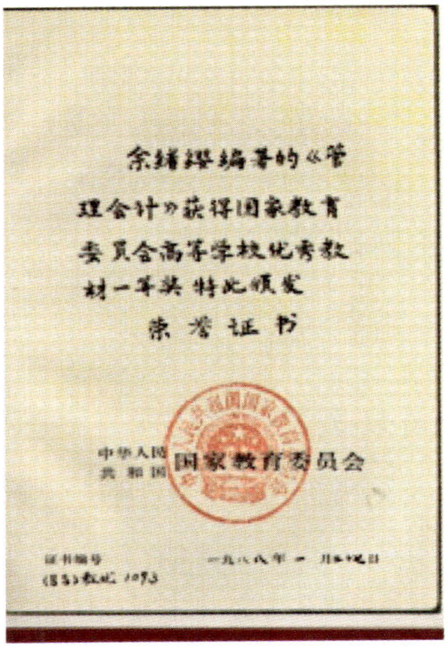

余绪缨先生编著的《管理会计》获奖证书

① 徐政旦：《西方会计研究的新成果——简评余绪缨教授主编的〈西方会计丛书〉》，《上海会计》1991 年第 3 期。

第二节

古为今用　中外融汇

在历次《管理会计》教材的修订过程中，绪缨先生高屋建瓴，将会计学的最新研究成果融入教材。从数次的修订过程里，我们也能窥见绪缨先生在“管理会计学该往何处去”这个问题上的思想变化。

在1983年首版《管理会计》中，绪缨先生尤为强调数学方法的运用，特别提及了数学方法对管理会计的重要性。绪缨先生认为，财务会计也要应用一些数学方法，但范围比较小，一般只涉及初等数学。而管理会计为了在现代化的管理中能更好地发挥积极作用，越来越需要广泛地应用数学方法。

> 在管理会计中，数学方法的广泛应用，有其客观的需要和条件。因为随着科学技术的不断进步，生产经营的日趋复杂，企业规模的不断扩大，为了提高管理水平，争取实现最大的经济效果，整个企业管理正按照运筹学所确立的原理和方法，朝着定量化的方向发展。会计为适应企业管理上的这一重大转变，使它有助于解决现代化管理所面临的许多复杂问题，也要求用数学来“武装”自己，使之朝着定量化的方向发展。以数学来武装管理会计，主要就是把运筹学所提供的一些现代数学方法吸收、结合到会计中来，使它有

可能把复杂的经济活动尽可能用简明而精确的数学模式表述出来，并利用数学方法对所掌握的有关数据进行科学的加工处理，以揭示有关对象之间的内在联系和最优数量关系，具体掌握有关变量联系、变化的客观规律，以便为管理人员正确地进行经营决策，选择最优方案和有效地改善生产经营，提供客观依据。

在这本《管理会计》教材中，绪缨先生的会计数学化思想得到了很好的体现。在第十章“现代管理会计中的数量方法”中，绪缨先生专门介绍了线性规划、非线性规划和动态规划、排队论和投入—产出分析等数学方法。

在当时的时代背景下，绪缨先生对数学方法的重视也是极为正常的。由于数学固有的精确性优点，数学方法可以准确地研究和描述会计要素之间以及会计要素内部的数量关系，是对会计信息进行量的分析不可缺少的手段。传统会计学往往更多关注质的研究，对量的分析不够，或者缺少有效的分析方法。而在数学方法的帮助下，这一缺陷得到了弥补，有助于暴露出会计研究中的错误，以便加以匡正。

而在之后实际教学过程中，绪缨先生又发现过于强调管理会计的数学方法会陷入“只见树木、不见森林”的盲区，会陷入“数学崇拜论”。不少会计学者的研究中充斥着大量难以理解的数学模型、统计数据和图表，完全忽视了管理会计中原本的人文色彩。

绪缨先生意识到，高等数学方法的应用虽然可以在较大程度上弥补一般定性分析的不足，但也不能过分夸大它的作用。在以人为主导的社会经济活动中，数学方法只能作为一种辅助性的工具来使用，应力求避免滥用数学方法的倾向。

另一个现象也让绪缨先生忧心忡忡。不少会计专业学生认为管理会计学科是源自西方世界的，因此在日常研究中“言必称欧美”，甚至采用“拿来主义”的方式，不经过思考便照搬照抄西方管理会计的理论。

这让绪缨先生开始反思，如何建立更具有中国特色的管理会计教材体系，以及如何改变管理会计学科“拿来主义”的风气。

20世纪90年代是绪缨先生思想发生转变的关键时期。实际上，绪缨先生早在60年代便已提出，不能忽视会计理论中“人”的重要性。在1962年发表的《会计报表分析的基本原理》中，绪缨先生指出：“指标数字的分析只能提供初步的线索，作为深入分析的入门向导。……要真正地说明问题、分析问题、解决问题，还必须……把指标数字的分析和通过调查研究所能掌握的生产经营中的‘活’情况紧密地结合起来。”

显然，绪缨先生对管理会计数学化思潮的认识经历了一个由“信”到“疑”的过程。这个过程体现了绪缨先生敢于修正自己学术观点的科学精神，这对当前中国会计理论研究领域存在的过度重视数学化研究方法的现象提出了警示。作为一个管理会计战线老兵，绪缨先生对管理会计人文化趋势的独到见解、“从容论道”，对中国未来管理会计研究具有启发作用。

20世纪90年代，中国改革开放进入了新阶段。社会上各种思潮涌动，人们的价值观也因此受到了不同程度的影响。作为一名学贯中西的会计大家，绪缨先生意识到，虽然会计学科受到了来自经济、政治等不同层面的影响，但其影响却还停留在物质层面和制度层面。而来自精神层面的文化影响则更为根深蒂固、源远流长。

绪缨先生从小便受到父亲的严格训练，有着极好的传统文化素养。直至晚年，绪缨先生还时常翻阅《孙子兵法》《论语》《老子》等经典传统书籍，汲取精神养分。在这些经典著作中，绪缨先生也敏锐地发现了中国传统文化与管理科学的人文精神有着隐隐的联系。所谓“博采众长”，不仅意味着要洋为中用，也要古为今用，只有将研究领域中古代和外国的经验和成就学通、学透，才能加以分析、鉴别，取其精华、弃其糟粕，集百家之长，融合提炼，为我所用，最终达到“自成一家”的目标。

20世纪80年代，国际管理学界兴起一股“东方热”。以中国儒家思想为内涵的日本式管理和新加坡式管理成为管理学界关注的焦点。在当时，日本和新加坡都是东亚国家中经济发展极快的国家，市场化程度极高。在研究和吸收我国传统文化的基础上，两国均发展并形成了独特的管理风格。由于地域、文化相近，“学日本”“学新加坡”成为国内管理学界的热门趋势。

绪缨先生进一步认为，会计问题绝不是单纯的技术性问题。管理会计的研究不能局限于技术层面，必须同社会文化观相结合。从总体上看，一门学科的技术层面可以看作是它的“硬件”，而相应的社会文化观可看作是它的“软件”，后者是前者的灵魂和生命。任何技术方法的应用，如果没有正确的社会文化观作指导，都将无法对社会经济的发展产生积极的作用。管理会计自然也是如此。

在《弘扬传统文化的精华 促进社会主义市场经济健康发展》一文中，绪缨先生对中国传统文化中的精华进行了系统的梳理，并与现代市场经济体制、现代管理科学有机结合，形成了独特的“中外融汇”“中西融汇”的管理思想。

在论文中，绪缨先生指出：

> 为了在我国大地上创造一个有利于社会主义市场经济健康发展的大环境，我国优秀传统文化中关于价值观和相应的道德规范和行为准则的以下几个部分是值得着重继承和发扬的。
>
> 1. 人本观。……现代市场经济体系所强调的“以人为本”的思想和相应的管理体制，是同我国优秀传统文化中“民为邦本”的思想一脉相承的。在我国古代先哲中，管仲是最早提出“民为邦本”

的思想家。他说:“夫霸王之所始也，以人为本。本理则国固，本乱则国危。”（《管子·霸言》）儒家学说中“仁者爱人”（《孟子·离娄》）的仁学体系，进一步为高扬人的价值，肯定人的主体地位和作用奠定了牢固的理论基础。可见中华文化的宝典，可视为中华文化之根，对于我们今天进行社会主义市场经济体制的创建和发展，仍具有重要的导向作用。

2. 平等观。市场经济不同于“自给自足”的自然经济，在市场体系中，人与人之间和作为人的集合体的企业与企业之间存在着广泛的经济联系，具体表现为地位平等的双方在自愿的基础上，将各自拥有的商品或服务相互进行交换。市场经济的运行，奉行的是“等价交换”的原则，其基础是交换双方的地位平等。因而市场运行的基本规则无例外地约束并保护所有社会成员，并不因金钱或权力、地位的不同而有所差别。因而市场经济是一种平等待人的经济，是以相互尊重对方应有的权利为其基本特征的。这也正是孔子所说的“己所不欲，勿施于人”（《论语·卫灵公》)中所隐含的深刻思想内涵的具体体现。如果市场的参与者都能自觉地遵循“己所不欲，勿施于人”的准则。那么，市场经济运行中的许多令人困扰的“失范”现象，就可以完全避免了。

3.竞争观。市场经济是以竞争机制充分发挥作用为其基本特征。没有竞争，其就不成为市场经济了。市场经济的竞争机制，通过优胜劣汰优化社会资源的配置与使用，可使整个社会充满生机和活力，进而促进社会生产力的迅速发展和社会的全面进步。因而正当的公平竞争，体现了人类可贵的开拓进取、不断创新的精神。这种精神也就是我国优秀文化传统中“天行健，君子以自强不息”(《周易·乾卦第一》）和“止于至善”（《礼记·大学》）的精神。这就要求坚决克服因循守旧、无所作为的种种错误思想倾向，转而大力弘扬不断勇于开拓、创新，力求达到永无止境的更完美境界的精神，也是我们为完成伟大的历史使命——加快社会主义市场经济体制的建设所必需的。

4. 义利观。现代市场经济具有逐利性，是毫无疑问的。因为利益驱动是市场经济发展的一种内在动力。作为市场主体的企业通过竞争机制，力求实现利润的最大化，是其应有之义。但如前所说，企业之间的竞争必须是正当的公平竞争，不能违背市场运行的基本规则；否则，就必然要受到市场规则法律化的有关法律、法规的严肃惩处。这是维持正常的市场秩序所必需的。现代市场经济中这些通行的理念和实践和我国儒家思想中的“义利观”，也是相通的。儒家思想中的“义利观”，主张“见利思义”（《论语·宪问》），反对见利忘义、唯利是图。并且说：“富与贵，是人之所欲也。不以其道得之，不处也。”（《论语·里仁》）“不义而富且贵，于我如浮云。”（《论语·述而》）这些话总括起来，可把儒家思想中的义利归结为：君子生财，取之有道。……但现代市场经济同时是法制经济，其逐利行为必须严格限制在法制的轨道上进行，取之有道，以实现经济法则与道德法则的统一。

5. 诚信观。在人际关系中，诚实（不能弄虚作假）、守信（尚承诺、重信誉），是任何社会得以正常运行的必要条件。这也是儒家思想极为重视的一个重要方面。正如孔子所说：“人而无信，不知其可也。”（《论语·为政》）又说：“民无信不立。”（《论语·颜渊》）又说：“言必信，行必果。”（《论语·子路》）这是意味着儒家学说认为：只有每个社会成员都能以诚实、守信作为立身之本，一切社会经济活动才能有序、顺畅地进行。反之，如果在社会成员之间较大程度上存在着尔虞我诈的现象，社会的正常秩序将难以维持，甚至可能陷入严重紊乱状态。这一点，在实行市场

> 经济的社会尤为重要。这是因为：现代市场经济是以金融市场为主导的经济，信用工具在社会经济活动中起着十分重要的作用。因而信用问题已成为广大群众广泛关注的焦点之一。这也充分说明：儒家思想中的诚信观，也是现代市场经济体系中经济实践必须严格遵循的重要指导原则之一。
>
> 6.“天人合一”观。孟子曾指出要“亲亲而仁民，仁民而爱物”（《孟子·尽心》）。这一崇高的思想说明：人类社会是不能脱离整个自然界而孤立地发展的。人类社会必须在同宇宙万物保持和谐协调的前提下不断得到发展。可是，随着人类社会科学技术的迅速发展和社会生产力的大幅度提高，许多人在经济利益驱动下，短视地以功利主义的态度，不惜大肆掠夺自然资源进行野蛮式的经营，置对生态环境的摧残必然会受到自然的加倍惩罚这一客观规律于不顾，从而使环境问题与可持续发展问题早已成为一个举世瞩目的全球性问题。我们的国家自然也不例外。面对这种严峻的客观形势，我们必须遵循孟子“仁民而爱物”（由仁爱百姓，进而爱惜宇宙万物）的教导，加强环保意识，坚决采取一切有效措施，保护生态环境，走可持续发展的道路。

早在20世纪90年代，绪缨先生就提出了重要的思想概念，如“以人为本”“法治精神”“可持续发展”等，即便现今都值得我们细细品味。上述六个方面极好地概括了绪缨先生对中国传统文化的理解，这些理念中的精神，如和谐、诚信、平等、公正等，也和如今的社会主义核心价值观相合。

在总结出具有中国特色的管理思想后，绪缨先生开始对管理会计学科的未来发展进行思考。1996年，经济合作与发展组织（OECD）提出了“知识经济”（knowledge-based economy）的概念，即“以知识为基础的经济”。很快，这个词便在中国引发热议。绪缨先生敏锐地察觉到，当今世界正处于历史性转变的时期，具体表现在欧美经济发达国家正处于工业经济向知识经济转变的时期。绪缨先生认为，这一转变将会对社会经济和人民生活的各个方面产生深刻影响。

在知识经济产生之前，会计结构更趋向于平面。在绪缨先生于1994年为纪念卢卡·帕乔利《计算与记录的详论——簿记论》发表500周年而写的文章《帕乔利对复式簿记的历史性贡献为此后会计科学的发展奠定了坚实基础》中，曾把会计体系比作“一棵枝繁叶茂、繁花似锦的树”。

这意味着从会计结构的发展看，农业经济社会的会计，作为“一维结构”的单式簿记，好比是一棵生长在山上或平原上的树，它的各个部分——树干、树枝、树叶都是看得见、摸得着的，其增减变化是简单明了的[①]。而到了工业经济社会，情况发生了变化。由于经济的社会化程度变高，商品货币关系迅速发展，出现了许多如产权、利润和债权、债务等抽象化概念。采用“二维结构”的复式簿记即由此而产生。

绪缨先生以极具诗意的语言描述了从农业社会到工业社会再到知识经济社会会计的变化：

> “二维结构”的复式簿记不同于“一维结构”的单式簿记，在于它不是一棵生长在山上或平原上的树，而是生长在河边或湖边的树，既有岸上的树的本体，还有水中树的“倒影”，资产有如树的本体；负债、资本有如树在水中的“倒影”，于是有了“资产=负债+资本”的公式。……资产有如树的本体，是看得见、摸得着的；负债和资本作为树的“倒影”是看得见、摸不着的……从树体和水

① 余绪缨：《现代管理会计研究的新思维》，《财务与会计》2004年第2期。

> 中的“倒影”的关系来看，当风平浪静、水平如镜的时候，树体和水中的“倒影”是一致的；当风暴来袭、波涛汹涌的时候，水中的“倒影”就完全变形了。这也说明：在市场经济中投资、借债都有一定的不确定性和风险性。①

知识好比生长在河边或湖边的树的根部，既看不见，也摸不着。树根埋藏并扩展于地层深处，为整棵树的发育、成长输送养分。在知识经济社会，管理会计将以其特定的方法着重进行知识资源（包括显性知识资源和隐性知识资源）的研究。也就是说，在知识经济社会中，会计研究的领域，既包括看得见、摸得着的树的本体的研究，也包括看得见、摸不着的树在水中的“倒影”的研究，还包括看不见，也摸不着的树的根部的研究，从而由“二维结构”扩展为“三维结构”。绪缨先生把这套理论称为会计演化的“树形理论”。

1998年，绪缨先生在《东南学术》上发表了《论知识经济的形成、发展将对管理会计体系产生重大影响》一文。在文中，绪缨先生指出，知识经济是工业经济进一步发展和深化的产物，其基本特点表现为人类高度发展的知识作为最关键的居于主导地位的生产要素。这一阶段也可以被称为“生产的新要素阶段”。

绪缨先生认为，知识经济的形成与发展会使管理会计学科的内容得到进一步的丰富、发展，管理会计提供的信息就不应该是单一化的，而必须是灵活的、多样化的，包括数量信息与质量信息、财务信息与非财务信息、静态信息与动态信息、内部信息与外部信息、物质层面的信息与精神层面的信息等，它们应该与知识经济的特点和要求相适应。

知识经济的出现也对管理会计师提出了新的要求。

---

① 余绪缨：《现代管理会计研究的新思维》，《财务与会计》2004年第2期。

绪缨先生认为，对新型管理会计师综合素质的培养，从总体上看，应要求他们在面对风云变幻的世界市场时，具有战略意识的头脑、开阔的思路、高瞻远瞩的谋略、敏锐的洞察力和准确的判断力，善于抓住机遇，从整体发展的战略高度来创造性地认识和分析问题，如此才能为科学决策提供宝贵的智力支持。而要满足这些要求，就必须不断学习、思考与实践，不断地提高、发展自己。

对于管理会计师，绪缨先生在《论知识经济的形成、发展将对管理会计体系产生重大影响》中也提出了三个要求：

1. 具有博、专、新的知识结构

这里所说的“博”，是指学识广博，对跨学科、多学科的相关知识，能融会贯通、综合运用。这样才能开阔视野、启发思路，不断提高创造性思维能力，以适应具有高度综合性的管理咨询（出谋划策）工作的需要。

这里所说的“专”，要从广义上理解，既立足专业，又超越专业，使之成为视野宽广、“一专多能”，具有高度应变能力的柔性人才。

这里所说的“新”，要从动态上理解。因为进入知识经济时代，各个领域的新鲜事物层出不穷。这就要求在决策支持系统提供管理咨询服务的管理会计师，决不能墨守成规，而必须把握时代的脉搏，积极、主动地不断进行知识更新。只有这样，才能顺应时代潮流，提出既具客观现实性又具前瞻性的有价值的意见和建议。

2. 加强自我修养，达到较高的思想境界

管理会计师，作为决策支持系统的参谋人员，在工作中必须坚持实事求是的原则，不为各种世俗的利害、得失所困惑。为此，就必须不断加强自我修养，努力实现“宁静以致远，淡泊以明志”。

达到了这样的思想境界，就能以超然的态度，冷静地、客观地思考、分析、研究问题，进而提出各种具有远见卓识的意见和建议。

3. 重视理性思维与悟性思维的正确结合

世界上的事物是极为复杂的，有的表现为有序的确定性现象，有的表现为无序的随机性现象。一般地说，前者可用理性思维进行处理，并量化其间的因果关系，从中找出其内在的客观规律性。后者的处理则更多地有赖于悟性思维。悟性思维是理性思维的进一步深化，也是中国优秀传统文化所体现的东方智慧的特点和优点，闻一知十、举一反三，见微知著，触类旁通等，皆悟性思维的具体体现。许多表面上看来是无序的随机现象，实际上其中也深藏着一定的有序性。大量无序现象中的有序性，并不是直接通过电子计算机可以“算”出来的，而有赖于高智慧的人通过悟性思维“悟”出来，据以作为行动的指南。

可以看出，在20世纪90年代末期，绪缨先生对管理会计人文化的思考已经十分深入透彻。但先生并没有因此满足，进入21世纪后，又发表了多篇文章从多个维度探讨了管理会计的人文化趋势，并表示：管理上的人文化趋势体现了当代的历史潮流，也体现了管理会计的发展方向。

绪缨先生于2003年发表的文章《论人文主义思潮与管理会计的发展趋势》则是先生关于管理会计人文化思想在后期的集中体现。

有趣的是，在研究管理会计人文化思想后，绪缨先生的文风也受到了人文主义的熏染，变得极具浪漫气质。

绪缨先生在文中写道：

“物本管理”向“人本管理”、再进一步向“智本管理”转变，更加突出人的因素、人的智力因素在管理中的作用。管理特性的强调面也更多地从科学趋于艺术，更多地强调管理是“自由度很大的艺术”（liberal art）。因为人的因素特别是人的智力因素涉及很多人的精神层面的因素，它们是无实体的复杂多变的“精神世界”的东西，同有实体的“物质世界”的东西具有质的不同，是不能用“精确定量”的方法去认识和掌握的。确认“管理是自由度很大的艺术”，并把这一理念用于“知识管理”，能有效地激发人们自觉地进行知识创新，为企业提供取之不尽的创造源泉！这是因为：人只有在具有很大思想自由度的环境中，内心世界才会有活力，才有可能创新，在绝对化的没有任何思想自由度的情况下，是根本不可能有什么创新的。艺术上是如此，管理上也是如此，因而称自由是艺术的灵魂。自然科学家在科学研究中应用的主要是理性思维或称逻辑思维、抽象思维。而艺术家在艺术创作中应用的主要是形象（直觉）思维、灵感（顿悟）思维。同前者通称为“科学思维”相对应，后者可称为“艺术思维”。艺术思维不同于科学思维的主要特点，在于它遵循艺术创作的规律，不仅不要求绝对的精确，反而要求具有一定的模糊性，以便给人以较大的想象空间。也可以说，这是艺术思维的精髓。由此可以看到，艺术思维不同于科学思维，在于后者的精确度大，前者的自由度大。但艺术家应用艺术思维进行创作实践，也要严格遵循局部服从整体的原则。也就是：艺术作品既要有生动细节上的描述，更强调系统整体性的把握；细节的描绘服从和服务于整体性主题的体现。如《黄河大合唱》，由许多音符组合起来，能唱出黄河奔腾澎湃整体的雄伟气势，才算是成功的作品；又如画家作《登泰山图》，可以从不同的方面、方向取景，最终要能体现出“会当凌绝顶，一览众山小”的宏伟气势，才能算是成功的作品。艺术家是如此，管理学家也应是这样。

> 由此可见，适应知识经济新时代的到来，确认管理的特性由科学趋于艺术，要求不是降低了，而是大大提高了！可以说：这是一个由量变到质变的合乎时代潮流的发展。

作为会计研究者，该如何应对人文化的思想浪潮？绪缨先生对此提出了新的方法论，即“三个重于”和“三个并重”。

“三个重于”是指衡量重于计算、认知性重于精确性、悟性重于理性，“三个并重”是指量化与非量化并重、量化的各种形式并重、量化的各种形式中货币计量与非货币计量并重。

“三个重于”和“三个并重”是绪缨先生关于管理会计人文化思想的集中体现，反映了绪缨先生当时的思考和实践经验，融合了中西方关于人文主义、人本主义的思想精华，又结合了先生对当下时代发展变迁的思考，极具研究价值。如今来看，会计学界对人文化的重视程度依然不高。因此，会计学界仍要从大师们的经典作品中寻找精神源泉，仍然需要这样充满智慧和启迪的观点指引前进。

第三节

薪火相传　桃李芬芳

越是纯粹的学者，就越是希望自己毕生钻研的学问能够得到传承。某种意义上，学脉的传承就像人类的血缘纽带一样，是点对点的传递过程。而大师们的人格魅力、学术追求和处事风格，都会像血脉一般，在不经意间传承给弟子们，如此开枝散叶，散作漫天星火，弦歌不辍。

20世纪80年代初，国务院学位委员会发布了首批博士生指导教师名单。他们是自19世纪末西方教育制度引进中国以来，中国历史上的第一批博士生导师。首批博导的遴选程序极其严格，列名者皆一时之选。某种意义上，他们代表了“文革”后中国学术界最高水准。

1981年11月，国务院批准全国首批博士、硕士学位授予单位，厦门大学名列榜中。可授予博士学位的学科、专业共有六个，即会计学、中国古代史、专门史、物理化学、动物学、海洋生物学。

经国务院学位委员会批准，厦门大学的首批博士生指导教师共有七位，即蔡启瑞、汪德耀、唐仲璋、傅家麟（后名傅衣凌）、田昭武、郑重、葛家澍教授。

1984年1月13日，国务院批准下达全国第二批博士、硕士学位授予单位及其学科、专业名单。厦门大学新增博士生导师有邓子基、韩振华、李法西和金德祥四位教授。首批已有博士学位授予权的学科、专业增列的博士导师有余绪缨、韩国磐、张乾二、周绍民四位教授。

就这样，绪缨先生和葛家澍先生、上海财经大学的娄尔行教授、财政部财政科学院研究院的杨纪琬先生成为中国会计学科第一批博士生导师，被并称为“会计界四大泰斗”。绪缨先生也是现代管理会计方向唯一的博士生导师。

1985年，厦门大学印发了《关于制定攻读博士学位研究生培养计划的意见》，要求博士生的培养目标为“必须是新时代需要的人才，应是有理想、有道德、有文化、守纪律，热爱社会主义祖国和社会主义事业，具有为国家富强和人民富裕而艰苦奋斗的献身精神。应不断追求新知识，具有实事求是、独立思考、勇于创造的科学精神。在本门科学上掌握坚实宽广的基础理论和系统深入的专门知识，具有独立从事科学研究工作的能力，在科学或专门技术上作出创造性的成果。具有健康的体格”。对于学习年限，因各专业和各个研究生的情况不同，宜有一定的灵活性，但一般为两年半至三年。在学习时间的安排上，用于课程学习的时间累计不得少于一学期，用于科学研究和撰写论文的时间一般不少于两年。课程设置：马克思主义理论课、外国语（第一、第二外国语）、基础理论课和专业课（不少于两门），博士学位论文。根据这个意见，各专业方向贯彻因材施教原则，制订博士生的培养计划，博士生自己也要制订好个人培养计划。培养以科学研究工作为主，重点是培养独立从事科学研究和创造性研究工作的能力。①

在绪缨先生看来，博士不仅应该是博学之士，更应该具有将相关知识融会贯通，进行创造性思考，通过艰苦探索不断提出新理论、解决新问题的能力。

一个合格的博士生，应该是综合性通才型的高级人才。而管理会计

① 厦门大学档案馆、厦门大学校史研究室编《厦门大学校史【第二卷】（1949—1991）》，厦门大学出版社，2006。

方向的博士生，应该以高素质的属于决策支持系统的“管理顾问”为培养目标。

在培养过程中，要注重对博士生人文素质的培养。人文素质是人才素质的基础，人的全面发展必须以人文素质的提高为条件。绪缨先生曾向弟子们多次强调人文素质的重要性。据先生的弟子们回忆，先生曾对他们说，人文素质越高的人，必然思路越开阔、思想越活跃、感悟能力也越强，从而能够源源不断地取得创造性的成果。

据统计，从1985年招收首批博士生开始，一直到2007年指导学生完成博士论文为止，20余年的时间里，绪缨先生总共培养了52位博士生。这个数量并不算太多，但绪缨先生认为，博士生的培养，重“质”胜于重“量”。每位博士生都由绪缨先生亲自挑选，选拔也极为严格，公平公正、一丝不苟。绪缨先生对博士生的要求是：德行第一、宁缺毋滥。他觉得，学业不精可通过努力提高，但品行不正则不可饶恕。他曾经说过：“如果发现自己学生的论文真有抄袭，我会毫不客气地让他走人。”

绪缨先生的弟子、中山大学教授刘运国回忆自己在博士生考试前与绪缨先生接触时，绪缨先生极为严厉地告诫他考试前不得与导师见面。

> 离考试时间不到半个月时，我来到厦大备考。每日所做之事除了早起锻炼外，便是复习、复习、再复习。考前曾想去拜见余老师，但他严厉告知：博士考生考前不得与导师相见！考试结束后，我偶遇余老师，只见他一头白发，像一位慈祥的智者。简短交谈中，发现他对每位考生都有所了解。余老师对我的面试表现比较满意，但面试后很久也没有消息，听说有些考生已经收到录取通知了。但或许我是因为努力而收获了幸运，后来厦大获得了新的扩招博士指标，余老师也要了我，我终于得以成为余老师的学生，开启

了新的学术人生。[①]

在对学生的培养上，绪缨先生极为严格。绪缨先生总是借用韩儒林教授的“板凳甘坐十年冷，文章不写半句空”教导博士生，写文章要从实际出发，实事求是，独立思考，不能人云亦云，宁可坐十年冷板凳，也不能写半句空话。无论是做学问还是为人处世，弟子们在与绪缨先生的日常接触中，都能感受到绪缨先生的严谨治学之风。无论是日常的作业还是博士论文，绪缨先生总会要求一改再改。有些文章更是要逐字逐句修改，并讲明修改的原因和道理。这样的风格和习惯也深深地影响了弟子们。

绪缨先生的大弟子孙宝厚曾说：“到现在，我工作中以太认真、爱修改别人东西著称，很大程度上与师传不无关系。”

无论是授课风格还是所写文章，绪缨先生都以“严谨”著称。在授课时，绪缨先生会在课前做充分的准备，提前准备好由他亲手所写的讲稿。讲稿常常被折成小小的一块，上面写满了密密麻麻的小字。值得一提的是，绪缨先生的字别具一格，字形瘦高、排列紧密，有种独特的美感。

绪缨先生的授课方式令学生们印象深刻。在逻辑严谨的同时也不失生动。绪缨先生常常在课上穿插玩笑，课堂氛围极佳。绪缨先生还常常结合社会热点事件，了解学生们的想法，引导学生们将理论与实践相结合。

绪缨先生认为，博士论文既是博士生在学习期间掌握先进理论思想的广度与深度的综合反映，又是综合运用相关理论思想分析、解决实际

① 刘运国：《重读〈论体验经济与管理及管理会计创新〉一文有感》，载《“会计大师的学术思想与教育理念精要”系列报道之四 发白未懈青云志 无求无愧在杏坛——共忆恩师余绪缨教授》，《财务与会计》2018年第12期。

平易近人的余绪缨先生与1995届会计学专业本科毕业生合影（左一、左四、左五和左六分别为吴水澎先生、余绪缨先生、葛家澍先生和曲琇辉女士）

问题能力的具体体现。如果博士生撰写的博士论文达不到应有的水平，则应该要求他们推迟论文答辩，绝不许滥竽充数。

弟子们总结，绪缨先生教书育人坚持“身教重于言教”，特别注重对学生道德品质和刻苦、扎实、严谨学风的培养。在为人、治学、处世等方面都首先严以律己，在己严的基础上，对学生提出“三严”要求：政治思想上从严、学风上严管、对好的苗子各方面从严要求。绪缨先生要求博士生既要能横向比较，能与国外同层次的学生并驾齐驱，又要能运用所学到的前沿理论与方法分析、研究、解决我国现代化建设中的现实问题。

对于弟子的学术成果，绪缨先生要求极为严格，但从不“贪功”。对弟子们的论文，绪缨先生往往是一字一句地修改，甚至连标点符号都会修改，但却从不挂名，连挂第二作者名也坚决不肯。曾有弟子自嘲：“老师嫌我们水平低，怕毁了他的英名。”但实际上，绪缨先生最重视的就是学术声誉。绪缨先生曾说，任何真正的学者都会明白，学术声誉的建立，应该完全依靠自己研究工作的数量和质量，来不得半点虚假。正如古人所言：“文章千古事，得失寸心知。”绪缨先生时常告诫学生，在学术上自欺欺人迟早会被揭穿的，一旦出事便会身败名裂，“一失足成千古恨”，后悔晚矣。

据《财会通讯》报道，厦门大学会计学系第二届博士生孙宝厚、李松玉分别于1987年11月17日、18日通过了论文答辩。孙宝厚的导师为绪缨先生，研究方向是现代管理会计，论文题目为《会计系统论》。李松玉的导师为葛家澍教授，研究方向是会计基本理论与方法，论文题目为《完全历史成本计算的通用模型》。参加两位博士生论文答辩的委员，主要有娄尔行、杨时展、李宝震、裘宗舜、葛家澍、余绪缨等教授。待厦门大学学位委员会批准之后，孙宝厚、李松玉将成为我国第二批会计学专业的博士。

从博士论文答辩委员就能看出，绪缨先生对博士生的严格期望。在当时，厦门大学和上海财经大学作为全国会计学科实力最强的两所高校，导师间关系极为密切，时常交流讨论。

据徐政旦先生的口述，双方经常互相评审，也时常互相推荐博士生。

> 慢慢地，上海财经大学和厦门大学的关系也密切了，因为我们一起办这个中美培训中心。他们（厦大）那边培养研究生，我们（上海财大）都去主讲课程、参加论文答辩、参加论文指导。我们有时也一起办讲座。差不多有一两年时间，厦门大学办全国的培训班，我也被请去讲课。两所大学老师之间关系很密切，特别是我们跟葛家澍、余绪缨老师。我们大家一起从事科学研究，从事教育。那时厦门大学会计系所有的博士生论文答辩，我们都去的。上海财经大学这边，教师评审需要外面的专家评审的，我们也请葛老师和余老师评审、推荐。上海财大会计系的老师，从副教授升教授，一旦需要请外面的老师评审、推荐的，我们都是去请厦大教授出面，这样，校际的联系就比较多了。后来厦大会计系的一些博士生毕业后要读博士后，余老师、葛老师就把他们推荐到上海财经大学来。①

在弟子们的印象中，绪缨先生大部分时间都在分秒必争、孜孜不倦地伏案工作，或阅读国内外经典文献、最新研究成果，或奋笔疾书、著书立说，或详加审阅学生论文，总之是眼手脑一刻不停。绪缨先生常对弟子们说："古人云，一寸光阴一寸金，寸金难买寸光阴。我年纪已经大了，更得加倍抓紧时间才行啊。人说学海无涯苦作舟，读书学习既是工作也是生活，我不觉得苦反是乐在其中啊，真要我停下来，我倒真会

① 上海国家会计学院会计口述历史项目工作组主编《会计口述历史（第一辑）》，立信会计出版社，2019。

不习惯。”

绪缨先生的弟子、深圳前海金融资产交易所CEO（首席执行官）陈国钢曾撰文回忆自己与绪缨先生相处的点滴。

> 我从1977年进入厦门大学，到1988年离开厦门大学，十余年追随余绪缨老师学习现代管理会计。余老师著述等身，学术造诣深厚，这是学术界的普遍共识。大多著名学者的学问背后都充满情怀，余老师亦是如此。
>
> …………
>
> 不熟悉余老师的人，都会觉得余老师“很严肃”或“很刻板”。其实，余老师的内心充满温情。余老师的博士生完成学业之后，余老师总是尊重学生的就业选择并尽力提供帮助。[1]

陈国钢认为，绪缨先生在提携后学方面堪称楷模。作为学术带头人，绪缨先生总是甘当“人梯”，善于为青年教师和研究生“开路”，不计名利得失。绪缨先生在其承担的各类科研项目和主编的各种教材和著作中，都有意识地吸收年轻教师和研究生参加，使他们从中得到锻炼和提高，加速他们在学术上的成长。

> 当下，许多博士生都称自己的导师为“老板”。我追随余老师十余年，可以非常明确地说，余老师绝对不是什么“老板”。他对学生没有任何索取，只有关心和指导。我记得在我博士论文选题时，代理理论刚刚引入中国且方兴未艾。中国的国有企业管理体制改革也刚刚起步。余老师敏锐地认识到代理理论可以用来解释、解

---

① 陈国钢：《师道永存，师恩永在》，载《“会计大师的学术思想与教育理念精要”系列报道之四 发白未懈青云志 无求无愧在杏坛——共忆恩师余绪缨教授》，《财务与会计》2018年第12期。

决国有企业的核心问题，提醒我关注代理理论，并毫无保留地将自己手上的相关文献提供给我。根据余老师的指点 经过阅读相关文献和认真思考，我以《论代理人说与我国国有企业管理体制的改革》为题完成博士学位论文。后来，该博士学位论文的核心部分以我个人的名义（没有署余老师的名字）发表于《中国经济问题》（1989年第1期）。1988年博士毕业之后，我到国有企业工作，切身体会到代理理论的价值，对我的工作很有助益，帮我解决了工作中的许多现实问题。①

1994年9月，绪缨先生招收了一名来自科威特的博士研究生王大洋，从而结束了我国会计学科只有留洋攻读“洋”博士学位，没有“洋”学生来华攻读博士学位的历史，这也标志着绪缨先生主持的现代管理会计博士点的教学、科研已达到国际水平。

作为管理会计学的权威，绪缨先生时常去全国各地访问，也时常收到会计学习者的信件，先生总是不厌其烦地回信。经历过动荡年代的绪缨先生十分懂得求学之艰难，因此，总是不忍心置这些对会计充满好奇心的初学者于不顾，便会经常回复来自全国各地的信件，有时候会忙到深夜。

为了提高全国会计理论及管理会计学科的专业水平，绪缨先生经常在全国各地开办学术讲座。由于讲座的内容生动有趣，不少人对管理会计学科有所改观。

会计专家濮思湘曾在回忆录里写道：

在成本控制的方法上遇到了几个苦思不得其解的难题，良伯尧

① 陈国钢：《师道永存，师恩永在》，载《“会计大师的学术思想与教育理念精要”系列报道之四 发白未懈青云志 无求无愧在杏坛——共忆恩师余绪缨教授》，《财务与会计》2018年第12期。

余绪缨先生与其培养的来自科威特的博士研究生合影

同学建议我去厦大求教。他的提醒，使我想起几年之前，陕西会计学会邀请余绪缨教授到西安作学术报告，我曾前往听讲。会议主持人、陕西财经学院会计系主任杨宗昌教授说：余绪缨教授是我国管理会计的祖师爷，我们各高校教管理会计的老师讲课的内容，都是从余绪缨教授那里批发来的。于是，便有1981年的厦门之行。50年代有个杂志叫《知识就是力量》，现在的普遍看法是要有知识，要会思考，因为：知识改变命运，思考决定前程。“三人行，必有我师焉”，从师学艺、与友切磋都是学习，都是思考。学，然后知不足；思，然后有所得。①

1994年12月，由暨南大学会计学系和台湾管理会计学会共同主办的“中国海峡两岸管理会计研讨会”在暨南大学举行。绪缨先生和杨时展先生受邀出席。

绪缨先生在活动现场作了题为《论当代管理会计面临新的重大突破》的学术报告，提出了建立新的管理会计体系的构思。他认为：当代高科技蓬勃发展并在生产中得到广泛应用，企业外部环境的变化，富裕社会引起的社会需求的重大变化，必然导致企业内部生产组织形式的革命性变革；现代市场经济的信息化、金融化和国际化也必然导致企业经营目标从追求财务报表所反映的短期利润最大化发展到追求长期的综合程度更高的股东价值最大化。

整个活动结束后，绪缨先生欣然提笔写下了《参加中国海峡两岸管理会计研讨会喜赋——赠台湾莅会诸公》：

粤海重逢倍觉亲，新知旧雨乐融融！
探疑问难共磋切，见微知著显精神！

① 《濮思湘回忆录·沧海一粟（十三）》，https://www.sohu.com/a/432057688_100014684。

余绪缨先生与其培养的第一位台湾博士研究生合影

老少成集襄盛举，精英辈出得传人！
骨肉情深割不断，扬帆学海赖同心！

2006年6月，绪缨先生受邀前往上海国家会计学院，为第29期国有企业总会计师培训班作演讲，主题为“怎样从知识经济的时代特征认识《孙子兵法》的哲理性对战略管理的启迪意义”。

在讲座中，绪缨先生谈古论今、旁征博引、谈笑风生，博得了学员的阵阵掌声。先生首先阐述了怎样认识知识经济的时代特征，然后结合兵战和商战的异同说明孙子思想的借鉴价值，最后对企业的管理精英提出几点希望。

绪缨先生认为，《孙子兵法》强调“上兵伐谋”，在现代市场体系中的“商战”，同样要强调以“谋略”取胜，把竞争战略放在第一位。也就是说，现代企业正确制定竞争战略，必须把创造和提高竞争优势，即与竞争对手相比较的优势，作为基本的出发点和归宿。为此，企业在制定竞争战略时，就要从企业生产经营的全局及其长远发展着眼，客观地分析自身和主要竞争对手的长处和短处；并预测客观外界环境可能发生的变化以及这些变化可能给企业带来的机遇和挑战，进而通过周密的谋划，有预见性地制定出各种可行的趋利避害、扬长补短的对策与方案，不断发展和提高自己的竞争优势。通过绪缨先生的讲解，学员们了解到《孙子兵法》的很多思想同西方的战略管理理念有异曲同工之妙。

返回厦门后，绪缨先生赋诗一首，表达了对业界众多精英齐聚一堂的欣喜之情，也表达了对年轻的上海国家会计学院的赞叹与期望。这首诗迄今还登在上海国家会计学院的官方网站上。

访问上海国家会计学院归来感赋[①]

厦门大学　余绪缨

名城名校相映红，英才云集浦江滨！
正气凛然行大道，智计神奇融古今！
博采众长无国界，迎头超赶创高新！
自强不息天行健，厚积薄发立新风！

2006.6.30

① 绪缨先生在词中有 4 处注释，https://www.snai.edu/xyxwGF/info_533.aspx ? itemid=19995。

第四节

历尽风霜 无愧杏坛

在60余年的教学生涯中，绪缨先生非常强调“为学之道”，他认为学风是一个学者学术生命的重要组成部分。一个有成就的学者必然有其独特的学风。青年学子要学有所成，必须从培养良好的学风开始。“无为而学”是治学的最高境界。学者治学，必须摆脱短浅的功利性的追求，摆脱名缰利锁的束缚，以淡泊自守、心平气和的精神状态从事学术研究，才能破除浮躁（心浮气躁）、浮泛（浮光掠影）甚至投机取巧的学风。

2002年9月，绪缨先生应邀参加香港理工大学2002年度“杰出中国访问学人计划”及“杰出学人成就表扬典礼”，在他所作的题为《立身与为学之道——谈青年学子的成才之道》的演讲中提道：做人是立身之本，为学之道首在正学风。他强调，青年学子要成才，不仅要有学问，而且要在自己所学的专业领域有较深的造诣，更重要的是，必须有较高的道德水平。一个成才的知识分子，要有胆识，能充当社会的良心、国家的良知；要有修养，坚持私德与公德的统一；要重诚信、重荣辱、重气节。

在此次演讲中，绪缨先生还对学术和思想的关系进行了精辟的总结。

关于“学术”与“思想”的关系，论坛上曾一度有过所谓“突出学术、淡化思想”之说，这是完全不对的。事实上，学术与思想是密不可分的，世上从来不存在没有思想的学术。因为放弃学者的个性独立、人格尊严、道德操守的“学术”，不可能成为真正的学术。因此，古往今来，凡是大的学问家，必然同时是大的思想家。在不正常的情况下，一个社会没有思想上的自由，就不会有学术上的自由；而没有学术上的自由，奢谈繁荣学术无异于缘木求鱼。人们常常说：“道德文章。”意思是说：文章之所以感人，不是靠词句的华丽，更不是靠作者一时地位的显赫，而是靠其蕴藏的道德力量、人格力量和真理力量。由此可见，一篇论著的学术价值，归根到底，是取决于作者思想的深度和高度。古人诗圣杜甫是基于他悲天悯人的伟大情怀，才能写出“朱门酒肉臭，路有冻死骨”“安得广厦千万间，尽（大）庇天下寒士尽（俱）欢颜”的不朽诗篇!今人大作家鲁迅正是基于他大无畏的批判、战斗精神，才能写出无比犀利的檄文，倾吐人间的不平，以唤起国人的警醒!其思想的深刻性是力量之源!

可见，古往今来，一些大学问家的文章之所以能历久弥新，往往是他们能用日常简单平实的语言表达深邃的思想理念，使人能从中得到启迪、感悟而受益无穷。这正是在他们的论著中实现了学术与思想高度统一的结果。

据弟子们回忆，绪缨先生常说，人的生老病死是自然规律，希望长江后浪推前浪、科研事业后继有人，希望学术生命超出自然生命。每逢绪缨先生的生日，弟子们都会想方设法准备一些贺礼，但先生从来不收。2001年，绪缨先生80岁大寿，弟子们决定无论如何要送出一份礼物，便拐弯抹角地打探先生最想要什么。绪缨先生回答：“对我来说，学术生命比生理生命更重要。”最后，弟子们想出了一份最合适的礼物——筹集资金设立“余绪缨奖学金”，用于奖励品学兼优的厦门大学学子。于是，“余绪缨奖学金”的启动基金很快到位，并从2003年开始颁发。绪缨先生在世的时候，每年都要亲自给获奖学生颁奖，并作诗勉励获奖学生。

2005年1月，绪缨先生给第二批获得“余绪缨奖学金”的青年学子作诗一首：

风华正茂气如虹，
不尽拳拳报国情；
学海无涯长奋进，
建功立业赖同心。①

实际上，绪缨先生的学术思想以及品德风范，在他的弟子中也开枝散叶，实现了传承。2005年7月9—10日，在秀美的厦门国家会计学院，“余绪缨教授从教六十周年系列庆祝活动”隆重举行。作为中国管理会计的开拓者和奠基人，绪缨先生已勤奋耕耘了六十周年，写就了壮丽的人生篇章。

对绪缨先生这样享誉全国的会计大家而言，没有什么比一场高水平的学术研讨会更能够体现先生的学术成就。

为庆祝绪缨先生从教六十周年，厦门大学会计发展研究中心、厦门大学会计学系把联合主办的第五届会计与财务问题国际研讨会定位为“当代管理会计新发展”，来自海内外的100多位会计界专家学者围绕这一主题，就管理会计的历史回顾与展望、战略管理会计、平衡计分卡、

① 厦门大学新闻网报道，https://news.xmu.edu.cn/info/1003/30173.htm。

余绪缨先生在“当代管理会计新发展”国际研讨会上作学术报告（摄于2005年

全面预算与成本管理创新、新环境下的管理会计创新、管理会计发展的技术观和社会文化观、高层管理会计人才的培养等当代管理会计新发展的主要课题各抒己见，成功进行了一次管理会计的国际学术交流。

国内多家知名高校发来贺信。西南财经大学在贺信中说：“余绪缨教授是中国管理会计的开拓者和奠基人。半个多世纪以来，他以马克思主义为指导，着力于现代管理会计的基本理论建设，致力于创建具有中国特色的现代管理会计理论和方法体系，开拓了现代管理会计广义管理会计体系研究的新领域。”“人生有涯，事业无尽。余教授始终坚持在教学科研第一线，刻苦钻研、博采众长、不断开拓，形成了独树一帜的学术思想，取得了丰硕的学术成果。德高业精，谆谆教诲，春风化雨，甘为‘人梯’，善为青年教师和研究生‘开路’。众多学子遍播海内外，共贺余教授执教六十周年。”“学校衷心祝愿余教授身体健康，永葆学术青春，继续在我国会计学科的发展上取得新的业绩！”

中国人民大学出版社在贺信中指出，余教授1945年从厦门大学会计学系毕业留校任教，六十年如一日，一直在厦门大学从事教学和科研工作，历任多个学术要职。余教授的研究领域广泛，涉及一般会计理论、成本管理会计、企业理财学等领域，提出了许多新颖的学术观点，在业内独树一帜，特别是作为我国管理会计学科的开拓者和奠基人，堪称学界泰斗。“作为一位教育家，您‘桃李满天下’，为我国培养了大批管理会计教学科研和高级管理人才，您主持的现代管理会计博士点是我国在这个研究方向唯一的博士点，培养了数十名会计学博士。”“您年逾八十仍然积极追踪管理会计和企业理财学科发展前沿，‘发白未懈青云志’的精神值得我们后辈学人敬仰和学习。”[①]

---

① 丁金斌：《历经风霜六十年，无求无愧在杏坛 发白不懈青云志，人文精神薪火传——余绪缨教授从教六十周年系列庆祝活动侧记》，《会计之友（下旬刊）》2006 年第 5 期。

余绪缨先生从教六十周年师生聚会合影（2005年7月10日）

根据此次活动的侧记，绪缨先生当日精神状态极佳，并为此研讨会准备了两篇论文。上午的研讨会一共邀请了五位报告人，多数是绪缨先生的老朋友，他们纷纷表达了对绪缨先生六十年来推动中国管理会计发展的敬意。老朋友，新话题，研讨会洋溢着温馨的氛围。

绪缨先生已是84岁高龄，但仍以精神矍铄、神采飞扬的面貌登上了报告台，台下顿时响起了热烈的掌声，经久不息。由于是最后一个报告人，已经接近午饭时间，绪缨先生一句诙谐风趣的“我的时间不多了”，赢得全场会心的欢笑。

绪缨先生就其中一篇论文“*Some New Insights into the Theoretical Research in Management and Management Accounting*”（《管理与管理会计理论研究中的几点新认识》）进行学术报告和讨论。

对于管理、管理会计的研究，绪缨先生在报告中提出了“一个基本思路”“五个要点”。

“一个基本思路”就是对管理、管理会计的研究要从物到人、从体力到脑力、从知识到智慧、从理性思维到悟性思维、从物质世界到精神世界、从刚性到柔性、从确定性到灵活性、从繁到简、从精确至上到非精确至上、从技术层面到文化层面、从数量观到人文观，反映人们对相关问题的认识从外部表象到内在本质的发展趋势。

“五个要点”包括：其一，独立自主性是创造性人才的核心品质，其创造能力即寓于其独特的个性中，硬的、强制性的数量化管理为软的、灵活的文化管理所取代是历史的必然；其二，管理会计师专业服务价值的大小取决于其服务的可替代性，管理会计师的核心能力从技术性、数量化的层面转向社会文化层面，借以提高其创造性思维能力，应视为他们在新的历史时期内的自立自强之路；其三，不能把科学性等同于精密性，管理会计作为决策支持系统进行决策研究的专门领域，定量化与精确化不能成为其学科建设的基本要求；其四，我国历史上的春秋战国时期是一个思想解放、创造性人才辈出的时代，在这一历史条件下形成的《孙子兵法》和“孔孟之道”被认为是中国传统文化的两座高峰，是有助于我们创建有中国特色的决策与决策支持系统的极为宝贵的精神财富和智慧源泉；其五，进行以决策和决策支持理论为核心的新管理会计体系的学科建设，我们不仅要充分吸收东方智慧的精华，古为今用，还要面向全世界，努力吸收西方管理会计中丰富的先进成就为我所用。因此，管理会计学科建设的目标是要建立一个既能反映国内外管理会计的最新成就，又在文化方面具有中国特色的新管理会计体系。

厦门大学的校训是“自强不息，止于至善”。作为厦门大学的终身教授，即便到了晚年，绪缨先生还在强调：具有中国特色的管理会计学科建设应立足中国、放眼世界，坚持自主性和开放性相结合。以此为指导进行管理会计学科建设，就可使其大大超越流行的纯技术、数量观，而从人文、哲学的高度凸显中国特色。

在报告的最后，绪缨先生赋诗一首：

南天盛会聚群英，旧雨新知喜相逢；
中外交流增共识，马齿徒增愧望尘！

会场爆发出雷鸣般的掌声，大家全体起立，表达对绪缨先生由衷的崇敬和祝福。

根据本次的演讲主题，绪缨先生分别以中英文撰写了学术论文，另外还以《经济体验化与管理、管理会计创新问题的探讨》为题撰写了一篇论文。两篇论文均被收录进此次的会议论文集中。在学术思想上，绪缨先生再一次站在管理会计理论发展的潮头，展现了中国管理会计学术领军人物高瞻远瞩、气势磅礴的风采；而在为学态度上，绪缨先生更是让在场的学界后辈震撼动容并深受鼓舞。

在研讨会上，孙宝厚提出了余门弟子为人处世的三条原则即“讲真话、做好事、不做坏人”，表达了众弟子薪火相传、弘扬绪缨先生人文精神的共同心声。

绪缨先生喜爱作诗，并多次用诗歌表达对门下弟子的厚望。2002年，80岁高龄的绪缨先生在《八〇感怀》中感叹：“喜见八方多才俊，又谙学海有新碑。”2003年，他寄语门下博士生：

世人徒重博士名，百炼千锤博士魂；
灼见真知传久远，铮铮铁骨傲群氓！

在此次研讨会上，绪缨先生对于大家的祝贺与祝福表示了感谢，并再一次勉励大家为人处世要立德为先，要在各自岗位上为国家多作贡献。他赋诗两首，饱含了对门下弟子的殷切期望：

（一）

历尽风霜六十年，无求无愧在杏坛！
喜见八方多才俊，从此无虑可息肩！

（二）

学海无垠岁有穷，薪火相传净无尘！
耕耘莫惮更鸡苦，建功立业赖同心！

2005年12月，绪缨先生特别寄语获得厦门大学2005年度“余绪缨奖学金”的青年学子。这不仅是绪缨先生对后辈学子的殷殷期望，也是对自己学术经历的深刻总结。这首诗就是余绪缨先生一生最真实的写照。整首诗格局开阔、气魄雄浑，做人和做学问的内涵在诗中得到了统一。

某次学术报告之后，余绪缨先生为学生签名留念

透过这首诗，我们可以看到绪缨先生一生不畏艰难、勇于探求的学术精神，也能看到他巍然自立、傲雪凌霜的人格魅力。

寄语参加2005年度“余绪缨奖学金”颁发大会的青年学子

余绪缨

2005年12月8日

前沿求索几度秋，
无忧无畏[①]更无求！
纵有浊浪连天涌，
巍巍砥柱立中流！

这四句诗，总体上是强调做人、做学问的统一性，并把做人放在第一位。

以下依次进行说明：

第一句：“前沿求索几度秋。”

远在2300年前的战国时代，伟大爱国诗人屈原（约前340—约前278）在《离骚》中就说过：“路漫漫其修远兮，吾将上下而求索。”

先从做人看，人生的道路长不长？可以说：又长，又不长。说不长：人生不满百，如白驹过隙！说长：人生不满百，常怀千岁忧。从人的生理寿命看，一般人很难活到100岁，为什么还要怀千岁忧呢？这是因为，从道德的生命看，“千秋功罪，后人评说。”而历史的公正性，总归会在后人的评说中得到具体体现的。有些人即使一时权势冲天，由于他们逆历史潮流而动，最终也逃不掉千古骂名！从这个意义上看，历史既是公正的，也是无情的。

因此，一个人，为人处世，首先要上下求索，深切领悟人生的

① 孔子说：“知者不惑，仁者不忧，勇者不惧。”

意义、价值和追求的目标，确立正确的人生观、价值观，以此作为自己的思想和行为指南，扎扎实实、心胸坦荡地走过自己无忧无愧的一生！

再从做学问看，一个人的学术生命，也有一个又长又不长的问题。要使个人有限的学术生命融入人类社会世代相传的无穷无尽的学术长河中，也要上下求索，确立一个基本的治学态度。在这里，很重要的一点，是要发扬历史学家韩儒林教授倡导的“板凳甘坐十年冷，文章不写半句空”的精神，有了这种精神，在人类社会世代相传的学术长河中，才有可能善于继承，勇于创造，取得经得起时间检验的优秀成果，作出自己应有的贡献！反之，一个人如果心术不正，华而不实甚至投机取巧，即使基于种种因素，在某些时间取得了某些“虚幻”的所谓“成果”，也只会“昙花一现”最终为人们所不齿！

第二句：“无忧无畏更无求！”

孔夫子说：“知者不惑，仁者不忧，勇者不惧。”一个人，怎样才能做到孔夫子所说的“三不”？

先从做人看，一个人首先要做一个仁者：以孔子为主导创立的儒家学说，可总称为“仁学”。“仁者爱人”“泛爱众”是孔子仁学体系的核心思想。因此，所谓“仁者不忧”，是指作为一个仁者，不能斤斤计较个人的忧乐，而应把关注人民大众的忧乐放在第一位，宋代范仲淹所说的“先天下之忧而忧，后天下之乐而乐”，则可看作“仁者不忧”（从先忧而达到不忧——忧患兴邦）的最高精神境界！其次要做一个勇者：仁者的“泛爱众”，意味着要以天下国家为己任，据此，作为一个勇者，就应保持对现实的批判精神，为了社会的健康发展和全面进步而兴利除弊，应义无反顾地充当社会的良心、国家的良知，“言人之不能言，言人之不敢言，为人之不敢为”，而自觉地发扬孟子所说的“富贵不能淫，贫贱不能移，威武不能屈”的大无畏精神，则应视为一个勇者所应追求的崇高思想境界！最后要做一个智者：智者不惑，应体现在对事关社会公平、社会正义的大是大非问题上，具有敏锐的洞察力，决不能为了一己的私利，模糊混淆以致歪曲是非曲直的界限，甚至出卖灵魂，沦为某些权势人物和利益集团的走卒或工具，由此使士林蒙羞，斯文扫地！

再从做学问看，首先，仁者不忧，意味着：一位严肃的学者应自觉地以大学者陈寅恪教授所倡导并一贯坚持的“独立精神、自由思想”作为学术研究的灵魂，为文、论世，应发扬“一字之褒荣于华衮，一字之贬严于斧钺”的精神，决不曲学阿世、人云亦云甚至看权势人物的眼色作违心之论，以实现文品与人品的统一（言为心声，文如其人）。其次，勇者不惧，意味着：在科学征途上，要不畏任何艰难险阻，坚韧不拔，迎着困难上，发扬叶剑英元帅所说的“攻城不怕坚，攻书莫畏难，科学有险阻，苦战能过关”的精神，在学术上才有希望达到马克思所说的“光辉的顶点”。最后，智者不惑，意味着：在当今物欲横流、功利至上的世界上，要开展创造性的研究，取得原创性的成果，最关键的因素是必须找回自我，使自己从物欲的深渊和功利的牢笼中解放出来，不为世俗的功名利禄所困扰，保持心境的宁静，只有这样，创造性思维才能自由驰骋，原创性的研究成果才能不断地涌现，这也就是诸葛亮在《诫子书》中所说的“非淡泊无以明志（淡泊才能明志），非宁静无以致远（宁静才能致远）”的深意所在。

第三、四句“纵有浊浪连天涌，巍巍砥柱立中流！”连起来说。

首先，在人生的道路上，人海茫茫，并不会都是风平浪静，也可能会碰到浊浪排空或暗流汹涌的情况，面对人世的风云变幻，一个人如何选择自己的人生道路（是随波逐流、同流合污？还是巍然自立、不为所动？）对于一个人的品德和操守就是严峻的考验。2003年博士生入学时，我曾写一首诗，题为《寄语门下博士生》：“世人徒重博士名，百炼千锤博士魂；灼见真知传久远，铮铮铁骨傲群氓！”其核心意思就是要求一切有作为的青年学子应能做到“纵有浊浪连天涌，巍巍砥柱立中流”——做一个能在浊浪滔天中巍然自立的中流砥柱！

其次，在为学的道路上，学海茫茫，也不会都是风平浪静，也可能会遇到浊浪连天或暗流汹涌的情况，面对学海的风云变幻，一个学者将何以自处？是为了一己之私出卖灵魂，卖身投靠某些权势集团或利益集团而沦为它们的吹鼓手或代言人？或在受到强大压力的情况下至少还能保持沉默而不趋炎附势？或即使面对极为严峻的形势，还能不计个人的利害、得失和安危，披肝沥胆，为了坚持正义和真理而大声疾呼？这对于一个学者的良知、良心和品格也是一个极为严峻的考验。

古往今来，在中国知识分子群体中，以上所说的三种类型的人都有。顾准就是上述第三类人中最杰出的代表，他不仅是在多个学科领域有杰出成就的学者，更可贵的是他是一个伟大的思想家。所以他看问题比别人看得更深也更远。因此我认为，中国知识分子中有作为的年轻一代，应永远以他作为崇敬和学习的榜样！古语云：“千人之诺诺，不如一士之谔谔。”全社会只有进一步解放思想，广开言路，充分发挥每一个人的主动性与创造性，中国的明天才会大有希望！

可以看出，晚年的绪缨先生已经跳脱出单一学科的束缚，站在了更高的视角，对“时代与人才”这个宏大命题交出了独属于自己的答卷。绪缨先生从自己的治学经历出发，对广大求学者提出了更高的要求，要严于律己、自强不息。与此同时，在求学的道路上，更不能“独善其身”，而应该求教于古代先贤，常怀有“天下兴亡、匹夫有责”的责任感。

绪缨先生十分强调品行的重要性，他时常对弟子们讲《资治通鉴》里的那句名言：“才者，德之资也；德者，才之帅也。”他勉励弟子们，无论是刚刚踏入会计学科的求学者，还是已经有一定影响力的学者，都应该对自己的道德品质有极高的要求。他对后辈学子的殷殷厚望，时至今日仍熠熠生辉、振聋发聩。

第五节

不顾己身　为国献策

一名优秀的学者，必然会对社会、国家抱有最深沉的爱。

从1944年报名参加抗日救亡的青年军，到20世纪40年代目睹国民党统治区域物价飞涨、通货膨胀而愤然研究币值变动会计，再到1948年积极反抗国民党黑暗统治，组织学生罢课游行等活动，可以看出，绪缨先生怀着爱国之心，一直走在救亡图存的第一线。

1952年，在众多师长的引领下，绪缨先生加入中国民主同盟（简称“民盟”）。当时，民盟在高等教育界有着极好的声誉。厦门大学的多名知名教授，如傅家麟、潘懋元、葛家澍、韩国磐等均是民盟的成员。

在55年的民盟成员生涯中，绪缨先生曾任民盟中央第五、第六、第七届委员，民盟福建省委第六届委员，第七、第八届副主委，第九、第十届名誉副主委，民盟厦门市委第六、第七届主委，第八届名誉主委，厦门市政协第七、第八届副主席。

无论是做学问还是参政议政，绪缨先生始终都坚持着“三不原则”，即不投机取巧、不趋炎附势、不随波逐流。

在一篇名为《我对党领导的多党合作和政治协商制度的几点认识》的文章中，绪缨先生表示，作为参政党的成员，应该严格要求自己，在自身建设上扎扎实实下功夫，不断提高自己参政议政的能力和水平，“对涉及国家政治、经济、社会生活各个方面的重大问题，经过深思熟虑和调查研究，能够有针对性地提出具体的、建设性的、具有真知灼见的意见和建议。在思想上，要本着‘天下兴亡、匹夫有责’的精神，敢于讲真话，进诤言，有在真理面前无所畏惧的精神”。

这也是绪缨先生参政议政时秉持原则的最好写照。在面对不公正的社会现象时，许多学者的态度是事不关己，高高挂起。但绪缨先生却很鄙夷这样的做法，他总是怀着满腔热血，以学者的方式发出自己的声音。

绪缨先生培养的第一位博士毕业生孙宝厚曾撰文回忆，称绪缨先生总是直言不讳、痛切陈词。

> 余老师是大学者，但并不是一般人想象中的书生或书呆子。他作为一个普通公民、一位民主人士，更是常怀忧国忧民之心。余老师在厦门大学工作了一辈子，深爱着这所学校，并为之献出毕生精力。对于如何加强学校建设，端正学风和校风，余老师经常直言不讳，有时甚至是痛切陈词；看到社会上的一些不良现象、老百姓的疾苦，无论在课堂上还是日常言谈之中，他都会发表己见，针砭时弊，大声疾呼；作为一位民主人士，他曾担任过民盟厦门市委主委、民盟中央委员等职务，更是注重履行职责，积极参政议政，建言献策。[①]

早在担任民盟厦门大学总支主委期间，绪缨先生便组织提交了《关于厦门大学教育改革的几点建议》，供福建省委省政府参考，受到了高度重视。后来，绪缨先生任厦门市政协副主席、民盟厦门市委主委时，

① 于增彪、陈国钢、孙宝厚：《长留清气在人间》，《中国财经报》2008年9月19日第5版。

更是倾注了大量心血，身体力行参加了国务院组织的税收财务物价大检查。

绪缨先生特别强调，参政议政一定要实事求是、科学分析，要中肯、有水平。每次参加中共厦门市委举行的双月座谈会时，绪缨先生都详细了解会议议题，收集相关资料，研究实际情况，并广泛征求意见，撰写发言文稿，然后才在座谈会上发言。在每年一次的市政协全会上，都自告奋勇发言，而且必精心选题，发言质量上乘。1981年“七一”前夕，先生特意赋诗一首:

历尽艰危六十年，丰功伟绩薄云天。
林江乱国如朝露，宏图“四化”谱新篇。
南针指路功归党，人民十亿竞争先。
发白未懈青云志，鞠躬尽瘁献余年。

作为民盟成员，绪缨先生还经常利用学术访问的机会积极开展统战工作，和台湾学者以及华裔专家交流。在1988年的《厦门政协》第三期中，就刊有《寓“三胞”工作于学术访问之中——记民盟中央委员、市政协副主席余绪缨教授三次美国之行》的报道。报道记载：

余教授是民盟中央委员、民盟福建省委副主委、民盟厦门市委主委、厦门市政协副主席，每次出国进行学术访问，从不把自己看作是一个“单纯”的学者，同时还充分认识到自己还肩负着利用一切时机开展海外统战工作的重任。因而他总是不辞辛劳，尽量利用开会、讲学的间隙，主动广泛接触、拜访来自台湾的访问学者和在美工作的华裔专家、教授、企业界人士，积极开展海外“三胞”联谊活动，大力宣传祖国实行改革开放后的重大变化和取得的最新成就，以及中央有关政策精神、厦门经济特区对“三胞”的投资优惠政策和有关具体规定等，以增强海外“三胞”对伟大祖国的向往和前来讲学、访问、投资的兴趣与向心力。

从1991年开始，绪缨先生便广泛参与海峡两岸的学术交流活动，与台湾的会计理论工作者，包括大学相关学院的院长、系主任和专家、教授以及职业会计团体的负责人等有着广泛的接触，对他们也有充分的了解。1995年，绪缨先生参加了在台湾举办的高规格研讨会。此次研讨会由台湾的淡江大学主办，接待规格极高、接触面极广。在交流中，绪缨先生意识到，闽台隔海相望，血缘相亲、习俗相仿、方言相同，这样的条件是有利于在文化、学术交流中增进两岸同胞血浓于水的手足亲情的。

对此，绪缨先生建议，两岸文化、学术要在更多层面上展开，要举办更高层次的学术交流活动。

一、转变长期形成的重自然科学、轻社会科学的思想倾向，树立“大科学”的概念。

也就是强调包括社会科学在内的科学整体功能，而不应顾此失彼。强调科学技术是第一生产力当然是对的，但科学技术要转变为现实的社会生产力，还必须有相应的社会机制相配合，才能实现改造自然与改造社会的统一，从而促进经济的迅速发展和社会的全面进步。而人的全面发展，人的素质的全面提高又是实现这一基本社会目标的关键性因素，这就不是单纯依靠自然科学所能奏效的，而必须使人同时在哲学、社会科学的各个领域都有较高的修养。这就要求我们必须树立“大科学”的概念，强调科学的整体性，采取切实措施，彻底改变当前哲学、社会科学某些门类被冷落甚至被遗忘的严重失衡状况。

再从两岸文化、学术交流的角度来考虑这一问题，自然科学、技术的交流固然很重要，但从台湾同胞共同继承和发扬一脉相承的中华优秀文化传统，借以不断增强民族的凝聚力和认同感看，人文科学的交流实居于更重要的地位，因为它在促进祖国和平统一的大业中，起着深层次的文化纽带与桥梁作用。这是自然科学、技术的交流无法替代的，因为自然科学、技术无国界。

二、两岸文化、学术交流必须是高水准的优秀文化、学术成果的交流，这也可以看作是两岸参与交流的人员之间相互检验、评价和竞赛的一种形式，有助于彼此之间的相互促进、取长补短、共同提高。为了达到这一目的，我们参加两岸文化、学术交流的人员必须尽可能拿出高质量的“精品”同对方交流，决不能滥竽充数，产生和上述要求适得其反的效果。这就要求我们必须采取切实有效的措施，加速高层次、跨世纪人才的培养，真正形成尊重知识、尊重人才的良好风尚，进一步完善对突出人才、突出成果的激励机制，把科教兴国的战略方针落到实处。

可以预见，下一个世纪将是竞争更加剧烈的世纪，国与国之间是如此，两岸之间也是如此。而一切竞争，归根到底是人才的竞争。伟大祖国只有形成英才辈出、群星灿烂的局面，在两岸文化、学术交流中所提出的优秀成果才能为对方所折服，从而增强对方对伟大祖国的向心力，为加快祖国和平统一的进程创造有利条件。

三、两岸之间的文化、学术交流必须在党的统一领导，社会各界的广泛参与下有组织、有计划地进行，坚持从严要求，克服形式主义的错误倾向。只有这样，才能取得扎扎实实的交流效果，为祖国的和平统一作出贡献。①

---

① 余绪缨：《正确认识加强两岸文化、学术交流的重要性与迫切性》，载《余绪缨综合文集》，中国财政经济出版社，2003，第 187 页。

以上是绪缨先生在多次学术交流中总结出的宝贵经验。据民盟成员回忆，民盟的活动绪缨先生很少缺席，亦很少迟到。每次都有备而来，会事先查看大量的资料，在发言时引经据典、出口成章。也有民盟成员说："余老师每次发言都很尖锐，但大家都很愿意听。余老师的批评总是能说到点子上。"

民盟成员、厦门大学历史系教授郑剑顺曾撰文表示，自己正是受到包括绪缨先生在内的许多老教授、老先生的影响，才义无反顾地加入民盟。

> 我于1988年加入民盟，当时罗老师是民盟厦大总支负责人之一，我在罗老师和厦大盟员老前辈潘懋元、余绪缨等身上看到民盟的优秀形象，他们对我加入民盟产生直接影响。①

除了作为民盟成员积极献言献策外，绪缨先生作为一代会计大家，对会计行业以及经济运行的热点问题从不回避。

1992年，改革开放进入关键阶段。国企的股份制改革成为全社会关注的重点。彼时，上海证券交易所刚刚成立，拉开了中国资本市场的大幕，给中国的经济发展带来了新的突破。同时关于证券、股票等性质的争论也日趋激烈。面对股份制改革，有些人认为这是国企发展的必由之路，也有些人畏葸不前，觉得这是"资本主义的玩意儿"，社会主义不应该引进。

1992年1月，已经退休的邓小平来到深圳。在聆听了时任深圳市委书记李灏关于深圳试点工作的汇报后，邓小平当时就对试点的争议问题

① 郑剑顺：《"笔耕舌耘那得闲"——我的老师罗耀九教授》，https://www.xmmm.org.cn/archives/2393。

发表了自己的看法。邓小平说："有不少人担心股票市场是资本主义的东西，所以让你们深圳和上海先搞试验。看来，你们的试验说明了社会主义是可以搞股票市场的，说明了资本主义能用的东西，也可以为社会主义所用。证券、股市，这些东西究竟好不好，有没有危险，是不是资本主义独有的东西，社会主义能不能用？允许看，但要坚决地试。看对了，搞一两年。对了，放开；错了，纠正，关了就是。关，也可以快关，也可以慢关，也可以留一点尾巴。怕什么，坚持这种态度就不要紧，就不会犯大错误。"①

邓小平的这段讲话终结了长久以来关于股份制性质的争论，展示了作为改革开放总设计师的伟大气魄和广阔胸襟。南方谈话极大地加快了企业股份制改造的步伐。至1992年底，全国各地经批准建立了近400家股份制试点企业、3700多家股份制企业。同时，国务院还批准9家国有企业改组为股份有限公司，并成功在境外上市。

绪缨先生十分赞同邓小平的论断。1992年9月，为了消除部分学者的疑虑，绪缨先生以会计研究者的身份撰写了《试论社会主义市场经济与国有企业的股份制改革——兼论我国会计理论建设的目标模式问题》一文，旗帜鲜明地指出：以社会主义市场经济理论为指导，进行国有企业的股份制改革，可以创造出一种全新的同现代市场经济相适应的社会主义企业体系，它不仅不会削弱公有制的主体地位，而且还会使社会主义的优越性得到充分发挥。在当前的历史条件下，进行国有企业的股份制改革，是深化企业改革的基本方向。以下是文中的部分阐述：

> 将现有的国有企业改组为股份有限公司是意味着将企业中原有的国有资产转变成法人化的股份有限公司的财产，其产权划分为归

---

① 李灏：《终身难忘的教诲——忆1992年陪同邓小平视察深圳》，《党的文献》2002年第2期。

各级政府国有资产管理部门持有的股份。这样，公司的法人资产就从虚拟的全民所有的财产中独立出来。而与全民所有的其他财产划清界限，使公司成为明确的产权主体和利益主体。公司作为法人组织建立起来以后，其股份的持有者（股东）不再保持对已入股的财产的直接控制，而是将法人财产的经营权交给由董事会挑选、聘任的经理人员行使，经理人员不是由政府任命的行政官员，而是学有专长、能在市场竞争的大海洋里乘风破浪的企业家。

它说明：国有企业的股份制改革有利于消除政府对企业的直接干预，也为真正实现“两权分离”——“政府所有”与“专家经营”相分离提供了条件。国有企业进行股份制改革，在实现产权法人化的同时，也为实现产权的多元化创造了条件。这是因为，国有企业，特别是国有大中型企业，为保持公有制的主体地位，除各级国有资产管理部门应持有其股份的大部分外，其余部分也可面向社会，向其他法人组织和人民群众募股，甚至向海外、国外募股，使企业的产权由一元化向多元化转变。其中自然也包括向本企业内部职工募股。企业职工持有本企业的股票，按照企业的经营效益参与分红，并以股东代表的身份参加董事会，参与企业的经营决策，也有利于增强企业的凝聚力和职工的主人翁责任感。

国有企业产权法人化、多元化的结果，自然而然地会形成一种约束机制，使企业的经理人员时刻置于众多持股人的强烈关注和普遍监督之下，促使他们在剧烈的市场竞争环境中，按照公司作为产权主体和利益主体的根本要求，努力改善经营管理，谋求企业盈利的最大化。特别是随着我国社会主义市场体系的建立和发展，资金市场的日益完善，使股份有限公司的股票可以依法在资金市场公开上市交易，股票在股市中公开买卖所形成的股价波动，更会对股份公司的生产经营形成一种强有力的社会监督机制和客观评价机制，并促使为数众多的持股人从单纯追求股利的最大化发展到追求资金总报酬（包括股利和股票溢价）的最大化，进而在公司内部形成严格的自我约束、自我积累、自我发展的经济机制，促使公司上下克服短期行为，为企业长期的健康发展而同心协力。只有这样，充满生机和活力的社会主义企业才能真正建立起来。

由此可见，以社会主义市场经济理论为指导，进行国有企业的股份制改革，可以创造出一种全新的同现代市场经济相适应的社会主义企业体系，它不仅不会削弱公有制的主体地位，而且还会使社会主义的优越性得到充分发挥。正是基于这一理论认识，我认为，在当前的历史条件下，进行国有企业的股份制改革，是深化企业改革的基本方向。

此时的绪缨先生，已不单单是一名会计学者，他站在更高的层面，高屋建瓴地从社会主义经济制度的角度讨论股份制改革的必要性。这篇文章也很好地体现了绪缨先生的文字功底，读起来大气磅礴，给人以字字千钧之感。绪缨先生毅然决然地站在了支持改革者一方，这足以看出绪缨先生在面对真理时，从内而外洋溢着的勇猛劲头。

1995年，当会计行业因为“会计失真”问题被卷入旋涡中时，绪缨先生毫不犹豫地站了出来，代表会计学界提出了自己的观点和建议。

会计的基本职能是如实地反映经济活动的真相。但部分企业单位受到利益的驱使，钻法律法规的空子，造假账、编假报表。20世纪90年代以来，这种现象愈加严重。这些虚假、严重失真的会计信息已成为我国经济生活的一大公害。它不仅误导投资者和债权人，使他们根据虚假或失真信息作出错误的判断，还误导政府监管部门，使监管部门不能及时发现、防范和化解企业集团和金融机构的财务风险。

1995年10月，国务院副总理朱镕基在第四次全国会计工作会议上，针对当时经济和会计工作中存在的突出和普遍性问题，提出了整顿会计工作秩序的“约法三章”：一、所有企业、事业单位必须依法建账，并且保证会计工作的秩序和会计信息质量。二、认真培训和大力提高会计工作者和注册会计师的政治业务素质、业务能力和职业道德。三、财政部门要负责从法规、制度、培训、监管等方面加强全国的会计工作，其他主管部门都要加强对基层单位的会计监督。

根据“约法三章”，所有企业、事业单位必须依法建账，保证会计工作的秩序和会计信息质量；认真培训和大力提高会计工作者和注册会计师的政治素质、业务能力和职业道德，凡单位领导人授意、指使、强令会计人员编造篡改会计数据、弄虚作假，损害国家和社会利益的，必须严肃追究其法律责任，会计人员参与作弊的也要追究其责任；财政部门要从法规、制度、培训、监督等方面全面加强会计工作；并要求在全国范围内开展一次整顿会计秩序的活动，对工商企业整顿的重点是造假账、隐瞒盈亏的真实情况、资产流失、乱摊成本、搞小金库、挪用资金、炒买炒卖等。对整顿中查出的问题，要严肃处理，严明法纪。

随后，绪缨先生发表了《会计信息失真问题剖析》一文。在文中，绪缨先生指出，“约法三章”本质是要在会计领域开展一场打假活动，以解决当前普遍存在的会计信息失真问题。会计信息的失真，有会计领域内部的因素（如会计人员的素质问题和会计准则、规章等尚不完善），也有会计领域外部的因素。

> 会计信息的真实性是会计信息的生命。因此，任何会计信息失真现象，都是同会计的本性直接相违背的。由于会计信息是处理各有关方面经济利益关系的重要依据，种种会计信息失真情况的出现，就为某些素质差而又掌握一定权力的有关人员凭借“长官意志”化大公为小公、化公为空、化公为私大开了方便之门。究其

原因，是我国目前尚处于新旧经济体制的转型期，两种体制并存就可能在许多方面存在着矛盾和缺口，为某些不良分子留下可乘之机。他们经不住一些地方流行的“官出数字、数字出官”（即以虚假的数字反映虚假的政绩，欺上瞒下，谋求权位的升迁）的诱惑，在利益的驱动下，通过“以权扰数”，达到“以数谋官”“以数谋位”“以数谋私”的目的，从而导致国有资产的大量流失。

…………

根据朱镕基副总理提出的整顿会计工作秩序的“约法三章”，我认为，当今之计，首先要严肃法纪，严格使一切经济活动都必须在法制的轨道上运行，真正实现经济活动的法制化；同时要严于执法，坚决克服一段时期以来曾经出现的法纪松弛、惩治不力（特别对涉及较高层领导的违法、违纪行为惩治不力）的错误倾向，以维护法律的尊严，使之对一切违法违纪行为形成一种强大的威慑力量。改革开放以来，在会计领域虽已颁布了一些相应的配套性法律、法规和制度，但同样存在着有法不依、执法不严、处理偏宽的情况，使之难以收到预期的效果。为扭转这种情况，需要从许多方面做艰苦的工作。但我认为，其中强化《中华人民共和国注册会计师法》的全面贯彻执行，在大力提高注册会计师的政治素质、业务能力和职业道德水准的基础上，充分发挥独立、超然并具权威性的会计师事务所作为社会中介机构的专业性社会公证与监督职能，对于提高会计信息的质量和可信度，是至关重要的一环。

第六章

道德文章众敬仰
鹭江内外大师成

第一节

山河故人　佳偶天成

只有饱经忧患的人才懂得欢乐，只有经过磨难的人才会预感到仁慈的最后赦免。

——茨威格《人类群星闪耀时》

可以说，绪缨的少年时光，一直是在颠沛流离中度过的。在那个医疗条件还不发达的年代，疾病和意外始终困扰着生活在这片土地上的人们。在绪缨9岁那年，父亲余昌灏便因病离世，这让绪缨过早地遭遇丧父之痛。真是祸不单行，在父亲去世后两年内，已经出嫁的大姐和二姐也相继离世。除了绪缨，这时家中只剩下长兄绪绂、三姐菱英、大妹凤英和小妹鹤英。绪缨是家中成绩最好的一个，也是当时整个靖安县唯一一个考上大学的学生。绪缨优异的成绩给余家增添了脸面。无论是母亲钱采菊，还是哥哥绪绂、姐姐菱英，都无条件支持绪缨走出靖安，走出江西，到更远的地方看看。

就这样，带着全家人的希望，绪缨考入了已经转移到偏远山区长汀的厦门大学。对绪缨来说，这趟大学之旅不仅是为了实现自己的梦想，更是全家人的美好期盼。在那个动荡的年代，在炮火和硝烟中，这个梦想是那么脆弱而易碎。

在江西省立商业学校读书的前几年，绪缨的生活费和学费一直是由母亲和兄弟姐妹们供给的。1938年靖安沦陷后，绪缨和家里失联了，只得靠“战区贷金”（沦陷区学生可免交伙食费）和业余工作金来维持生计。

而此时在靖安，余家人不仅担忧着绪缨的安危，更是遭遇着前所未有的痛苦。1938年，靖安被日本军队侵占后，余家原有的田产已基本卖光，房子、衣物也都被日本人烧了。家乡沦陷期间，一家人过着流亡的生活。绪缨曾听家人说，由于家里有人在外念书，按当时的例规，村子及余家宗祠给予了一些经济上的帮助，但仅够糊口。

1945年9月2日，日本代表在投降书上签字，侵华日军128万余人向中国投降。至此，中国人民抗日战争胜利结束，世界反法西斯战争也胜利结束。中国人民经过长达14年艰苦卓绝的斗争，取得了抗日战争的伟大胜利，但也付出了巨大的代价，造成了3500万余人的伤亡。

抗战胜利后，国民党政府的无能和腐败并没有让中国的经济得到好转。当时的农村，土地兼并问题严重，地主兼并了大量田地租给佃户，掠取了大量财富。农村经济日益衰落，广大农民依然生活在水深火热之中。当时的学者曾发文指出：“我国的农村生活，衰落已达极点。无论从哪一方面去看——社会方面、经济方面、政治方面、教育方面，都是一点生气也没有。”[①]

绪缨曾于1948年夏天回到靖安，当时的景象令他极为震惊。虽然他在1946年开始任助教后，每月都会寄一部分工资回家，负担母亲等人的生活费，但目之所及，全家人的生活仍然十分拮据，全家大小都挤在一间原本是别人用作猪舍的破屋里。此时的哥哥、嫂嫂都是佃户，租种着邻村地主的田地，连用的牛都是地主家的。

---

① 王先明、吴瑕:《试析20世纪前期乡村危机的社会关怀——以〈东方杂志〉为中心的历史考察》，《历史教学（下半月刊）》2013年第1期。

而1948年冬，哥哥绪绂被国民党抓去当壮丁，从此失去了联系。后来听同乡说，哥哥已经在军队中病死了。中华人民共和国成立后，绪缨的嫂嫂带着二女儿改嫁给了同村的农民，大女儿与绪缨的母亲一起生活。

抗战胜利三年多，但农民的生活却没有丝毫的改善，这让绪缨极为愤怒。绪缨一路所见，全国都陷入了通货膨胀的恶性循环中，土地被地主牢牢把持，农民生活仍旧水深火热。这样民不聊生的景象让绪缨对国民党和国民政府彻底失望。

根据《大公报》1948年的统计，以战前的生活指数为比较基数，8月上半月的食物价格上涨了390万倍，住房价格上涨了77万倍，衣着价格上涨了652万倍，比7月下半月平均上涨了90%。

另一家媒体《观察》杂志在《七个月来的中国经济情势》一文中也给出了相同的数据分析，刊文指出，八年多的长期抗战，物价不过涨了2400倍。抗战胜利迄今还不满三年，上海物价较之民国三十四年（1945年）却已涨了1.4万倍。尤其民国三十七年（1948年）以来，更是惊人。1948年7月第三周的物价总指数为战前的478万倍，较之去年12月最后一周上涨了30倍。纺织、燃料、食物这些主要必需品价格的剧烈上涨，是人民生活负担加重、人心恐慌的由来。

正是因为看到了国民党的腐朽与堕落，绪缨的小妹鹤英在解放战争期间选择加入中国共产党，改名为“余麟”，在第四野战军第48军卫生部工作。鹤英多次立功，获得了许多荣誉。但天不假年，1956年，鹤英在河北省第六野战医院病逝。之后，部队给鹤英母亲发了几百元抚恤金，鹤英母亲在家乡享受烈属待遇。

随着中华人民共和国的成立，土地改革在农村地区轰轰烈烈地开展。1950年，靖安全县开始进行土地改革，农民分到了土地。据县土改委员会统计，贫下中农及其他阶级共1.3万户4.29万人，共分得土地7.37

万亩，每人最多分得土地3.5亩，最少的1.2亩，平均为1.7亩。农民安居乐业，生活得到了极大的改善。

这让远在厦门的绪缨安心了许多，但他依然按月将工资收入寄回家去，为母亲和姐妹补贴家用。1950年，绪缨已经28岁，由于一直醉心学术，始终没有寻觅到佳偶。对此，家里人挺着急，母亲极为关心绪缨的感情情况，经常去信询问是否已有中意的女子。

此时绪缨已经担任厦门大学会计学系的助教四年多，拥有了一份在当时被人艳羡的工作。

也正是在1950年，女学生郑秀治成功考入了厦门大学，成为一名会计学系新生。郑秀治是厦门本地人，家住鼓浪屿。母亲陈宝早年间离异，一人拉扯大两个女儿，在鼓浪屿的龙头街经营着一个小小的杂货铺。母女三人日子虽然过得辛苦，但也和和美美。

秀治的大姐17岁便已结婚，姐夫是商人。但在婚后两年，姐夫被侵略厦门的日本军队当街抓走后残忍杀害，只留下年幼的女儿和尚未出生的儿子。一家人在悲痛之余，只能强忍泪水，继续艰难而努力地生活。

秀治从小听话聪颖，学习成绩一直不错，从鼓浪屿毓德女子中学毕业后，以优异的成绩考入厦门大学会计学系。在读期间，秀治还在位于南普陀寺的东澳小学兼职教书，每月挣300斤大米养家。

当时的会计学系隶属于刚刚更名的财经学院，秀治所在的1950级本科整个专业共有70名学生。这70名学生中，也涌现出不少知名人士，比如留在厦门大学任教的汪慕恒教授。汪慕恒曾是会计学系安永瑞教授的助教，不久即独立讲授成本会计课程，曾发表过多篇会计学论文。1957年后，汪慕恒被调入厦门大学南洋研究所工作，退休前曾任该所所长。另一位则是金融家黄涤岩，曾任中国银行副董事长、中银集团港澳办主任，为香港中银大厦落成、中国银行在香港发行港币及香港回归献力献策。还有一位则是担任过北京电子管厂总会计师的原孝钟，他也是如今京东方科技集团创始人王东升的“伯乐”。原孝钟曾对下属王东升说：“你本来应该去电子部报到，被我要来了。干企业比蹲机关更好，我看你的专业基础比较扎实，又是班长，好好干，要有奋斗精神，要成为专家，要‘实业报国’。”[①]在原孝钟的栽培和举荐下，财务专业出身的王东升31岁便成为北京电子管厂的副总会计师兼财务处处长，为后来创立京东方科技集团打下了坚实的基础。

在这70名学生中，秀治的成绩一直名列前茅。虽然家庭并不富裕，但秀治始终乐观坚强，不仅保持着优异的成绩，还积极参与各类活动。秀治吹得一手好口琴，会素描，还曾上台表演单打腰鼓。体育成绩也很好，尤其擅长短跑。

当时会计学系的大部分课程都由绪缨先生和葛家澍先生两人讲授。由于大家年龄相仿，无论是课上还是课下，师生之间都没有太多隔阂，经常一起参与活动，关系极为融洽。正是在这样的环境下，还是会计学系助教的绪缨便注意到了学习成绩优秀、年轻漂亮的秀治。二人相互倾慕，很快便确立了关系。

绪缨先生和葛家澍先生都是“师生恋”。汪一凡教授在《厦门大学会计系往事（八）》中讲述：

> （余绪缨、葛家澍）两位先生都是“师生恋”。谈恋爱时，葛学长比较高调，常在课后到女生宿舍，等待佳人下楼来。余学长则是“地下工作”状态，据余师母的大学班长回忆，读书时，同班同学们对此一无所知，是毕业后他们要结婚时才知道这事的。
>
> 成功的人生当然会引发人们各方面的追随和学习，以至于若干年后，他们有几位弟子也“上行下效”，都属于“和学生抢女朋

① 张超：《他在22年前的一个决定，让中国少了家房产公司，多了一块屏》，https://ms.mbd.baidu.com/r/Lm9tvW6L84?f=cp&u=d0aa0729960fcbaa。

余绪缨先生夫人郑秀治女士（摄于20世纪50年代末）

友”的。在本系师兄弟们的笑谈中，“师生恋”是最值得传承和发扬光大的本系优良传统，没有之一。

和现在青年教职工的烦恼类似，当年厦大的住房也相当紧张，他们也要面对住房问题。葛学长的住房安排在鼓浪屿，为节省时间，平时在校住集体宿舍，每逢周末才能回去。余学长结婚后，因从校方未能及时分到住房，只好借住在厦门籍同事哥哥家楼下闲置的房间（中山公园南门对面福华里一号，今已拆除）。

在秀治的班上，还有一对浪漫的“师生恋”，秀治的同班同学杨菊卿后来嫁给了年轻的经济学系的助教罗郁聪。后来，罗郁聪成了厦门大学经济学系教授、博士生导师，参与创建了厦门大学经济学院并任副院长，是国内研究马克思主义经济思想的权威专家。

经过了几年的甜蜜相恋，绪缨先生和秀治女士便进入了谈婚论嫁阶段。然而，在绪缨先生去鼓浪屿见丈母娘时，却遇到了小小的挫折。秀治女士曾向女儿们回忆，当时母亲陈宝“嫌弃”绪缨先生长得太瘦。为此，绪缨先生专门去做了体检，随后向丈母娘展示了自己的体检单，以证明自己“虽然瘦，但是身体很健康，没什么毛病”。

1953年，“一五”计划如火如荼地开展。国家号召全国大专院校学生提前毕业，奔赴生产建设的第一线。秀治女士这一届的大三学生都响应号召，提前一年毕业，由国家统一分配工作。也是在这一年的正月十六，绪缨先生和秀治女士如期成婚，婚礼在鼓浪屿举行。那日厦门天气不好，风雨如晦，一群厦门大学的老教授为了参加婚礼，坐着小船驶向鼓浪屿，风浪渐起，小船在风浪里摇摇欲坠，看得岸上的人心惊胆战。

好在一切平安，婚礼也如期顺利进行。二人的婚礼由厦门大学校长王亚南证婚。王亚南还向他们赠送了对联，可惜在“文革”中被抄家后，这副对新婚夫妻充满美好祝福的对联不见了踪影。当时婚礼的盛景，如今只能从结婚照上体会一二。在照片里，绪缨先生和秀治女士都戴着“厦门大学”的校徽，秀治梳着麻花辫，眼睛里带着满满的笑意，绪缨左前胸的口袋里别着一支钢笔，戴着帽子，神情略带羞涩，眼睛炯炯有神。

婚后的生活恩爱甜蜜自是不言而喻。二人专业相同，因此经常一起讨论专业问题，琴瑟和鸣，令人好不羡慕。秀治女士毕业后，分配到省卫生厅任清产核资委员会会计，大女儿出生后调回厦门，在市文化处、市工业局、轻化工业局等单位从事会计工作。在家里，秀治女士经常与绪缨先生提及、讨论会计的实践问题，并经常帮绪缨先生抄写、誊清文章或教材的稿件。原本秀治女士凭借着优异成绩，在厦门大学留校工作是不成问题的，但绪缨先生执意不肯，坚称要让秀治女士在外面多多实践，亲身体验。秀治女士在企事业单位工作得极为出色，是中国最早的一批高级会计师之一。在改革开放后，注册会计师开放考试，年事已高的秀治女士还去参加了考试，成了一名注册会计师。

1953年12月，秀治诞下一女，取名健娜。健娜记得，小时候父亲工作忙碌，家中的事情都由母亲和外婆操持。健娜回忆：

外婆虽说没什么学识，却是一个非常了不起的人，她有胆识有担当，对家人后辈关爱备至，不辞辛劳，对任何人都真诚付出，不遗余力，不求回报。

父亲少小离家，长年孤身一人在外求学，身体瘦弱且时有头痛失眠等毛病。外婆精心用饮食和偏方给他调理，渐渐地都好了。几十年如一日，无微不至。他们亲如母子，父亲对大姨的儿子女儿也是视如己出，我们三姐妹和哥哥姐姐一起长大，感情十分深厚。父亲老年时，哥哥姐姐及他们的子女也对姨丈（丈公）孝顺有加。

余绪缨先生与郑秀治女士结婚照（摄于1953年初）

外婆去世时，父亲刚好在北京参加民盟中央会议，据参会的委员说，得知噩耗，他非常难过，忍不住悲痛落泪。

外婆的人品好、人缘好，她住过的厦大宿舍楼里，很多人家都被她帮衬过，大家都亲切地称呼她“阿宝姑”或“余先阿婶”。大字不识几个的她，葬礼上去了好多教授先生……

由于家里家外有外婆和母亲操持，大姨在工余时间也帮忙做家务，父亲一辈子不怎么操心家事，得以专心治学，有所成就。

健娜还记得，1961年暑假，当时母亲已在市工业局任职，又是本地人，所以没有年假或者探亲假。因两个妹妹年纪还小，所以由只有7岁的她和父亲一起回老家江西靖安看望奶奶和姑姑等亲人。那是绪缨先生婚后首次回到老家。

母亲和外婆给准备了不少礼物，父亲拎着两个鼓鼓囊囊的行李包，肩上还背着一个包，我自己也负责一个包。火车上人很多，没座的旅客挤满了车厢。虽然第一次出远门非常开心得意，可是没过多久我就晕车了，要吐，把父亲弄得手忙脚乱的，幸好同车的旅客和列车员帮忙照顾。

好不容易到了鹰潭站，下了车要赶紧换站台转车去南昌。记得要过天桥，我紧紧跟在父亲身后，吃力地快步登上高高的台阶。因为行李多又重，父亲的速度不够快，被一伙抢道的年轻人推搡，他赶紧停下来护住我，摇着头瞪着眼嘴里念叨着“岂有此理”，真是“秀才有理没处说”啊！到了南昌，离靖安还有大半天的车程，我们在裘教授（裘宗舜）家住了一晚上，父亲和老朋友相见分外高兴，聊得尽兴。

第二天，我们搭乘长途车回靖安老家。依稀记得，裹着小脚的奶奶扶着墙出来接我们，难以想象那么多年见不到儿子的面是什么样的体验！依稀记得，奶奶床边的两个大缸，一个装红枣一个装鸡蛋，不知攒了多久。在靖安老家的那几天，每天都吃。清楚地记得，那几天父亲食欲极好，三顿都是干饭配炒鸡蛋还有辣椒炒的菜。清楚地记得，靖安城外那条清澈见底铺满鹅卵石的河（溪）。依稀记得，离家时奶奶的眼泪和父亲的不舍，还有非让我们带上的煮鸡蛋和红薯……

那年头物资供应紧张，火车上没卖餐饭，病号和小孩隔很久才能买一小块点心，舍得掏钱买的也寥寥无几。奶奶给的一小布袋鸡蛋和一袋红薯不仅充实了我们父女的胃，也被父亲分享给了同车的大人小孩。

谁能想到，那是绪缨先生和母亲的最后一次见面。没过几年，便传来了母亲病逝的消息。绪缨先生悲痛不已，把自己关在房间里不肯出门。秀治带着三个女儿上街买孝衣和戴孝的头绳，一家人都沉浸在失去至亲的痛苦之中。

绪缨先生想到母亲对他的满满爱护之心。少小离家时母亲的殷殷嘱托，学业有成时母亲骄傲的笑脸，回家探亲时母亲的惊喜神情。如今逝者已矣，生者如斯。绪缨先生看着年幼的三个女儿因为祖母的离世而哭泣，他挨个抱了抱女儿，内心亦泛起感动和慈爱之情。

在女儿们的回忆里，父亲工作虽然忙碌，但却很重视对子女的教导。这种教导不仅仅是在口头上，还内化在行为上。在讲台上的绪缨先生，指点江山、激扬文字，那种对专业的自信，给女儿们留下了深刻的印象。

健娜记得，小时候母亲曾带她去集美看望父亲。当时绪缨先生正在集美财经学校授课。那时还没有厦门海堤，去集美要坐木质的小渡船，渡船在风浪里颠簸得厉害，她在路上吐得一塌糊涂。

到了父亲的下榻之处，父亲却不在宿舍里，于是母女俩去了父亲上课的地方。健娜回忆道："我在门外看到了讲台前的父亲，兴奋极了。至今仍清楚地记得，当时父亲手里拿着一把长长的尺子，笑容满面，正在跟满满一屋子的人讲话，那神情可以说是神采飞扬，帅呆了酷毙了！"

在那个普遍重男轻女的时代，绪缨先生却从未表达过对女儿们的不满。他甚至略带骄傲地告诉他人：女儿好，女孩安静听话又懂事，不会影响到他看书写字。

由于日常工作极为忙碌，绪缨先生对子女的学习虽然管教不多，但却颇为严格。据健娜回忆，父亲要求极严，即便是小学的作文，到了他的手上也会一改再改：

> 大约小学三年级，有一次作文得了满分，回家兴冲冲把老师写了评语的作文拿给父亲看。满心期待着父亲一言半语的夸赞，没想到等来的是"再改一改"的建议，只好埋头修改。更没想到的是，一改再改，竟然改了四五稿才放过我。相信父亲的弟子们对他这种从严治学的态度一定深有体会。从此，任何作业、考卷我都尽量不让父亲过目，幸好他也难得有工夫关照我们的功课，给我们买书帮我们借书倒是例外。

但向来严厉的父亲也有温情的一面，二女儿伟琪还记得，小时候父亲会抱着她散步，边走路边教她背唐诗。绪缨先生经常参加各种学术活动，常到外地出差，但每次出差都会给孩子们带些新奇的小玩具。因此，三个女儿格外期待父亲回家的那一天。看到父亲回到家，她们便笑着跑过去，看着父亲像变戏法般从包里拿出一个个有趣的小玩意儿。

还有一个温情时刻让伟琪印象极深。刚上小学时，伟琪不敢用锋利的刀片削铅笔。于是父亲便让她每晚做完作业后，把铅笔盒放在他的办公桌上。等他忙完工作后，便会一根根地削好铅笔，再放回铅笔盒里。虽然后来有了转笔刀之类的文具，但父亲坚持用刀片削，边削边跟伟琪讲道理："磨刀不误砍柴工，只有把工具准备好了，做什么才会如虎添翼、事半功倍。"偶尔一两次父亲忘记削铅笔了，还会郑重向女儿道歉："昨晚工作太多太忙，忘记替你削铅笔了，下次补上。"

三个女儿都还记得，小时候家里的书架上藏书丰富，从经史子集到外文专业教材，几乎无所不包。绪缨先生常常在饭桌上或者晚饭后散步时跟女儿们讨论最近读书时的心得体会。健娜记得有天她读到《战国策》里的《唐雎说信陵君》：

> 信陵君杀晋鄙，救邯郸，破秦人，存赵国，赵王自郊迎。唐雎谓信陵君曰："臣闻之曰：事有不可知者，有不可不知者；有不可忘者，有不可不忘者。"信陵君曰："何谓也？"对曰："人之憎我也，不可不知也；吾憎人也，不可得而知也。人之有德于我也，不可忘也；吾有德于人也，不可不忘也。今君杀晋鄙，救邯郸，破秦人，存赵国，此大德也。今赵王自郊迎，卒然见赵王，愿君之忘之也！"信陵君曰："无忌谨受教。"

绪缨先生听罢，缓缓地说："别人对你的好要记住，你对别人的好要忘记。""父亲一辈子做到了，我们也一直以此作为自己为人的信条。"健娜说。

绪缨先生对待自己的学生也极好。还在上小学的健娜有一次周末随父亲参加他带的班级在华侨博物馆的课外活动。大伙儿围坐在榕树下，兴高采烈地聊天、表演节目。同学们提起他们下乡时的趣事，健娜则应邀献唱了一首《谁不说俺家乡好》，绪缨先生乐得开怀大笑。师生之间的感情深厚可见一斑。据健娜回忆：

> 小时候，爸妈带我们到华侨博物馆后山拔过兔草；陪我们坐着小板凳在大生里铁道边的空地上等着看月全食；带我们去厦大大礼堂看过电影、杂技；我在杏林上班时有时要赶早班车，五点多就得出门，爸会陪我走到浮屿长途汽车站；上师大报到时，爸刚好要去福州出差，就陪我坐长途汽车到福州站，看到接新生的人后才跟接他的人走了……

如今回想起来，这些点滴的生活片段仍然时不时出现在女儿们的脑海中。吉光片羽，弥足珍贵。

但一家人的幸福生活没有持续太久，长达十年的动荡随之而来。1966年5月，“文革”开始了，绪缨先生的家里也受到了波及。伟琪记得，父亲不仅被扣了不少工资，还被打成了“反动学术权威”，关进了牛棚。

牛棚里的生活苦不堪言。不仅会“戴上高帽游街”，每天衣服上都会被红卫兵写上“反动学术权威”等字样。和绪缨先生一起被关进牛棚的一些老师对此并不在意，即使是穿着写有字样的衣服出门上街都坦然自若。但极为看重名声的绪缨先生却无法忍受这样的侮辱，每天晚上都会趁着夜深人静把衣服换下来，再换上干净的衣服。

健娜还记得，当时外婆和母亲对父亲的精神状态极为担心，担心他不堪受辱：

> “文革”时受冲击，很多人不堪欺辱寻了短见，同文路邻居就有一对外文系父子自缢身亡。父亲被游街回家后，外婆、大姨把家里的刀具绳索都藏起来，晚上轮班看着，生怕一不留神出了意外。

当时母亲被圈在郊区“学习班”，得知消息千方百计请了假，骑着自行车赶回家。第二天母亲回“学习班”，父亲在窗口一直目送她，母亲推着自行车也是一步三回头。

最终绪缨先生以强大乐观的精神坚持了下来。在他内心中，一直保持着对真理的信仰。他相信邪不压正，相信总有一天会有出头之日。为此，他期盼着、等待着、准备着……

即便是在这样艰苦的环境下，绪缨先生依然以最大的善意对待老师们和朋友们。当时一家六七口人居住在同文路狭小的厦门大学宿舍里，原本就颇为拥挤。但当校园里发生严重武斗时，绪缨先生先后接济了老系主任肖贞昌教授，以及同事的儿子即著名经济学家、厦门大学教授钱伯海的儿子。

据伟琪回忆：

一家人虽然居住环境拥挤，生活也不富裕，但家人们都支持父亲的决定，尽可能给客人提供较好的住宿和三餐。我们在家里的最佳位置为肖教授搭了个临时的单人床，父亲更是对他的起居饮食关怀备至，师生俩总有说不完的话。肖教授对外婆做的饭菜总是赞不绝口，也很欣赏外婆豁达开朗、吃苦耐劳的品格。

越是艰难时刻，那些美好的精神品质就越闪耀。钱教授的孩子和余家的三个女儿年龄相仿，大家关系也颇为融洽，时常一起打闹。绪缨先生偶尔也会考教四个孩子的功课，有一次以《冬天来了》为题，让孩子们写一篇作文，并加以点评。

1966年6月，正值“文革”初期， 绪缨先生被列为“执行修正主义教育路线的反动学术权威的重点批判对象之一” 。绪缨先生因此受到了批斗，还被抄家、游街、关牛棚，饱受折磨。

在牛棚里，绪缨先生每日的工作主要是扫地和除草，还要接受审查，写交代材料，写得不好便无法过关。绪缨先生的身体一直不好，在阴冷潮湿的牛棚里更是虚弱。伟琪说，当时母亲和外婆便想方设法做些营养品和热乎的饭菜，让她和姐姐送进去。伟琪还记得牛棚里光线昏暗，父亲在看英文版的《毛主席语录》，并告诉她“任何时候，都不能忘记学习的重要性”。

正是在这样的身体力行之下，余家的三个女儿即使是在“文革”这样的特殊时期，也没有放弃学习。“文革”爆发时，大女儿健娜刚上完初中一年级，学习的外语还是俄文，之后便进入工厂工作。绪缨先生专门为她买了一台收音机，以便她学习外语。于是，健娜便跟着收音机从“ABC”开始学起了英语。

度过了“文革”初期那黑暗的三个月，绪缨先生的情况有所好转。1966年9月以后，绪缨先生等人就转到了农场参加农业生产劳动；1967年4月30日晚，绪缨先生收到通知，他可以参加运动，到群众中去，接受群众的教育，以利于思想改造。

第二节

耳濡目染 女承父业

1976年10月，“文革”终于结束。持续十年的混乱状况终结，社会生活也逐渐走向正轨。

1977年8月4—8日，在北京人民大会堂江西厅，第三次复出的邓小平主持召开了科学和教育工作座谈会。在会上，邓小平在听取了众多专家学者的建议后，直接表态：“既然大家要求，那就改过来，今年就恢复高考。”

随后，国务院批转教育部《关于一九七七年高等学校招生工作的意见》，中断了11年的高考制度终于恢复。报考条件极其宽泛：应届高中毕业生可以报名，高中毕业或具有同等学力的也可以报名，所以无论是工人、农民、上山下乡和回乡知识青年，还是复员军人、干部，只要符合条件，都可以报名；政治审查主要看本人表现，破除唯“成分论”；德智体全面考核，择优录取。

1977年10月，恢复高考的消息正式公布，像秋天里的一声惊雷，唤醒了千万个中国青年沉睡的梦。广大知识青年意识到自己的命运不再决定于他人，不再由出身和关系来决定，而是能通过自己的努力来改变，通过公平竞争来决定，这确实是一个令人兴奋的特大喜讯。

厦门大学教育研究院院长刘海峰在《1977年，邓小平如何决策恢复高考》一文中，细致地描写了当时恢复高考时人们激动的心情：

> “忽如一夜春风来，千树万树梨花开。”1977年的冬天无疑是中国教育史的春天。知识青年欢欣雀跃，奔走相告，踊跃报考。从1977年10月21日正式宣布恢复高考，到12月中旬真正进行高考，所有准备高考的考生和家长都有种兴奋莫名的情绪，许多家庭都有两个以上的子女准备同时参加高考，全民都在议论恢复高考这件事，整个社会的神经都被高考所牵动。每个中学都为自己的各届毕业生辅导备考，每一场辅导课都挤满了听众，每一个精于辅导的老师都十分受人尊敬，每一个善于答题（尤其是数学题）的备考者都受到人们的钦佩。大家都有一种兴奋、好奇、期待、憧憬的心理。
>
> 经历过11年的中断，谁都不知道真正的高考会是什么样。虽然大家明白各高校招生人数不多，但没有人知道确切的招生数字，谁都觉得自己有可能考上，谁都觉得自己不见得考得上。当时绝大多数人确实都是抱着“一颗红心，两种准备”的心情进入考场的。
>
> …………
>
> 这是一种空前绝后的场景。与考者经历五花八门，年龄差距大，不仅有兄弟、姐妹、师生同考的情况，还有叔侄同考、夫妻同考的现象。当时能步入考场者，都带着一种兴奋、好奇，以及些许紧张的心情，还感到一种神圣的感觉。1977年淳朴考风，考场绝少人想作弊。当年在吉林监考的老师裴先生说：“当时没有一个打小抄的。考试结束后，也没有一个说话的，大家都带着神圣的表情离开考场。”

统计数据显示，这一年全国最后实际考生570万人。后来经邓小平提议，国家计委、教育部决定扩大招生，扩招本科2.3万人，各类大专班4万人，共扩招6.3万人，扩招比例达29.3%，最后录取了27.29万人，按考生比例来算，是21：1，录取率为4.8%。这是中国高考史上最低的录取率。

在堪称“千军万马过独木桥”的1977年高考中，共聚集起了13届的考生，有最多的报考人数，但正式准备考试的时间却仅有短短一个多月。这使得脱颖而出的人大多是基础比较好的，或者是比较有毅力的人。这些人在“文革”期间依然坚持学习，有着强烈的信念感。

健娜说：“‘文革’的那几年，父亲仍然坚持做学问，为之后创立中国管理会计理论打基础作准备。在他的指导下，我得以自学中学的数学课程，同时父亲还亲自关照，让我从‘ABC’开始学习英语。父亲对我们说，‘你们要相信知识总会有用的’。正是得益于父亲的督促和坚持，我这个在‘文革’前只上过一年初中，没学过英语的孩子，才能在1977年恢复高考时，幸运地赢得‘入场券’，考入福建师大外语系英语专业。毕业后，我也追随父亲成为一名园丁，一辈子无怨无悔！”

“幸运之神总是眷顾有准备的勇者”，在1977年的这次高考中，余家三姐妹竟然全部都考上了大学。这既是运气，也与在父亲的耳濡目染下女儿们养成的良好的学习习惯有关。这让绪缨先生十分欣慰。那几天，绪缨先生的脸上总洋溢着微笑，觉得女儿们很给他争气。在那一年的整个厦门市，像余家的三个女儿一并都考上大学这种情况，可谓凤毛麟角。

有同事来询问绪缨先生平日里是如何教育子女的，绪缨先生笑称：“没什么方法，平时我都不怎么管。”对方则笑答：“不管也是种好方法，不强迫孩子拼命读书学习，潜移默化地影响他们。”

其实，三个女儿本来有希望一同考入厦门大学，为这段佳话再增添一丝传奇色彩。大女儿健娜报考的是福建师范大学的英语专业。原本健娜的高考成绩极佳，但绪缨先生担心她年龄偏大，不符合厦门大学的招生要求。当然如果找关系完全不成问题，绪缨先生则坚持底线，绝不用自己的地位和权力谋取私利，因此建议健娜报考福建师范大学的外语系。

而二女儿和小女儿则分别考入了厦门大学的海洋系和生物系。对此，绪缨先生也充分尊重孩子们对专业的选择。其实，二女儿伟琪此前曾在厦门市思明区的区办工厂里做过一段时间的会计，有着不错的会计基础，加上数学成绩不错，报考会计学系似乎是顺理成章。但伟琪在工厂里做会计的经历并不快乐，“到了财务报表的时候就特别忙，当时又没有电算化会计，要处理一大堆密密麻麻的图表和账目”，加之当时受“学好数理化，走遍天下都不怕”的风气影响，在一番权衡后，伟琪还是坚定选择报考海洋系。对此，绪缨先生曾问伟琪为何不报会计学专业，在听到她的回答后，先生略微点头，没说其他话。

考上大学，对每个人来说都是一生的重大转折，尤其对经历了特殊时期的众多学生来说，大学生活无疑就像天堂一般。在大学里，这批大学生展现出了极强的求知欲。他们知道自己已足够幸运，赶上了极好的历史时期，因此在上学期间养成了顽强拼搏、刻苦向上的精神。

伟琪记得，当时大家进入大学后都在如饥似渴地学习知识，下了课就飞奔去图书馆、阅览室，几乎没有人松懈。

因“文革”而中断了十余年的职称评定工作终于又被摆上台面。1978年，绪缨先生从副教授升至教授。一家人终于因此从同文路狭小的宿舍搬进了厦门大学的教授楼——凌峰楼，后来又迁至敬贤楼，拥有了一个三室一（两）厅的居所。这在当时已经是条件极好的宿舍，只有一些资历较老的教授才能享受到这个待遇。

正是在这个被称为“教授楼”的建筑里，绪缨先生完成了大量经典学术成果。此时的绪缨先生已经56岁，虽然体力不如青壮年时期，但头脑依旧十分清晰。大量的阅读和思考终于厚积薄发，从70年代累计至今的对学术的满腔热情，终于找到了时机喷薄而出，化成闪耀着光芒的卷卷经典。

当时，著名理论经济学家、厦门大学教授胡培兆和夫人也住在敬贤楼。胡培兆夫人曾跟伟琪说，在敬贤7、8、9号三栋楼里，余先生家的灯光总是最晚关的，足以见得余先生的勤奋。

醉心于学术的绪缨先生，在生活上颇为随意、不拘小节。先生平日里生活极为简朴，只要饭菜有营养，从来不在乎吃些什么。即便生活条件好了以后，也是保持有肉蛋奶即可，对鱼虾蟹之类的海鲜并不喜爱。但绪缨先生的口味仍然保持着江西人的本色——爱吃辣。虽然吃辣的能力在厦门海风的熏陶下大打折扣，但即便是到了晚年，肠胃不好的先生也依然偏爱带些辣味的饭菜。

在衣着上，绪缨先生更是难以想象的简朴。很多时候，衣服都是在家人的催促下才会挑选购买。绪缨先生的口头禅便是："新三年，旧三年，缝缝补补又三年。"衣服破了也时常不在意。

伟琪说，1975年，她所在的工厂发放福利，每个职工都可以领一双皮鞋。她想到父亲的皮鞋已经很破旧，很久没有换过，于是对父亲说，把这双皮鞋送给他。绪缨先生刚开始并不答应，认为自己的皮鞋还能穿很久，但架不住女儿的劝说，最终决定接受女儿的好意。但绪缨先生却怎么也想不起来自己的鞋码。无奈之下，伟琪让父亲站在纸板上，拿着笔画出脚的轮廓。伟琪这时才知道，原来父亲1.73米的个头，却只穿38码的鞋。而这双鞋，先生穿了很多很多年。

从20世纪80年代开始，中国逐渐恢复了与海外的学术交流活动。绪缨先生作为会计学界的代表时常去海外参加活动。海外学术出访不仅代表着自己，更关乎中国会计学界和中国学术界的脸面，因此不得不谨慎对待。而每次学术出访活动都有专门的服装购置费，绪缨先生格外重视，用这笔费用买了几套价格不菲的西装，以及领带、皮鞋、衬衫等配套衣物。绪缨先生曾笑着说："丢自己的脸不可怕，但千万不能在国外丢了中国人的脸。"

绪缨先生的弟子、对外经济贸易大学教授余恕莲曾撰文回忆：

我时常去凌峰楼一楼余老师的客厅，听余老师授业解惑，也听余师母抱怨：“只会做学问，只知道他的学生，其他啥事不懂不管不问。”

…………

大约是1992年前后，余老师自美国讲学归来路过北京，我和先生去余老师下榻的宾馆看他。余老师见到我们很高兴，问家庭谈学问，满头银发、面色红润，学者气质儒雅谦和。其间余老师说他给外孙买了一架电子琴，暂时缺货。我说外贸大楼就在对外经贸大学不远处，让余老师把提货单给我，等有了货取出给他寄去厦门。就这点小事后来余老师多次提及表示感谢。真的很惭愧，在物质方面我没有给余老师任何帮助。

退休后的秀治女士偶尔也会抱怨先生“退而不休”的状态。伟琪说，母亲常说父亲退休了还在工作。“整天就知道工作，本来说退休了，咱俩就可以一起出去旅旅游，周游一下世界，如今看起来也没什么希望了。”秀治女士性格较急躁，面对满屋子的书籍和资料，常常是边收拾边唠叨，说家里这么乱都是先生的书乱放导致的。对此，先生则笑答：“你不懂，这叫乱中有序。”

1989年和1992年，秀治女士终于完成了多年来的夙愿，她陪同绪缨先生前往加拿大、美国和澳大利亚作学术访问，两人同游加拿大、美国和澳大利亚。在风光旖旎的墨尔本，两人拍了一张合照。合照里，秀治女士穿着浅黄色的呢子大衣，挥着右手，神情愉悦，绪缨先生依旧西装革履，表情颇为严肃（先生的二女儿说，父亲不善照相，每次照相都特别紧张）。可以看出，那日阳光正好，二人背后是满目葱茏的绿色和清澈干净的河流，岸边游人如织，数只白鸽在悠闲地觅食。

余绪缨先生与郑秀治女士在澳大利亚墨尔本留影（摄于1992年）

这也是夫妻二人仅剩不多的幸福时光。1993年，长期患有糖尿病的秀治女士因为肾病住进了医院。医院里护工和女儿们都将秀治女士照顾得极好，但绪缨先生依旧不放心，每天都跑去医院探望。遗憾的是，在1993年6月，秀治女士不幸病逝。

二人携手相伴度过了40年的风风雨雨。结发妻子的离世对年事已高的先生来说是一个严重打击。从殡仪馆回来后，厦门大学的一位老师看到绪缨先生正紧握着扶手缓慢地上台阶，连忙跑过去扶着他，询问他情况如何。绪缨先生张了张嘴，却什么话也说不出来，只能向他摆摆手，示意自己没事。

很长一段时间里，绪缨先生都在哀伤的情绪中无法缓解。他每天在家中收拾妻子的遗物，想着这些物件背后的点滴，一时间难以自持，默默地流下泪来。

余绪缨先生与郑秀治女士结婚四十周年留影（摄于1993年年初）

第三节

子孙昌盛　老来慰怀

妻子离世后，晚年的绪缨先生难免孤单寂寞。好在孙辈听话懂事，时常逗外祖父开心，想来足以慰怀。

1988年，伟琪的儿子出生。绪缨先生十分开心，为外孙起名“张一弛”，取意自“文武之道，一张一弛”。面对外孙，一向颇为严厉的外祖父变得十分宽容。一弛从小便跟着外祖父长大，自然不害怕外祖父。绪缨先生对外孙一辈以鼓励为主，“隔代亲”在绪缨先生身上体现得格外明显。

“父亲在饭桌上和一弛总是有说有笑，其乐融融。有一次，一弛向外公告状‘我妈老说我笨’，他接着对外公说‘我之所以笨是遗传我妈，追根溯源，我妈是遗传您’，父亲听了笑得几乎喷饭。”伟琪说。

健娜的儿子笠舟称呼绪缨先生为“阿公”，在他的印象里，阿公的书房和卧室里总是堆满了书，甚至连床上都是书。而笠舟小时候最喜欢做的就是在阿公的书海里寻宝。笠舟回忆道：

从小到大，我一直对阿公惊人的知识感到敬畏。他总是乐于讨论从经济到政治、从中国诗歌到西方文学的任何话题。那时我最大的爱好之一就是在阿公的书海中寻宝，希望有一天，我可以像阿公一样博学。

在我的脑海里，仍清晰地记得童年时的情景：阿公坐在他的旧木桌前，透过厚厚的黑框眼镜，专注地在黄色的灯光下一页一页地写着字。阿公是个热爱工作的人。事实上，我从来没有见过像阿公这样对工作如此热情和勤奋的人。一天又一天，一年又一年，阿公每天工作16个多小时，总是最早起床，最晚睡觉。

我和阿公一起看电视节目也让我印象深刻。阿公和我都特别喜欢中国古装武侠系列。看这些连续剧的时候，他常常会开怀大笑。

…………

阿公一直是个表达真实感情的人。他对每一个人都是真诚的，他觉得所有人都应该实话实说，没有兴趣也没有时间去伪装。他根本不像许多人那样，只关心一个人的外貌、财富、职业、背景或者权力。相反，他会基于人的性格和道德来评判他们。

在当今社会中，很难找到像阿公这样有原则的人。他从不讲究物质财富，也不讲究奢侈的生活，但他的内心有很强的价值观和道德观。他坚信自己是正义的。当他听到社会上发生的犯罪时，他就会感到不安和愤怒。在他的一生中，他关心社会的福祉，并总是贡献他所能做的一切。这些年来，他的慷慨令许多人感动。

小女儿卫平的女儿华雨在澳大利亚出生，在美国长大，回家看望外祖父时，绪缨先生总是笑着叫她“小老外”。

华雨记得，外祖父有一头“爱因斯坦般的头发”，他在家里走来走去，想找些纪念品送给她“来赢得她的开心”。但实际上，那一头“爱因斯坦般的头发”就已经让华雨觉得他是一位很酷的科学家了。对她来说，外祖父也是个很酷的爷爷。华雨说：

> 和爱因斯坦一样，他是一位模范学者。像他这样年纪的人还在工作，而且精力充沛，而他的同辈们在20年前就已经退休了，这简直不可思议。他的办公室里堆满了书，玻璃板下放着一些剪报。以前的学生经常来拜访他，阿公总是和他的学生们一起喝茶，讨论一些我难以理解的事情。

1997年年底，伟琪接到任务要去香港城市大学做几个月的研究项目，丈夫也因为工作关系时常不在厦门，9岁的儿子一弛和父亲的伙食成了问题。绪缨先生几乎不会做饭，外孙也只会简单地煎个鸡蛋、热杯牛奶。于是，伟琪联系了学校招待所的老板，请他们每天定时送两份饭菜，最好每天都能换些花样。但每天这样送饭，祖孙俩也会吃腻。于是一弛隔段时间就会跟送餐者交代停送一两餐，祖孙两人便去附近的肯德基或者麦当劳换换口味，一般是一弛放学后买回来，祖孙俩一起在家享用。为了给阿公变换口味，当年厦大校门外一条街上几家有名的餐厅，一弛都去过。

为了照顾绪缨先生的作息起居，家人为他雇了保姆，刚开始是男保姆，后来考虑到先生年事已高，女保姆更为细心稳妥，于是请了女保姆。绪缨先生刚开始有些顾虑，担心影响不好，但在家人的劝说下还是同意了这个提议。

绪缨先生几乎不会指挥保姆做这做那。保姆每天只需要及时做好三餐便足够了。有趣的是，虽然绪缨先生是享誉全国的会计大家，但在记自家的账本时却极为“粗线条”。他从不在意每日的开销是多了还是少了，经常询问保姆买菜的钱还够不够用，要是用完了一定要记得找他要。

除了研究学术外，绪缨先生最大的爱好就是买书。到了晚年，先生的生活极为简朴和自律，从不抽烟，从不喝酒，也不吃夜宵。每个月最大的开支就是买书。

绪缨先生不仅读书、著书，也偏爱藏书。在昔日的“厦大一条街”上，绪缨先生是晓风书屋的常客。每次去书店，店员都认得这个“买了很多很多书的老同志”。绪缨先生时常对家人以及弟子们讲：“书到用时方恨少。”每次去书店，绪缨先生都会买一堆书回来。有时候书多到根本提不动，只能请店员或者熟人帮忙运回家，或无奈打出租车回家。秀治女士没少因为此事唠叨，但绪缨先生却笑说：“过去厦大有位教授自己有个‘小图书馆’，似乎书还不够，自觉惭愧。教授爱书自有道理，按他的说法，‘不知道别人说了些什么，怎么能说出对别人有用的东西呢？’”

绪缨先生每次去理发，总会带着一大堆书回来，一来二去竟成了习惯。

买到书后，绪缨先生会盖上专门的书章。秀治女士曾请人在地下室里定做了一套铁架子，收纳那些舍不得扔掉又没地方放的书。后来，家人又专门收拾了一个房间充作书房，两侧都打了极宽极高的书柜，但依然放不下，只得又开了一个房间作为“二书房”，即便如此，许多书依然一摞摞地放在地上。这么多的书在旁人眼里，找起来十分费力。但晚年的绪缨先生，头脑清晰，记忆力依旧超群。伟琪还记得，父亲请她帮忙找某本书时，能够清晰地告诉她那本书在哪个房间哪个书柜的第几排。“外人看不懂他的书是怎么排的，但他心里很清楚自己的书都放在哪里。”伟琪如是说。

绪缨先生看书的范围极广，从文学到政治再到科学，无所不包。2007年7月，外孙一弛高考分数出炉，考得全校第二，先生十分高兴。在报志愿时，先生问一弛想报什么学校什么专业，一弛说自己对北京师范大学的心理学专业很有兴趣。平日里，绪缨先生对心理学有所研究，对他这一想法十分支持。

不久后接到入学通知，一弛如愿考上北京师范大学的心理学专业，绪缨先生虽然此时身体已有些虚弱，但仍欣然提笔写诗：

寄语一弛

负笈“京师”志凌云，“心灵世界”奥无穷；

磨剑十年成大器，亲朋引颈望归程！

外公　2007年7月20日

第四节

海内知己 亦师亦友

作为一代会计大家，绪缨先生的精神和品格影响了许多人。其中有不少人因此和绪缨先生成为关系极好的朋友。这些朋友无关乎年龄、辈分、专业，只关乎品德和志趣。

绪缨先生的故交遍布海内外。由于常年前往国外进行学术交流，绪缨先生交往极为广泛。伟琪记得，20世纪90年代每年年底前，都要给父亲的外国友人们寄去贺卡。“厚厚的一大摞贺卡，感觉一天都写不完”，在伟琪的建议下，二人分工合作：伟琪在电脑上打字录入名字和内容，然后用打印机打印出来，绪缨先生再把文字切割下来，贴在贺卡上，这才完成了这项“艰巨的任务”。绪缨先生的研究生有时也会帮忙完成这项任务。

在国内的会计学界，绪缨先生也有众多亦师亦友的故交。首先便是绪缨先生的同班同学，也是后来的同事葛家澍先生。

关于外界对二人颇为微妙的关系的议论，厦门大学的汪一凡教授曾以自己的视角进行了回答，收录在了《那年 那系 那人》中。

从1984年起，我在厦门大学会计学系学习工作已达二十多年，现就我所见所闻，说明他们之间既竞争又合作的关系。

竞争肯定是有的，两位是素质天分相当、各有所长的同班同学，在同一起点上，形成你追我赶之态，当在情理中。但两人互认为对手，谁也不敢松劲地持续长达六十多年的竞争，却是不可思议的。直到几年前，余先生已停招博士研究生了，后来看到葛先生仍在招，应管理学院之请，也重开山门，就是一例。这种现象在中国高校中恐怕绝无仅有，结果达到的高度也可想而知，全国最早评定的四位会计学博士生导师，厦大占了半壁江山，实在是厦大会计学系的幸事。而竞争当然是时有先后的，“既生瑜，何生亮”情结也在所难免，人们看得较多的，可能就在这一面。

但我要说，人生路上，有实力相当的竞跑者陪伴，可说是两位先生相互的幸运，“独孤求败”才不好玩！这是一种良性的竞争，其间充满了不易为人所感知的默契配合与微妙平衡。历来在一些重大问题上，如倡导“资金运动论”“信息系统论”和教材体系编写等方面，他们观点一致，相互补充，形成“厦大学派”；当年我们最喜欢旁听研究生论文答辩，校外答辩委员常是杨时展、杨纪琬、娄尔行、裘宗舜、徐政旦等老先生，发言均大展个人风采，可看性极强，葛余两先生也联袂出席，当校外专家的提问很“刁”，难以作答时，两先生中不是答辩人导师的另一位，言辞间便时有为答辩人开脱解压之意（我个人感觉），但是，若校外专家“火力”不太足时，这另一位的发问同样深刻尖锐，总之都不可能轻易过关；当年，我们这些研究生处于没有“门户之别”的和谐氛围中，在葛、余、常等几位先生家均可自由登门求教，我从余先生研究管理会计，临毕业时，却是葛先生嘱请家叔汪慕恒教授说服我留校的；1995年举行的纪念两先生从教五十周年纪念活动，便是很能说明这种关系的标志性盛会，两位老先生在会上兴致均很高，互相恭维，余先生戏言葛先生的“军功章有夫人的一半”，葛师母在台上笑得满脸灿烂。上海财大徐政旦先生发言时风度翩翩，我身后有人说“上海教授就是有气派”。时任厦门市市长的系友致辞“过去当学生时就学得不好，后来又误入‘旁’途，对不起两位老师”，引起哄堂大笑。……至今思之，仍觉温馨。

五十周年以后，研究生人数增加，须分头指导，加以两先生年事渐高，深居简出，偏听偏信之举，容或有之，后来的同学就渐少目睹两位同时出场了。但是应当说，在六十多年的历史中，两人间良性的既竞争又合作才是主流，况且中国象棋的“王不见王”也是一种人生智慧，漂流者都知道，水深之处波澜不兴，浪花飞溅、跌宕起伏的反而是浅滩，厦大会计学系八十年来形成的文化，就是少有当面冲突，化解矛盾于无形的。2007年9月23日，余先生仙逝而去，葛先生的悼诗表达了这种真挚情感：“惊闻故友骑鹤去，回首同窗泪满襟；一代大师虽永别，所幸弟子有传人。”

在众多会计名家中，绪缨先生对比他大九岁的会计学家杨时展先生格外敬佩。绪缨先生早在20世纪50年代便已与杨时展先生相识，此后交往日渐频繁，绪缨先生认为自己“在全方位受益良多”。1997年，杨时展先生驾鹤西去，绪缨先生为他的遗著《1949—1992年中国会计制度的演进》写序。在序中，绪缨先生悲痛地表示，杨时展先生既是一位学贯中西、卓然有成的大学问家，同时又是一位影响深远、站在时代前列的大思想家：

杨老的一生，既是坎坷的一生，又是光华夺目的一生！他继承了中国历代知识分子的优良传统，并身体力行，他生活在现代中国处于沧桑巨变的一个特定历史时期。但他处变不惊，始终以“天下兴亡，匹夫有责”为己任，从不计较个人得失。因而他能高瞻远瞩，洞察时代风云，坚持真理，义无反顾地为国家、民族的利益而竭尽心力。不管个人的处境（顺境抑逆境）如何，他总是刚直不阿，从不曲学阿世，随波逐流，看有权势人物的脸色作违心之论，他学博思精，见微知著，即使在风雨如晦、极左思潮泛滥的年代，也能“言人之所不能言，言人之所不敢言”，为兴国利民而鼓与呼！古语云：“千人之诺诺，不如一士之谔谔。”“诺诺”误国，“谔谔”兴邦而今已成为众多有识之士共同的心声。惜乎杨老生前许多切中时弊、深具真知灼见的“谔谔”之言，不仅未被当时的一些当权者所认同，反而被视为异端而使他长期遭到无端的政治迫害而历尽艰辛！此种令广大士人仰天长叹的历史教训，今后必须深切记起！

杨老一生淡泊名利，清贫自守。其拳拳报国之忱则矢志不渝，老而弥坚！他生命的最后十年，是他毕生学术生涯中最为辉煌的十年！不仅在学术上呕心沥血，取得了众多声蜚海内外的开拓性成果，同时又以其大家风范、言传身教培养了众多出类拔萃、适应新时代潮流的高层次新型会计人才，为祖国的改革开放事业作出了突出贡献！

总之，杨老的一生，寓伟大于平凡，是我国知识分子的光辉榜样！他像一株经霜傲雪、挺拔干云的劲松，将永远为今人和后人所钦敬和仰慕！最后谨撰七言绝句一首，以表深切悼念之忱！

道德文章浩气存，峥嵘岁月显精神。

澎湃心潮难自已，几回掩卷哭英魂。

1998年3月

在与绪缨先生交往的亲友中，既有权高位重的官员，也有郁郁不得志的学者，但先生总是平等看待。若是某人权势滔天、炙手可热，绪缨先生反而会因此避让三尺，敬而远之。

伟琪记得，曾有个远房亲戚在厦门某著名医院做外科医生，十分有名望，去拜访他的人经常是络绎不绝，那时父亲极少和他交往。某一年，这个亲戚因出了医疗事故受了处分，声望大跌。这一年春节，父亲特地带着外婆做的年糕，去给他们一家拜年。“当你春风得意时，父亲不会去接近巴结，反而是在你落魄时，父亲很愿意雪中送炭。”伟琪回忆道。

在厦门大学学习工作了60多年，绪缨先生对这所学校怀着无限的热爱。老同学的聚会，他很少拒绝。

根据1948级校友苏林华的回忆，1998年，他们这届同学在厦门大学举办毕业五十周年聚会，邀请了绪缨先生作为贵宾出席。

> 1998年是我们第23届1948级（虽校方现改称为“1948届”，但在本文中，我们仍照厦大20世纪40年代称呼惯例，照旧不变）同学毕业五十周年，拟举行庆祝大会，而老机电系系友也要同时聚会，遂定在10月7日到10日间两会联合举行庆典。
>
> 10月7日为报到日，夜间在克立楼二楼演讲室举行“预备会”，两会人员全体参加。先由老机电系龙头鲍光庆兄主领、朱思明兄主导练唱校歌及唱《友谊万岁》（按：此歌源自苏格兰名歌“Auld Lang Syne”，后为录影带之配乐）等；并由会务组召集人吴伯僖兄报告与会者应行注意事项及各日活动概要。也许由于今年4月6日晨，我在77周年校庆升旗仪式中的讲词颇得好评，故伯僖兄再度推荐我在10月8日开幕式中为主持人，并代表两会致词。
>
> 开幕式典礼于10月8日上午8时在克立楼三楼会议厅举行，到会者有当年师长、来宾、级友、系友及家属计三百多人，济济一堂。主席台上坐了九位。中间两位：左为现任的林祖赓校长、右为当年

的汪德耀老校长。林校长之左依次为：美洲校友会董事长吴厚沂、泰国校友会主席蔡悦诗、校友总会理事长陈孔立、萨本栋前校长哲嗣萨支唐。汪老校长之右为：台湾校友会秘书长丁世权、菲律宾校友会名誉理事长邵建寅，以及我这开幕式主持人苏林华。

八时前，先由会务组陈华兄逐一介绍到场贵宾。八时正，我起立宣布："厦门大学第二十三届同学毕业五十周年庆祝大会和机电系系友返校重聚大会——现在开始。"接着全体肃立唱校歌，继而我请大家为已故校主陈嘉庚，萨本栋和王亚南校长及已故的师长、级友、系友们默念一分钟。然后我开始我的五分钟献辞，效果如何原不应在此处着墨，不过丁世权学长致词时当场提出，他深赞我的讲词"言情并茂"，并说看到听众中有人拿着手帕擦眼泪；引得我邻座邵建寅兄向我握手致庆。而在贵宾席上，我原不相识的余绪缨教授散场时送给我一篇手写的即景诗作，想来他颇为认同我的讲词。即："地北天南五十年，经邦治国赖英贤；莫道鬓霜人已老，志士何尝有暮年。"①

而会计学系毕业的老同学聚会，绪缨先生更是从不缺席，还会欣然题诗：

为"六七"届同学返校欢聚喜赋

余绪缨

卌载分离各西东，山高水远故园情！

攀登喜遂平生愿，立业常怀济世心！

妻（夫）贤子（女）俊天伦乐，情深意重净无尘！

① 苏林华：《第23届同学毕业七十周年的回顾》，https://alumni.xmu.edu.cn/info/1020/1952.htm。

于今功成名就日，三江五岳万里行！

2006年3月10日

到了晚年，绪缨先生的社交活动逐渐少了许多。只是在每天清晨的时候会去厦门大学的芙蓉湖边散步，常常围着湖绕好几圈才回去休息。这一习惯雷打不动，也成了当时厦门大学早晨最独特的风景线之一。

绪缨先生在湖边散步时，经常会遇到一些老教授、老校工，以及常来晨练的附近居民，先生也不在乎身份，常常和他们相谈甚欢。

于1985年退休的厦门大学海洋系副教授刘光热爱诗词，于是自费办了厦门第一本连续出版的民间诗刊《鹭岛诗坛》。《鹭岛诗坛》创办于2004年3月，到2011年一共39期，收录了全国各地诗友的各类诗词。由于《鹭岛诗坛》完全是刘光夫妇自费筹办的，少不了面临资金问题，但也获得不少朋友的支持。绪缨先生十分欣赏他们的精神，因此也时常赞助。他曾对刘光说："不用在诗刊中感谢我，如果一定要感谢的话，就用化名'未人'吧。"

就这样，"未人"绪缨先生赞助了《鹭岛诗坛》四期杂志，共资助了11000元。

后来绪缨先生仙逝，刘光主编在那一期的《鹭岛诗坛》里撰文悼念"未人先生"：

悼念未人先生

未人先生走了，到每个人都必须去的那个地方去了。那个地方，我说不清楚，有人说是西方天堂，极乐世界，这是人世间有地位的人去的；也有人说，那个地方是阴间，是死掉了的人该去的地方；活着的人生活的地方叫阳间，这大概是华人的观念吧！

余绪缨先生漫步于厦门大学芙蓉湖畔

未人先生是谁？知道的人并不多，我也是去年年中的时候才知道的。或者更准确地来说，是在我和邱贞花接受他对《鹭岛诗坛》赞助的时候才知道的。

未人先生要赞助我们办《鹭岛诗坛》，这是我们的一个要好朋友黄老师告知的，我再三地谢绝了。有一次，未人先生在校园里碰上我，说他要出点钱帮我们办刊。我谢绝了。我表示说，办刊的钱，我们有，我们每个月拿出1000多元离退休金就够了。他说："不是因为你们缺钱我来救济，我是支持你们办刊的意志和精神啊！"我说谢谢，我回家后跟老伴商量。

我们能再拒绝吗？不能的！有一天傍晚，他打电话叫我到他家里去，他交了我2000元。我说，我们要在刊物上表示感谢。他说，不要，不要。我说，要的，所有刊物在得到赞助时都要在刊物上"鸣谢"的。他想了想，便说，那就用"未人"这个名字吧，并且说，未人是他的姓。于是，我们就在《鹭岛诗坛》上用"未人"的名字，表示了对他的鸣谢。

未人先生是谁呢？他就是《鹭岛诗坛》的荣誉顾问余绪缨先生。

余绪缨先生病情极为危急是黄老师告诉我的。我碰到黄老师，他的儿媳正是看护余绪缨先生的护士。他说："据他儿媳说，只能活一二天了。"那天下午，我便到罗耀九老先生家里，谈及此事，罗先生眼眶浸满泪水。我也不知何故，突然说：我想起一副挽联。罗耀九先生叫我念，我便念了：

满腹经纶留后世，一腔热血洒春秋。

第二天，罗耀九先生打来电话，说他也写了一副挽联：

先知先觉、名垂后世，痛一代宗师，率尔永诀；

爱国爱民、情满人间，愿毕生雄策，后继有人。

过没几天，余绪缨先生逝世了。我和邱贞花送了写有此联的一个花圈。近几天来，余老的音容仍留在我的脑际。说真的，我跟余老不是非常熟悉的，我理科他文科，平时几乎没有接触，是《鹭岛诗坛》把我们连在一起。

在此之前，我印象最深的一次是在客串厦门《老教授论坛》，编“人名册”时，好几位编辑都说他很固执，不好打交道，原因是他写的“简介”很长，约三千字，要缩成一千多字。有位编辑找他时被拒绝了，总之，那位编辑觉得不好谈。我得知此事后，要了他的简介作了压缩，就到他家里去了。与他谈了压缩的原因和必要性，并逐一跟他讨论。我觉得他很好谈，并不固执。他很爱写诗，诗也写得好。但他第一次把诗交给我时说：“我对诗的格律没有研究，你给我改改。”他写的发表在《鹭岛诗坛》上的诗，是经过反复讨论才定稿的。我觉得他很谦虚。只是在最后一次，他写了《病中吟》三首诗，我没有想到这是他最后的告别诗，我打电话告诉他，我想到他前埔家里，跟他谈谈这三首诗，他说：不用了，你也不用修改，就用余道隐这个笔名发表吧！

我很迟钝，完全没有想到这竟是他与我的告别之语。

余绪缨先生给《鹭岛诗坛》捐赠四次，共一万一千元。我敬重他、悼念他并不是因为他给《鹭岛诗坛》捐了这么多的钱，也并不是因为他是名人，而是在我和他的接触过程中，我觉得他一身充满了正气。

《病中吟》实际是余绪缨先生对自己的人生总结。其中一首诗如下：

“病中日月长，往事不茫茫！相识满天下，知交最难忘！”

在他临终之时，仍然叨念着“知友最难忘”，我想，他的知友看到他的临终诗时，也会潸然泪下的。

我失去了一位良友，我失去了我的“第二个青春”事业的一位支持者。

呜呼哀哉！尚飨！

第五节

沉疴乍起 后辈殷殷

在绪缨先生的词典里，没有“休息”这个词。弟子们劝先生好好休息一下，先生则说：“古人云，一寸光阴一寸金，寸金难买寸光阴。我年纪已经大了，更得加倍抓紧时间才行啊。人说学海无涯苦作舟，读书学习既是工作也是生活，我不觉得苦反是乐在其中啊，真要我停下来，我倒真会不习惯。”

退休后的绪缨先生依然十分珍惜时间。每天早上5时起床，凌晨1时左右休息，中午稍作休息。他甚至会将晚饭时间和看《新闻联播》的时间重合起来，边吃晚饭边看电视。他身兼数职，会议很多，每次开会回来通常要加点夜战，非把他自己认为耽搁的事情补回来。绪缨先生英文好，能够熟练地说英语，因此他经常收听英文新闻广播和收看英文电视节目，以增加自己的见闻。

绪缨先生的弟子、中山大学教授刘运国曾忆起自己去先生家里时，80多岁的先生依然在收看英文电视节目：

> 绪缨先生治学非常勤勉，心胸也非常开阔，古今中外，他均有涉猎，并不断更新，思维也非常敏捷。记得在他80多岁高龄时，每次傍晚我去他家，都看到他在收看英文电视节目。先生经常追踪

最新的英文文献，通晓最新的研究进展，这些都已经成为他的一种生活方式了。有一次，我在和先生聊天中说他年纪大了，要注意身体，多出去走走、散散步。先生告诉我说，生命在于运动没有错，但最重要的是脑子的运动。今天，自己也已年过半百，回想起来，感觉余先生说得真是精辟。

作为厦门市最德高望重的几位老教授、老专家之一，每年春节都会有厦门市领导来拜访绪缨先生。伟琪记得，某一年父亲还是厦门市政协副主席时，厦门市领导来拜访他，看到父亲住的地方如此狭小，便主动提议为他换一套大房子，说最近正好有一批新房，位置离学校相对较远，但很宽敞。父亲笑着婉拒了这份好意，说自己在这里住得很好，也很满足。这里离学校很近，不管是买书还是到图书馆借书、还书都十分方便。

1995年除夕，绪缨先生望着窗外的万家灯火和漫天烟花，仍怀有“老马扬鞭自奋蹄”之感。

九五年除夕自勉

老矣原知步履艰，盛世不愿此身闲！
传道授业心犹壮，志士何尝有暮年！

但正如小说家司各特说的那样：“时间和潮流，永远不等待人。”快80岁高龄的绪缨先生明显感受到了精力不济。写字的速度在变慢，读书的效率也在变慢……孤独和衰老，像两道如影随形的魔咒，无时无刻不在侵扰着这位老人。

此时，绪缨先生遇到了同为厦门大学退休教授的姚慈心女士。慈心女士年龄比绪缨先生略大，从厦门大学中文系毕业后便一直留校任教。

二人同为民盟的成员，又都是老厦大。就这样，两个单身的老人走到了一起。可惜好景不长，再婚没几年，慈心女士因病医治无效去世，绪缨先生尽心尽力地陪她走完人生的最后一程。

2001年，绪缨先生度过了自己的80岁大寿。他回望自己这一路的崎岖和辛苦，看到如今儿孙满堂、桃李满天下的景象，满怀期待地写道：

八十感怀

岁月悠悠逝不回，八秩回望路岖崎。
传道授业行无愧，越海寻经劳亦微！
喜见八方多才俊，又谙学海有新碑。
更喜桑榆晚景好，尚期报国尽余晖！

2001年10月

进入耄耋之年的先生，身体大不如前。正好楼下邻居要卖房，为了更好地照顾父亲，伟琪便接手了这户人家的房子，劝说父亲搬来与他们同住。

2005年，绪缨先生搬离居住了20余年的厦门大学敬贤楼，迁入新居。搬家持续了几天，搬弄东西的吵闹，一点都没影响他坐在书桌旁专心读书写作。搬家到最后一天，理应将书房清理出来，但他坚持留下正在使用的一大堆书刊文稿，晚上使用。第二天一早，他与家人一同将书刊文稿搬到新居，接着就去做他的学问。

小区是电梯房，伟琪一家住在10楼，父亲住5楼。绪缨先生眼睛有些老花，对家用电器也不甚了解，时常要“呼叫外援”，一通电话打给外孙一弛，一弛便下楼给外祖父调好。这时的绪缨先生显得十分高兴，总会大声夸自己的外孙：“天才！天才！”

余绪缨先生培养的部分硕博士研究生在深圳庆贺余绪缨先生八十华诞合影（前排左五和左六分别为余绪缨先生和姚慈心女士）

2004年，在一次体检中，绪缨先生被检查出患有肝病。为了不让先生挂念，家人在商量后决定向先生隐瞒这一消息，只告诉了先生的少数弟子。家人为了不折腾老人家，选择了保守治疗。

在家人们的精心照料和弟子们的呵护下，绪缨先生的病没有太多的恶化倾向，这让大家都十分开心。就这样安稳度过了两年多的时光，2007年7月，先生的病情突然恶化，让所有人猝不及防。

在7月初的时候，绪缨先生的身体还没有太大的问题。到了7月19日，绪缨先生突然觉得自己的手不太灵活，没写多久就很酸，写不下去。那时，先生有些着急，因为他还有好多东西没写，他并没想到自己得了重病。闲聊时，他还跟伟琪抱怨说："我脑袋瓜还这么好使，手却开始不灵活，这还得了！"越往后，绪缨先生的体力越差了。

作为老教授，绪缨先生一直享受的是一级保健待遇，无须为治疗费用发愁。三个女儿一直劝父亲去医院体检，可父亲却总是一天推一天。在他老人家眼里，只要头脑好使就行，对身体并不是特别重视。到体检报告出来的那一刻，他还不相信自己得了肝癌，且已晚期。

得知自己患的是晚期肝癌后，先生反而有些释然了。正如他在自己80岁时写的那首诗中的句子一般："传道授业行无愧，越海寻经劳亦微！"85年一路走来，先生自觉没有什么愧悔之处，只是还有不少遗憾，遗憾还有书没读完，遗憾还有文章没写完，遗憾还有很多话要说，遗憾无法看着这届的博士生毕业……

于是，绪缨先生作出了决定。他决定不去住院，而是在家里保守治疗，"我还有很多事情要做，去住院浪费时间！"他让家人不要往外声张他的病情，不必告知厦门大学以及相关政府部门，"我不愿意劳烦太多人。他们都有自己的事情，我这只是小事，不要耽误了别人的大事"。连亲如父子的学生，绪缨先生也不愿打扰，怕因为自己的病情耽误了弟子们的工作。

从7月中下旬到9月初的这一个多月，绪缨先生一直在家采取保守治疗，但依然在阅读大量的文献、读书看报……绪缨先生家里每年都订有1000多元的报纸杂志，有中文的，也有外文的，有本专业的，也有外专业的。

这段时间，绪缨先生始终没有停止读书看报，或许冥冥之中有所预感，自己可能再也没有机会回到书桌前畅快地写字读书了。

因此，坐在书桌前的每一分钟，绪缨先生都格外珍惜。对一个肝癌晚期的病人来说，高集中度的阅读需要耗费大量的精力。绪缨先生虚弱地靠在椅子上闭着眼睛休息了一会，揉了揉生涩的眼睛，继续投入工作。绪缨先生一只手拿着放大镜，另一只手拿着剪刀，把认为有用的剪下来做成剪报。右手依然有些颤抖，剪出来的字块也歪歪扭扭，不过慢点做总是能做好的。在绪缨先生家中的客厅里，这期间的读书剪报早已摞了近一米高，这些材料，绪缨先生本打算等他病好后再细看，可惜再也没机会了。

在家中保守治疗的日子里，先生还作了数首诗。其中有：

病中吟

余绪缨

（一）

沉疴乍起已经旬，
儿孙护理倍艰辛！
门庭学子殷殷意，
益感人间有真情！

（二）

良医诊治亦精心，
德艺双馨大师情！
暮年体弱精气乏，
药石难望可速成！

（三）

病中日月长，
往事不茫茫！
相识满天下，
知交最难忘！

2007年8月20日

伟琪说，“‘病中日月长，往事不茫茫！相识满天下，知交最难忘！’是父亲在家中写的最后一首诗，父亲念这首诗时，还边说边解释。他说：‘没生病的时候，日子过得很快，可是一生病，躺在病床上，日子就变得特别长，往事开始历历在目。一生当中结交了很多人，那些知交令我最难忘。’”

2007年9月初，绪缨先生的病情再度恶化，于是被紧急送往了厦门市中医院。这次住院惊动了许多单位，厦门大学、民盟厦门市委、厦门市委组织部、厦门市委办公厅……每个单位都派人来探望，绪缨先生强撑着病体对探望他的人说：“不用来了，只是小事，请大家不用操心。”时任厦门大学校长朱崇实来医院探望绪缨先生时，绪缨先生拉着朱校长的手语重心长地说，希望把厦门大学办得越来越好！

绪缨先生从家里带来了唐诗宋词等古文集。精神好的时候，他会对女儿说：“来，我们来背古文。”从《滕王阁序》《岳阳楼记》到《木兰辞》……尽管语气虚弱，但绪缨先生的背诵却毫无差错，这些都是他背诵了几十年的文章，早已深深地印刻在骨子里，流淌在血液中。

朋友给绪缨先生推荐了2007年第五期的《随笔》，绪缨先生念念不忘，一定要女儿找出来给他看。等找到的时候，绪缨先生已经连翻书的力气都没有了，只好让女儿帮忙念一下目录给他听。过了几天，女婿来陪床，他请女婿念一下这期的一篇文章。于是女婿逐字逐句地慢慢念给绪缨先生听。听完后，先生面带微笑，露出了满意的神情。

临走前，绪缨先生最挂心的还是几位没毕业的博士研究生。躺在病床上的他还特意拜托了同系的同事，请他帮忙关照几位学生。家人问他还有什么遗憾，绪缨先生歪头想了一会，缓缓地回答："我正在写的那本教材，我原本以为我是可以写完的。"

面对替他治疗的医生和护士，绪缨先生总是十分礼貌。住院期间，绪缨先生说的最多的一句话就是"谢谢"。护士量个血压，绪缨先生也会诚恳地向对方致谢。医生说："老先生，照顾你是我们的工作，应该的。"绪缨先生回答道："非亲非故，你们这么照顾我，很感谢。"感知到自己的身体每况愈下，绪缨先生还以微弱的声音安慰医生和护士："如果医不好，也没事，是我的问题，跟你们没有关系。医生治病不治命。"

在病床上，绪缨先生又断断续续写了几首诗，最后一首是9月17日所作。此时的他已经气若游丝，但却坚持着将最后一个作品留在世间。

院中吟

2007年9月11日于厦门市中医院

（一）

一入院门不自由，此身付与医护"囚"。

三怕[①]四难[②]干扰甚，不知何日可出游？

（二）

普天之下病人多，可有资源济普罗。

能入杏林属万幸，但愿甘霖洒沉疴。

（三）

不同层次不同天，资源享用甚殊悬。

鸿沟如此动心魄，社会和谐何日圆？

（四）

史鉴昭昭警世人，天下得失在人心。

苛政岂能延久远，安邦定国赖人文。

病中有感

缠身病魔袭来凶，

抗争竭力志未穷，

躯陷医榻虽无奈，

心游天宇却从容。

弟子同仁意已厚，

儿女亲朋情由衷，

更有“天使”细医护，

济世扶危爱心浓。

余绪缨

2007年9月17日于厦门市中医院

① 三怕：怕点滴，怕测试，怕检查。

② 四难：入睡难，进食难，排泄难，行动难。

弟子们听说绪缨先生病情恶化，纷纷从全国各地赶回来。这让绪缨先生心中有些矛盾，他既想与弟子们再见一面，又怕自己患病的消息让弟子们耽误重要的工作。

陈国钢回忆起自己最后见绪缨先生的那一面：

2007年9月8日星期六的晚上，我接到余老师女儿的电话说余老师患肝癌住院，第二天我就急急忙忙地赶赴厦门，一下飞机就在当时的校党委书记朱之文（也是余老师的学生）的陪同下一起到医院去看他老人家。老人家见到我们非常高兴，拉着我的手问长问短，询问我的工作、生活，并一再叮嘱我好好工作，堂堂正正做人，公公正正做事。由于第二天我还得赶回北京赴美国出差，出门前我还答应回国后再来看他老人家。

万万没有想到的是，在纽约当地时间9月22日晚6点，我接到先生与世长辞的消息。那一刻，我拿着手机泪流满面。我悲痛万分，提前回国赴厦门参加他的葬礼，送老人家最后一程。

北京时间2007年9月23日早上7时，中国管理会计学科的开拓者和奠基人、厦门大学资深教授、博士生导师绪缨先生在厦门市中医院永远地合上了他睿智的双眸，享年86岁。一代会计宗师，就这样离开了这个他眷念的世界。

9月29日，绪缨先生的追悼会在厦门市大生里殡仪馆举行。在追悼会现场，一副黑底白字的挽联格外醒目：

德能当千钧力，天经地义，若世间事事公允，何须先生拍案起

道可传数百年，春华秋实，是弟子人人簿记，应让恩师安息去

余绪缨先生追悼会局部

第六节

大师风采　恩德永驻

如今，绪缨先生已仙逝十五年。关于绪缨先生的许多细节，似乎在逐渐模糊。

“只有被遗忘才是真正的死亡。”经历过岁月的磨砺后，绪缨先生的形象反而更加清晰起来。

在家人和弟子的记忆里，绪缨先生一直没有走远。每当自己感到心力交瘁、试图放弃时，绪缨先生在昏黄的灯光下苦心钻研的形象总能跃然眼前；每当自己止步不前、萌生退意时，绪缨先生那犀利睿智的眼神总能让人忘记顾虑，勇往直前；每当自己遭遇抉择、游移不定时，绪缨先生的谆谆教导总能回响在耳畔，要讲真话、做好事、不做坏人。

窗外苍榕伫眼前，临风傲立近千年。

新枝叶茂如烟翠，老干须繁似画帘。

冠盖无心荫过客，虬根有意憩邻贤。

莺来燕过遗巢迹，各自留声天地间。

（健娜）

叠叠凤凰开满园，灵椿老去尚留痕。
一生为教青箱播，六秩著书黄卷温。
桃李蹊边多感慨，芙蓉湖畔接荣繁。
大堂铜像倾身倚，泪语无声怀父恩。

（伟琪）

一位慈祥的老人，
把自己的一生
奉献给了事业，
奉献给了教育，
奉献给了美丽的校园，
传播桃李的芬芳。
自己过着简单质朴的生活，
从容不迫，
享受书海的宁静与乐趣，
书写正直而充实的人生。

爱着他的亲人们
始终陪伴在他身边，
走过一个个春夏秋冬，
一起分享简单的快乐。
但快乐总是不能永恒，
伤痛总是如此突然——
2007年9月23日老人永远离开了我们。
家人、学生、同事和朋友
都有说不尽的哀伤，

花圈与文字充斥着我们的不舍。

老人安静地走了，
而他的灵魂与精神永远与我们同在，
他的教诲我们会铭记在心。
阿公，希望您在另一世界找到一片净土，
继续您宁静的生活，
继续您简单的快乐，
我们会一直为您祝福和祈祷。
再见了，阿公！
把Angel这首歌献给您，
希望您在天上能经常向我们微笑。

（一弛）

悼念余绪缨学长（2007年9月）

一代名师遽尔去，哀悲“管计”余掌门。
月明同忆汀州夜，风范传承母校恩。

（陈华）

（注：“管计”指余老领导的“现代管理会计”这一专门学科。）

送别余绪缨学长（依李叔同送别歌调）

北山麓，鹭江滨，黉宫一样情，人生岁月有悲欢，书山照样攀。
生有限，死无涯，达观人见夸，世事往来顺自然，含笑赴西山。

（陈华）

悼余绪缨兄

先知先觉、名垂后世，痛一代宗师，率尔永诀；

爱国爱民、情满人间，愿毕生雄策，后继有人。

（罗耀九）

忽闻教授游西去，星月无光苦雨飘。

昔日课堂慈父诲，当年学界研术高。

正直磊落人称颂，燃尽烛绳信义昭。

遥望厦门心怎静，重铺笔墨伴今宵。

（邱闵泉）

我参加工作后，他多次对我讲，你是审计署的，是监督别人的，要有正义感、有正气，要敢于同违法乱纪行为作斗争。请老师放心，我会更加努力，为您争气。（孙宝厚）

正是先生这种敏锐的学术洞察力，精益求精的治学精神，潜移默化、根深蒂固地影响着我后来的职业生涯。逝者已矣，来者可追。先生的离去留给我们无尽的思念和丰厚的精神财富。我们定会传承先生的风范，将先生毕生痴迷和热爱的管理会计事业发扬光大。（陈国钢）

老师作为大家荣耀了中国会计，荣耀了自己的弟子和追随者。作为弟子和追随者的我们，一定传承和弘扬老师的学术遗产，效法老师的人品和德行，为把我国建成更和谐更平等的社会尽责尽力，也不断地荣耀我们的老师！（于增彪）

时至今日，绪缨先生的音容笑貌仍然时时在脑海浮现。敬贤楼一楼的客厅里，师生探讨论文、余老师语重心长的嘱咐就在眼前。余老师为人耿直，为学刻苦严谨，为师博学且怀慈父之心，可谓初心不老，风范长在，学生不忘。（余恕莲）

余绪缨先生所倡导的中国管理会计人才培养路径不见得“放之四海而皆准”，但是，“身教重于言传”，在余绪缨先生的潜移默化下，其所培养的博士毕业生由于具有扎实的理论功底、严谨的学风、广博的学识和较强的发现问题、分析问题和解决问题的能力而深受社会各界的好评，都已经成为中国管理会计领域的教学科研和企事业单位的骨干。（胡玉明）

余老师离开我们已十年有余，但他严谨治学的精神仍影响着我。在我心中，他是老一辈知识分子的楷模。就像过去大家一般都尊称有知识、人格高尚、值得大家尊敬和景仰的人为“先生”，我还是习惯称呼他为“余绪缨先生”，因为他在我心中，是我永远的“先生”。（刘运国）

余绪缨先生作为中国管理会计学科的奠基人与开创者离开我们已经十余年了，但先生开创的管理会计事业、基础性管理会计与战略性管理会计并重的管理会计思想、数十年不断跟进世界管理思潮与融合东方管理智慧的管理会计论文与教材体系仍是我们会计从业人员不断温故知新、吸取营养、应对当前纷繁复杂管理要求的巨大宝库。我在1995年至2000年有幸投入先生门下，先生孜孜不倦的治学身影至今仍然在鞭策我的学习与实践。（丁鹏）

若是绪缨先生仍在世，看到如今管理会计学科的蓬勃发展，看到如今会计行业的欣欣向荣，看到如今中国的盛世华章，想来应该会露出满意的微笑吧。一道炽热的光芒，从100年前穿越而来，它用自己的亮光，去点亮其他的光芒；它用自己的热量，去温暖熄灭的灯芯。聚在一起时，它映照漫天赤红；散作星火时，它化作点点繁星。先生的精神，仍指引着后来者前进。

世道艰险路崎岖，八秩春秋踏歌行。

老怀无忧亦无绪，猎猎秋风一红缨。

先生不朽，风采长存！

附　录

余绪缨先生指导的博士后研究人员和培养的硕博士研究生

余绪缨先生指导的博士后研究人员

序号	姓名	出站年份	出站报告题目
1	程仕军	1996 年	Audit Scheduling and Cost Control

余绪缨先生培养的硕士研究生

序号	姓名	毕业年份	学位论文题目
1	陈双人	1984 年	投资的资金规划
2	陈国钢	1984 年	运用目标管理原理，建立、健全具有我国特色的责任会计体系，完善企业内部经济责任制
3	余恕莲	1986 年	试论多维成本概念体系
4	罗勤	1987 年	论建立适合中国国情具有中国特色的责任会计体系
5	汪一凡	1987 年	管理会计学理论体系初探
6	卢焕立	1988 年	试论全民所有制企业的会计职责与会计立法的基本原理
7	林湜	1988 年	论现金流动
8	毛付根	1988 年	论管理控制与企业行为
9	曹士久	1988 年	企业经营预算模式初探
10	占秉英	1988 年	投资项目的经济评价

（续表）

序号	姓名	毕业年份	学位论文题目
11	王荣彪	1990 年	跨国公司有关财务问题探讨——兼论合资企业转移价格问题
12	姚明安	1990 年	关于存货控制若干问题的探讨
13	李秀莲	1990 年	责任会计及其在中国的推行
14	肖华	1991 年	试论企业的资金筹措与运用
15	成希河	1991 年	投资项目经济评价中几个基本问题的探讨
16	张兴和	1992 年	企业投资与投资决策管理
17	张兴全	1992 年	深圳特区企业财务管理问题的探讨
18	李常青	1993 年	论我国国有企业股份制改革及其筹资管理问题
19	聂桢	1993 年	论国际企业筹资、投资管理原理及其在我国国际企业中的具体应用
20	陈芹	1993 年	论广义成本及其在企业决策中的应用
21	吴晓阳	1993 年	跨国投资项目的财务评价
22	朱杰华	1993 年	国际企业的投资管理
23	陈峰	1994 年	“作业基础成本计算法”初探
24	林勇峰	1994 年	论现金流量会计
25	张金良	1994 年	跨国公司的营运资本管理
26	陈丰	1995 年	现代市场经济中产品定价的理论与方法及其在我国社会主义市场经济条件下具体应用问题的研究
27	郭晓梅	1995 年	中国国际企业长期筹资管理的若干问题研究
28	林涛	1996 年	跨国公司融资决策若干问题研究
29	葛文霞	1997 年	论现代企业的信用管理
30	陈亚盛	1999 年	战略管理会计
31	王彬	2000 年	略论企业战略的综合管理与评估
32	张浩洋	2000 年	论出资人对资本经营者的选择

注：丁鹏为硕博连读研究生，因此，本表没有列出其名字。

余绪缨先生培养的博士研究生

序号	姓名	毕业年份	学位论文
1	孙宝厚	1987 年	会计系统论
2	陈国钢	1988 年	论代理人说与我国国有企业管理体制的改革
3	陈双人	1989 年	管理会计与控制
4	黄礼忠	1991 年	论国际管理会计信息与控制系统
5	卢焕立	1991 年	论行为科学对现代管理会计的理论意义
6	熊楚熊	1992 年	增值会计学研究
7	于文强	1992 年	论国际管理会计
8	于增彪	1993 年	行为会计基础研究
9	毛付根	1994 年	企业理财基本理论研究
10	胡玉明	1995 年	论资本成本会计
11	怯来法	1995 年	现代公司理财与财务风险研究
12	陈胜群	1996 年	现代成本管理论
13	骆德明	1996 年	以“作业管理”为基础的新管理体系研究
14	孙航	1996 年	战略管理会计
15	傅元略	1997 年	企业资本结构优化理论研究
16	林勇峰	1997 年	现金流动制会计研究
17	王大洋（科威特）	1997 年	An Extract of Potential Implemention of Activity-based Costing in China Companies
18	张金良	1997 年	企业兼并理论研究
19	胡奕明	1998 年	金融工具创新若干问题研究
20	沈艺峰	1998 年	资本结构理论史
21	庄昆明	1998 年	管理控制
22	林涛	1999 年	股票首次公开发行问题研究
23	李常青	1999 年	股利政策理论综合性评述与股利信号实证研究
24	高培业	1999 年	企业失败判别理论与实证研究
25	Xiao-li Lin（美国）	2000 年	Options in Corporate Finance and Internet（E-Options）
26	陈志升	2000 年	企业创新战略问题研究
27	贺颖奇	2000 年	管理控制会计中长期激励理论研究——现代契约理论的一种解说
28	聂桢	2000 年	环境管理会计研究
29	丁鹏	2000 年	可转换公司债券若干问题研究

（续表）

序号	姓名	毕业年份	学位论文
30	钟铮	2001 年	公司估价理论与基本分析的实证研究
31	刘运国	2001 年	经验研究方法在现代管理会计研究中的应用
32	王剑	2001 年	经理股票期权若干问题研究
33	郭晓梅	2001 年	环境管理会计——将环境因素纳入管理决策中
34	周长青	2001 年	当代公司业绩评价体系创新的若干问题研究
35	陈龙	2002 年	项目投资价值分析创新方法研究
36	陈佳俊	2003 年	企业战略、管理控制与业绩评价的权变分析
37	杨文安	2003 年	竞争优势战略、供应链集成与企业绩效关系之研究
38	张浩洋	2003 年	企业经营者报酬支付论
39	陈祥星	2003 年	有限公司治理研究
40	徐德	2004 年	论企业综合内部监控体系的理论结构
41	许金叶	2004 年	“信息技术生产率佯谬”与网络管理会计研究
42	林峰国	2004 年	控制权（掠夺性）收益研究
43	林宝玉	2005 年	基于业务流程的企业会计系统重构研究
44	陈华敏	2006 年	非财务指标的绩效后果研究
45	丁金斌	2006 年	管理控制系统影响组织变革的途径研究——一种分析框架及其应用
46	刘俊茹	2006 年	企业预算管理历史分析及未来展望
47	许云	2006 年	预算管理研究：历史、本质与预算松弛
48	张明明	2006 年	面向现代集成制造的成本管理模式研究
49	丁清光	2006 年	上市公司控制权的维持与争夺机制研究
50	解群鸣	2007 年	基于组织协同的企业集团战略业绩评价体系研究
51	谢灵	2012 年	软件企业绩效评价实地研究——基于平衡计分卡因果关系
52	仲崇岚	2013 年	商业银行非财务指标外部效应研究

注：解群鸣、谢灵、仲崇岚在余绪缨先生去世之后，由傅元略教授指导。